文化吉林

乾安卷

弘揚長白山文化
打響吉林特色地域文化品牌

王儒林

　　吉林有文化，而且吉林文化有底蘊、有潛力、有特色、有希望。從前郭縣王府屯距今約一百萬年的石製工具到距今十六萬年的樺甸仙人洞和距今三萬年的榆樹人，從燕趙文化東進到漢武帝設四郡，從扶餘、高句麗、渤海文明的興衰更替到遼金、清朝問鼎中原，從抗日烽火、解放硝煙到新中國老工業基地的紅色記憶，從二人轉、吉劇、長影到吉林期刊、吉林歌舞和吉林電視劇現象，勤勞智慧、淳樸善良、勇於開拓的吉林人民在白山松水間創造出絢麗多彩的地域文化，成為中國文化版圖上一道獨特風景。

　　文化與山素來結緣，正如泰山之於魯，嵩山之於豫，黃山之於皖，長白山是吉林的象徵、吉林的品牌。吉林文化始終與長白山難捨難分、血脈相連，集中體現於長白山文化之中。長白山文化發源和根植於吉林沃土，是包容吉林各民族文化、蘊含吉林發展歷史、反映吉林人性格特質、凸顯吉林氣派的「大文化」，是中華民族「多元一體」文化的重要組成部分，源遠流長、博大精深，構成了吉林文化的骨骼和脊梁。在地域文化越來越受到人們關注、文化軟實力越來越成為衡量一個地區核心競爭力的重要指標的當今時代，大力弘揚作為吉林文化標誌性符號的長白山文化，把這份寶貴的文化資源保護好、挖掘好、利用好、開發好，對於打響吉林特色地域文化品牌，鑄造極具時代內涵的吉林精神，提升吉林文化軟實力，凝聚吉林改革發展正能量，無疑具有十分重要的現實意義。

近年來，我省大力推進以優秀吉林地域文化為主要內容的長白山文化建設，出台了《長白山文化建設規劃綱要》，啟動實施了長白山文化建設工程，在長白山文化資源保護研究、挖掘整理、開發利用等方面做了大量工作，取得了顯著成績。我們要進一步加強長白山文化理論研究，豐富長白山文化內核和外延，進一步加強長白山文化遺產的發掘、保護和展示推介力度，擴大長白山文化的影響力，進一步加強對長白山文化內涵的拓展和提升，把長白山文化資源更好地轉化為文化產品、文化事業和文化產業，推動長白山文化建設躍上新台階，推動吉林文化大發展大繁榮，為實現富民強省目標、中華民族偉大復興、中國夢做出貢獻。深入挖掘、研究、整理長白山歷史文化，既是一項宏大浩繁的系統工程，又是一項功在當代、利在千秋的基礎工程。希望有更多有識、有志之士投身長白山文化建設事業，讓這份寶貴的文化資源更好地服務於當代，惠澤於未來。

由省委宣傳部組織編撰的《長白山文化書庫》系列叢書，是長白山文化建設工程的重要標誌性成果。叢書從基礎研究、地方特色、主要藝術門類三部分，對長白山文化的歷史資源進行了全面細緻的挖掘和整理，堪稱長白山文化研究與普及的鴻篇巨製，不僅對研究和宣傳長白山文化大有裨益，而且對培育吉林文化品牌、樹立吉林文化形象也將產生積極的促進作用。在叢書即將付梓之際，謹表祝賀並向全體工作人員致以問候。

主編寄語

莊嚴

　　長白奇迤蘊靈秀，松江悠長毓文傑。千百年來，雄渾壯美的白山松水賦予了肥沃豐饒的吉林大地以生機和活力，滋養了吉林人民勤勞睿智、堅韌進取、寬容開放的精神品格，積澱了多元融合、底蘊深厚、色彩斑斕的地域文化。這獨具魅力的吉林特色地域文化猶如一株馥鬱芳香的花朵，在中華民族文化百花園中爭妍綻放。

　　文化是經濟發展之根，是社會發展之源。省委、省政府高度重視文化建設，制定出台了《長白山文化建設規劃綱要》，把吉林省歷史文化資源工程列入宣傳思想文化工作「六大工程」之一。省委宣傳部深入貫徹落實省委、省政府的要求，開展《長白山文化書庫》建設，啟動實施了《文化吉林》叢書編撰工作，將其作為全省宣傳思想文化工作的重要舉措，周密部署，精心組織，強力推進，取得了預期成果，為全省人民奉獻了一份珍貴的精神食糧。

　　《文化吉林》叢書是《長白山文化書庫》中全景展現特色地域文化的重要組成部分。年初以來，我省廣大宣傳文化工作者以對家鄉、對歷史、對文化事業的高度責任感和使命感，不畏繁難，勤勉執著，嚴謹認真，精益求精，在資料收集、遺產挖掘、書稿撰寫等方面付出了大量艱辛的努力，進行了許多開創性的探索和實踐，圓滿完成了這次編撰任務。叢書編撰秉承傳播和弘揚吉林文化的理念，梳理總結吉林文化資源，提煉升華吉林文化精髓，激發增強吉林人的文化自覺、文化自信，使優秀文化更好地服務於吉林的發展振興。

《文化吉林》內涵豐富，圖文並茂，辭美情摯，引人入勝，是人們認識吉林、了解吉林、研究吉林的概覽長卷，是吉林文化走向全國，面向國際的真誠心聲。叢書真實勾勒了吉林文化歲月滄桑的歷史縱深，生動展現了吉林文化多姿多彩的時代律動，帶我們走進吉林地域文化演進的舞臺，親身感受風雲激盪的文化事件，出類拔萃的文化人物，領略淵深源遠的文化景觀，妙趣橫生的文化傳說，體驗琳瑯紛呈的文化產品，淳樸濃郁的文化民俗。叢書將吉林文化的發展脈絡、現狀和未來，客觀詳盡地展現給廣大讀者，是一部能夠讀得進去、傳播開來、傳承下去的佳作精品。

　　鑒往以勵志，展卷當奮發。《文化吉林》這套融史料性、知識性、可讀性於一體的叢書，為我們進一步保護、研究、開發吉林地域特色文化提供了重要史料資源。作為後繼者，當代吉林人有責任、有義務肩負起將吉林文化充分融入社會主義核心價值觀，推動吉林文化發展進步的歷史使命，讓優秀傳統文化在繼承中創新，在創新中前行，在全國文化發展大格局中唱響吉林「聲音」，打造吉林文化品牌，樹立文化吉林形象。

弘揚長白山文化　打響吉林特色地域文化品牌

主編寄語

第一章‧文化發展概述

015　乾安賦

016　絢麗多彩的井方文化

第二章‧文化事件

032　文藝兵開赴乾安

　　　——遼吉軍區二分區政治部文工團、前哨京劇隊到乾

　　　安宣傳演出

034　吹響戰鬥的號角

　　　——《農工通訊》與《支部通訊》創刊

036　引吭歡歌井方城——井方演唱會

039　井方蕩漾春之韻——「乾安之春」音樂會

044　村鄉文藝花開豔——農民文化藝術節

046　井方上元不夜天——元宵節焰火晚會與燈展

048　戲劇文化最高獎花落乾安

　　　——大型神話吉劇《大布蘇》喜獲殊榮

052　銀屏傳來大布蘇的笑聲

　　　——長影拍攝《故事吉林》系列電影《大布蘇的笑聲》

054　大布蘇再現銀屏

　　　——華語新片《大布蘇》主創人員與觀眾見面

056 井方非遺榮登榜

　　——《千字文》和《大布蘇的傳說》申遺成功

058 乾安「春捺缽」遺址入「國保」檔案

　　——「春捺缽」遺址調查、試掘與申報

063 打造區域特色文化名片——乾安文化形象標識

064 花團錦簇大布蘇

　　——「大布蘇系列」作品討論會暨短篇小說集《大布蘇奇緣》
　　首發式

第三章 · 文化名人

066 井方第一拓荒人——乾安首任設治員徐晉賢

070 梨園生涯五十秋——著名評劇演員金紫霞女士

072 乾安文學事業的拓荒人——著名作家、文藝評論家潘蕪先生

076 中外文化交流的使者

　　——著名作家、翻譯家、中日文學研究會副會長陳喜儒

079 扎根家鄉繪丹青——著名畫家羅惠卿

083 乾安的「高玉寶」——農民作家王占海

087 無意遊宦海，有志理華章——著名犯罪學家王牧

091 韓氏兄弟與「農村三部曲」

　　——著名作家、影視藝術家韓志君、韓志晨

096 井方走出來的歷史文化學者

　　——東北師範大學副校長、歷史文化學院院長、教授、博士
　　生導師韓東育

098 開創大布蘇文學的人——吉林文壇「鐵人」趙顯和

101 中國漏白畫創始人——著名書畫家王廣德

104 翰墨當歌抒情懷——趙吾與其山水畫

109 滿族新城戲傳承與保護的忠實踐行者
　　——松原市戲劇曲藝家協會主席、作曲家李靖

113 高調做事低調做人——吉林省硬筆書法家協會主席謝連明

116 大布蘇的淘寶人——守望大布蘇的作家孫正連

119 筆酣墨飽寫鄉風——鄉土作家杜喜武

124 累出精品大作的劇作家
　　——乾安縣戲劇創作研究室主任張海君

第四章・文化景址

130 遼帝「春捺缽」遺址

131 後鳴村西「春捺缽」遺址

132 藏字井「春捺缽」遺址

133 騰字井「春捺缽」遺址

134 地字井西「春捺缽」遺址

135 傳字井南崗遺址

138 狼牙壩古墓群

140 為字井古城

142 有字井古城

143 陽字古城

144 西玉字井西崗遺址

145 大師西北崗遺址

146 乃字井東崗遺址

147 西露字井東北崗遺址

148 學字井西南古墓群

150 漁場古窯址

151 中入字井古窯址

152　嚴字井西北崗遺址

154　學字井遺址

155　操字井南崗遺址

156　後潔字井東北崗遺址

157　辰字井東南崗古建築遺址

158　大化農場古建築遺址

159　三王堆遺址

160　井字方歷史文化遺跡

165　泥林天下甲——乾安泥林國家地質公園

186　乾安第一園——乾安公園

189　金生麗水惠眾生——麗水文化公園

195　明珠輝耀井方城——井方明珠廣場

200　寶鼎泐鑄《千字文》——千字文廣場

202　雲騰致雨潤沃土——雲騰廣場

204　國學空谷亦傳聲——傳聲廣場

206　社稷盛興民安定——安定健身廣場

208　年輪深蘊滄桑世——百年古榆

209　壯士英名垂千古——乾安縣烈士陵園

211　悲愴歷史示後人——九連事件遺址

第五章・文化產品

214　飽蘸鹽鹼繪華章

220　鹽鹼地上盛開的文學之花

223　散發著鹽鹼味兒的文藝期刊

226　井方人的縱情吟唱——井方詩詞

228　大布蘇口頭文學的壯美篇章——民間文化集成

230 凝聚著濃郁鄉土氣息的《吉林方言土語詞典》

233 文與印的珠聯璧合

235 吉劇《桃李逢春》

236 大型滿族新城戲《皇天后土》

238 拉場戲《審鵝》

240 拉場戲《吃請》

242 拉場戲《婆婆舅公和媳婦》和《神鞭》

243 大型戲曲劇本《新官上任》

244 細巧入微的乾安剪紙

249 別具巧思的乾安根雕

253 玲瓏剔透的乾安木雕

254 匠心獨運的易開罐浮雕

257 獨具特色的樹葉貼畫

258 栩栩如生的羽毛畫

259 百尺長卷刺繡《中華民族魂》

261 五百米中國工筆人物畫長卷《社會》

263 方寸螢屏展井方炫美樂章

第六章・文化風俗

268 習俗禮儀

282 傳統節日習俗

289 新舊地名源考

293 乾城舊時商工老字號

295 美麗傳說選粹

第一章——

文化發展概述

在美麗的科爾沁草原深處，有一個令人心馳神往的地方。這裡，沃野千頃，五穀豐盛；這裡，上天恩澤，資源豐饒；這裡，泥林壯觀，百湖連珠；這裡，民風淳樸，文化厚重；這裡，神祕的大布蘇湖和「狼牙壩」深藏著神祕的傳說；這裡，傳奇的「春捺缽」承載著耶律皇家的傳奇故事……
這裡就是吉林省西部明星縣——乾安。

乾安縣行政區劃圖

乾安賦

　　乾坤之內，以井字方喻城者鮮見；赤縣之中，取千字文名邑者誰同？倚白山而鑄傲骨，鄰松水而秀清容。平川百里，楊柳湮迷古道；沃野千頃，稻禾點染蒼穹。湖藏鹹樹，地臥油龍。經濟騰飛於塞北，翰墨飄香於關東。身處桑梓，常懷報效之志；心存寥廓，洞開澄澈之胸。弘揚創新精神，當書豪情渲妙筆；堅持科學發展，堪令浩氣貫長虹！

　　覽其史也，多歷桑田之變幻，興衰之替更。扶餘故地，契丹行營。唐歸松漠，金屬上京。朝代更迭，黎民多逢亂世；災禍連綿，何人能享太平？追昔撫今，新城之立百年未足，強縣之思數載常明。持續振興，爭省市之魁首；協調發展，作國家之先行。方略定則宏圖正起，大政施則偉業初成。教行於先，工興於縣，商繁於市，農勤於耕。乾水一體，園區投資興業；明珠雲騰，廣場休閒怡情。樓高宇闊，星耀月朗其裡；街寬路廣，龍飛鳳鳴其中。

　　遊其城也，觀湖泊煙霞嵌影，感泥林霜雪留芳。天生奇絕，歲鑄莽蒼。千年天雨，洗土壁而成仙府；萬古長風，積寒砂而為玉岡。泉水清而鶴舞，寰宇闊而鷹翔。雁字橫於雲外，琴聲起於溪旁。寓和諧於笙歌曼舞，顯時尚於宴樂霓裳。鐵路高速，商賈雲集之地；活水良田，魚米富庶之鄉。

　　風物盛則群賢聚，文化興則呂律彈。披荊斬棘，先賢拓荒之犁尚在；勵精圖治，今人創業之勢如瀾。廣場落成，以文為冠。取名千字，借香於檀。移石為碑，砌柱為桓。彰四野之昇平，接九天之宇寰。鑄鼎於斯，祈千秋之盛世；立壁於斯，顯一地之龍蟠。其鼎也，所喻者方勁；其壁也，所記者未闌。然其願景者何也？惟國之所泰，民之所安 。

絢麗多彩的井方文化

　　乾安縣地處北緯 44°37'47"-45°18'08"，東經 123°21'16"-124°22'50" 之間，位於吉林省西北部，松原市西部，松嫩平原腹地，有「乾安台地」之稱。全縣轄區面積約三六一七平方公里，轄十六個鄉（鎮、場、園區），一百六十四個行政村，總人口三十萬。有漢族、滿族、蒙古族、回族、朝鮮族、錫伯族、苗族、壯族等二十一個民族。東、南與前郭爾羅斯蒙古族自治縣為鄰，西南與長嶺縣交界，西與通榆縣毗連，北與大安市接壤。

　　這裡物阜資豐，交通便利，被譽為科爾沁草原深處的一顆明珠。有二二五萬畝肥沃的土地，一一六萬畝廣袤的草原，已探明石油遠景儲量二點九七億噸，天然氣儲量五八〇億立方米，有效風能蘊藏量為六九二〇億千瓦時，現有十一個風場，到「十二五」規劃末期，乾安將成為吉林西部風電之都。長白、通讓鐵路穿境而過，大廣、五右兩條高速縱橫交錯，一、二級公路四通八達，形成了完整的交通網絡。

　　考古發現，乾安縣早在一萬年前的舊石器時代便有人類在此活動。春秋戰國時為東胡屬地；西漢時為扶餘國所轄；三國、兩晉、南北朝時歸鮮卑領屬；

▼ 趙吾作品《雨歇煙巒繞泥林》

乾安賦

▲ 美麗的井方之城──乾安

隋歸契丹；唐屬松漠都督府；遼時歸上京道臨潢府長春州所轄；金屬上京路臨
潢府；元歸中書省泰寧路；明為奴爾干都司兀良哈塔山前衛屬地；清朝和民國
初年為內蒙古哲里木盟郭爾羅斯前旗屬地。

　　乾安縣境內四處「春捺缽」遺址群的發現，彌補了全國文物考古專家尋找
古代皇帝「捺缽」遺址的空白，千百年的積累和沉澱更彰顯了乾安縣文物悠久

▲ 效能彰顯的風電資源

▲ 豐饒盈裕的石油資源

的歷史資源和光輝燦爛的古代文化。同時，也將乾安縣的歷史背景提升到了皇家文化的高度。

世事變遷，滄海桑田。面對贊字鄉後鳴村四點四平方公里範圍內近千個高大台基，透過歷史的雲煙，依然能夠看到遼帝行宮駐地金戈鐵馬、旌旗獵獵。出土的六耳銅鍋、觀音佛頭、瓦當、鳳鳥承載了耶律皇家太多的傳奇。「遼金文化品牌的打造」和「春捺缽」遺址群文化產業觀光園的開發，注定將會再現千百年前文明乾安的輝煌盛況。

藏天地之奧秘，蘊萬古之靈奇。神奇的大布蘇湖流傳著一個又一個神奇的故事，乾安獨特的打鹼文化在大布蘇湖的冰面上留下了幾代人打鹼的身影。與湖相依的便是神奇的泥林，溝壑縱橫，疊巒起伏，數以萬計的泥柱如林，連峰接嶺，土壁陡峭，狀如狼牙。從這裡出土的古化石神奇而獨特，更為神奇的是僅在不足一百平方

▲ 泥林出土的披毛犀化石

▲ 泥林風光

米的洞穴中，就出土了駱駝、猛虎，披毛犀、猛獁象等古動物化石十八種，品種繁多的兩萬年前的古動物化石如此集中在一個地方，這種現像極為罕見，令考古專家也百思不解。在泥林又相繼發掘的許多古代石器、陶器、青銅器、兵器、古錢化石裝飾等證明，一萬多年前的舊石器時代就有人類聚居這裡並從事生產活動。

　　乾安泥林已被列為國家級自然保護區，並被命名為世界地質公園。當地人因為泥林所形成土柱鋒利尖聳，酷似狼牙，階地陡壩參差不齊，彷彿險峻的高壩，故形象地稱之為「狼牙壩」。石林甲天下，泥林天下甲，一個「天下甲」把泥林的與眾不同表達得淋漓盡致。

　　時光荏苒，歲月如梭。曾經的游牧文化、漁獵文化、打鹼文化、井字方文化到新興的石油文化、社區文化等各種文化的交織構成了乾安雄渾厚重的文化發展史。深厚的文化底蘊讓乾安魅力四射，今天的乾安人更是在時代的舞台上

▲ 段鴻程個人書畫展　　　　　　　　▲ 乾安縣舉辦的手工藝作品展覽

大放異彩。

　　風物盛則群賢聚，文化興則呂律彈。乾安縣先後被評為全國縣域經濟基本競爭力提升速度最快的百強縣，全國最具投資潛力的中小城市百強縣，全國商品糧基地縣，國家草原綠化達標縣，省級平安示範縣，省級精神文明建設先進縣、文明縣。

　　伴隨著乾安經濟的騰飛，乾安的文化事業也煥發出勃勃的生機。老年詩書畫研究會、司儀協會、攝影協會、作家協會、書法協會、美術協會、工藝美術協會、音樂協會、國學研究會等各類協會如雨後春筍般成長壯大。遍地開花的農村文化大院、農家書屋，還有覆蓋全縣農村文化小廣場的興建，城區內社區廣場、休閒怡情的文化廣場、漂亮的主題公園。交誼舞、健身舞、廣場操、音樂會、農民文化藝術節，各種豐富多彩的文化活動在乾安大地上交相輝映，文化的春天已經讓乾安大地變得更加生機盎然。

　　一九八六年以來，群眾文化工作比較活躍，「三級文化」覆蓋面逐步擴大，鄉鄉有文化站，村村有文化室，設施、設備齊全，各種群眾文化活動豐富多彩。乾安縣每年「三節」期間，都組織十餘伙大秧歌為節日增添喜慶氣氛。每年的正月初二，圖書館都舉辦新春猜謎活動。正月十五，文化館舉辦猜燈謎、畫展、根雕展、迎新春舞會等；縣總工會組織迎新春燈展，共展出三天，截至二〇〇〇年，燈展已連續舉辦了二十屆。

▲ 文藝表演培訓班　　　　　　　　　　▲ 嗩吶培訓班

　　乾安縣自一九八三年至二○一四年，舉辦了十四屆「乾安之春音樂會」、九屆「農民文化藝術節」、各類培訓班十二期。「乾安四季井方廣場音樂會」開辦以來，演出百餘場次。歌曲《騰飛吧君子村》，參加中央電視台農業頻道舉辦的「村歌獻給黨」文藝演唱活動，榮獲「十大金曲」獎。開創了由「送文化」到「種文化」的農民自辦文化新模式，被國家文化部、財政部列為全國首批二十八個公共文化服務體系示範項目之一。

▲ 乾安縣文、博、圖、科、展綜合館

▲ 乾安縣全民健身活動中心

　　二〇一〇年八月，乾安縣建設了綜合性博物館。新館位於乾安鎮千字文廣場西側，建築面積約六千平方米，展廳面積約四千二百平方米。乾安縣博物館是乾安縣城地標性建築，融合歷史文化元素，突出當代文化理念，體現出宏偉而不失美觀的建築藝術特色。現有石器類、陶瓷器類、金屬器類、民俗類館藏文物一千七百件，其中，歷史文物一千二百件；民俗文物五百件。

　　二〇〇八年，乾安縣通過「市場化運作、以地置換」的招商引資辦法，建設了全民健身活動中心工程。全民健身活動中心舉辦了建縣八十二年以來規模

▲ 乾安縣國學研究會道德大講堂專題講座

▲ 乾安縣作協會員在余字鄉列字村採風

▲ 紫萼凝脂（李淩雲）　　　▲ 飛流臨淵（唐曉東）

最大、項目最全、人數最多的一屆（四十二屆）全縣運動會，觀眾人數達七萬人次。二〇一一年，舉辦了吉林省青少年舉重錦標賽。二〇一二年六月，吉林省「全民體育百日行」啟動儀式暨第六屆體育健身大會在乾安縣召開。乾安縣積極發展體育事業，加大了基礎設施建設力度，先後投資四千萬元，建成籃球館等多項活動場地，對外開放。煥發出人民群眾關注生存質量、參與身心鍛鍊的熱情。

　　乾安縣城區建有社區健身大廣場七個，遍布各居民區，素有「十分鐘健身半徑」之說。尤其是每至晨曦微起或昏雀唱晚之時，人們都會集聚一起，或舞動身姿或一展歌喉，陶冶情操，歌頌黨恩。

　　二〇一三年十月，特聘北京東西部能源技術研究院、深圳中研智業文化品

▲ 縣書法協會會員為農民寫春聯　　　▲ 縣音樂協會的專場演出

▲ 李嘉訓書法作品

牌設計中心制訂了《吉林乾安縣文化價值研究》，通過對乾安縣文化資源挖掘和文化脈絡梳理，做出了乾安縣文化的評價和文化的定位；制訂了文化品牌宣傳策略、文化發展綱要、文化價值開發應用重點項目規劃；設計了乾安縣視覺形象 LOGO 設計。

　　乾安縣文聯把各協會的建設與發展擺在要位，緊貼實際，發現、培育和及時成立新協會，各類協會從無到有，先後成立了老年詩書畫研究會、司儀協會、井方詩社、攝影協會、作家協會、書法協會、美術協會、工藝美術協會、音樂協會、國學研究會。各協會依法運行，團結和諧，發掘出一大批文藝愛好者，全縣省級協會會員五十餘人，市級協會會員二百餘人，縣級協會會員一千餘人。

　　各類協會的成立，激發了會員的創作熱情，繁榮了乾安縣的文藝事業，進而增加了文聯組織的新活力。為進一步弘揚大布蘇文化，充分發揮利用人文資

▲ 第二小學錦廊

▲ 第二小學風廊

▲ 第二小學展板　　　　　　　　　　　▲ 第二小學藝術長廊

源，打造文化品牌，激發文藝愛好者的創作熱情，先後組織了文學創作骨幹到泥林、靈丙山、乾安採油廠等地採風；二〇一一年組織攝影愛好者赴呼倫貝爾大草原採風，二〇一二年組織影協會員到大遼畜牧場、鹿場採風，二〇一三年到讓字鎮採風，優秀作品在《大布蘇》上刊發。二〇〇七年至今，縣文聯每年都會組織各協會舉辦攝影、書畫、工藝美術作品展，吸引了眾多文藝愛好者參觀，產生了廣泛的影響和良好的文化效益。

　　二〇〇六年，在泥林文學創作基地邀請我省知名作家、評論家上官纓先生等授課；二〇〇八年舉辦「大布蘇文學講座」，上官纓先生，著名作家、翻譯家陳喜儒先生作品專題討論會。培訓活動為繁榮乾安縣文學創作打下了堅實基礎。二〇〇八年九月，舉辦了「大布蘇文學筆會」，旨在通過邀請國家、省市著名作家、學者到乾安採風和文學交流，通過文學作品形式，圍繞紀念改革開

▲ 基層站隊創辦的文化長廊　　　　　　▲ 乾安採油廠舉辦的形勢任務大宣講活動

▲ 乾安採油廠舉辦的責任文化故事會　　　▲ 乾安採油廠舉辦的安全文化節

放三十週年這一主題，反映乾安縣的新變化、新面貌、新風尚。

　　校園文化是一所學校獨具特色的學校精神，學校精神是校園文化的核心和靈魂，它像和煦的春風，吹過校園的每個角落，滲透在教師、學生、員工的思想觀念和言行舉止之中，滲透在他們的教學、科研、讀書、做事的態度和情感中。其強大的影響力、感染力滲透在學校的方方面面，成為凝聚師生、員工共同奮鬥的精神動力。乾安校園文化建設各具特色，以第一小學的「學習型校園文化」和第二小學的「三展四廊」（「三展」即：學校的展室、班級的展板、

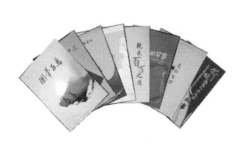

▲《圓夢百萬》等文化書籍　　　　　▲《乾採文化報》

展台；「四廊」即：畫廊、風廊、錦廊、長廊）最具特色。

　　乾安採油廠通過建設團隊文化和班站文化，實現鑄魂育人，基層站隊開展的「頭腦風暴」活動充分調動員工的積極性，讓企業文化成為員工的自覺行動

▲ 大型神話吉劇《大布蘇》晉京演出劇照

和行為習慣，建成有凝聚力、戰鬥力、執行力的團隊。特色鮮明、主題突出的健康安全責任文化故事會、安全文化節，環保文化、廉潔文化、和諧文化、感恩文化、責任文化等專項文化建設，通過將企業文化和實際工作有機結合，將文化理念滲透到每一個具體的工作環節，實現以文化促管理，以文化增幹勁兒，促進各項工作的全面發展。乾安採油廠建設了乾採歷史文化展覽館，並將其作為員工企業精神教育基地，到展覽館參觀乾安採油廠建廠以來走過的歷程，感受石油文化的精髓，成為新員工入廠培訓的重要一課。

▲「我的書屋、我的家」農民讀書演講比賽

▲ 向文化書屋贈書活動

在《乾採百萬之道》理念體系的基礎上，採油廠先後編印了《圓夢百萬》《見證百萬》《乾採平凡人故事》《乾採安全文化手冊》《寶石花的芬芳》《燃燒的地火》《我說我的幸福》等文化書籍。堅持每月一期、每期四開八版的《乾採文化報》的編輯和內部發放，這些散發著「油味」的乾採文化載體，不僅豐富了乾採文化內涵，傳播了文化理念，宣傳了形勢任務，統一了員工思想，還為乾採培養了大批文學愛好者，提高了員工的文化品位。

　　一九五一年以來，乾安縣創作的戲劇作品百餘部，有數十部作品分別榮獲省、國家或國際獎項。具有代表性的作品有二人轉《刀對刀》，吉劇《桃李逢春》、《大布蘇》，拉場戲《審鵝》《吃請》《月子》，滿族新城戲《皇天后土》等。《月子》榮獲首屆全國戲劇文化獎「小型劇本一等獎」，開創了乾安縣小戲劇本獲國家一等獎的歷史；大型神話吉劇《大布蘇》，從全國遴選的一百零七部優秀作品中脫穎而出，榮獲首屆全國戲劇文化獎優秀劇目調演原創劇目大獎等九項國家級大獎，四十餘家主流媒體進行了宣傳報導，乾安縣委縣政府的文化建設態度，通過《大布蘇》享譽大江南北。三十一集電視連續劇《大布蘇坨爺》，被中共松原市委宣傳部列為文化產業重點推介項目之一。

　　文化大院建設是縣文化職能部門把送文化與種文化有效結合，大力開展農民自辦文化的載體，形成了具有乾安特色的農民文化品牌。被國家評為首批自辦文化服務體系示範項目。現在已創建小劇團大院、秧歌大院、電影大院、圖書大院、剪紙大院、雕刻大院等各類文化大院一百六十四個，實現了行政村全覆蓋。這些文化大院的蓬勃發展，大力提升了農村文化的品位，豐富了群眾文化生活，極大地提高了農民的業餘文化生活，促進了全縣文化事業健康、穩定、和諧發展。

　　文化書屋建設是惠及億萬民眾，提高人口素質的重大工程。在星羅棋布的文化書屋中，社會各界人士自辦的書屋，散落其間。文化書屋紅紅火火的興起，成為農村一道亮麗的風景。乾安縣圖書館總藏書量七萬八千五百七十五冊。累計接待讀者達一百萬人次，送書下鄉百餘次，扶持建立農家書屋一百七

十三個。二〇〇七年六月，建成文化信息資源共享工程支中心，在全縣建設基層服務點一百七十九家，遍布十二個鄉鎮一百六十四個行政村。王字村的「盈盈書屋」就有藏書三千多冊，有農業、法律、科技、生活保健等八大類書籍、三十多種報紙雜誌。這些書籍，不僅豐富了十里八村鄉親們的業餘文化生活，還向農民普及了農業科技知識，成了村民開啟發家致富大門的「金鑰匙」。

今日的乾安正以「打造生態宜居百湖縣，建設幸福新乾安」為目標，以誠信、包容、通達的城市品格，地域、多元、與時俱進的城市文化，聚古今之福運，迎八方之賓朋，揚時代之美名。

▲ 《松原日報·乾安週刊》

▲ 畫冊《乾安書畫匯萃》和《乾安工藝美術薈萃》

▲ 松原市二級社會體育指導員培訓班

▲ 井方明珠廣場健身舞蹈隊，代表松原市參加吉林省老年人健身大會全國第二套健身腰鼓比賽，獲銀獎

▲ 乾安麗水公園千福閣

第二章———

文化事件

讓時間在此止步，讓一個個故事在心裡銘記，那些響徹乾安小城的歡歌熱舞，那些鐫刻歷史的捃袚遺跡，那些文化傳承的動人樂章……像春天裡的細雨洗刷人們的心靈，也滋潤乾安大地更加生機盎然。我們把這些事件雕刻成永恆、雕刻成不朽，定格為我們行走途中一道道亮麗的風景。

文藝兵開赴乾安
──遼吉軍區二分區政治部文工團、前哨京劇 隊到乾安宣傳演出

　　遼吉軍區二分區政治部文工團、二分區前哨京劇隊，這兩支革命文藝隊伍都是在解放戰爭中誕生的。他們配合土地改革運動，建立民主政權，宣傳黨的方針政策，進行演出活動，充分發揮了革命文藝「團結人民、教育人民、打擊敵人、消滅敵人」的戰鬥作用。

　　一九四六年十月，乾安縣隸於遼吉區二行署所轄。當時，遼吉軍區二分區司令部設在長嶺縣。隸屬於二分區政治部領導下的二分區政治部文工團也駐守在長嶺縣，文工團成員有：團長孟哲，前哨京劇隊隊長祖國魂、許非，主要演員有曼娜、趙秋穎、張營、白玲、佳玲、虹鸞、高登、薄音、金晶、瓊光等三十多人。文工團按照二分區司令部的戰略部署，為緊密配合解放戰爭時期各階段的中心任務進行著繁忙的排練和宣傳演出活動。一天，國民黨反動派突然對長嶺縣城發動了猖狂進攻，企圖攻占長嶺縣，把戰爭範圍向我解放區北部伸延。就在國民黨軍隊攻打長嶺縣城的前一天，在敵強我弱的情況下，為了保存實力，駐守在長嶺縣城的遼吉軍區二分區司令部遵照上級指示，決定撤離長嶺，行軍北上，做出了戰略性轉移的果斷決定。第二天，二分區政治部文工團由團長孟哲率領一行三十幾人，隨同遼吉軍區二分區司令部同時撤離長嶺，行軍北上撤至後方，駐守在距乾安縣城南九公里的東贊字井。

　　革命戰爭中的文工團，除演戲外還肩負著宣傳、組織群眾的光榮任務。哪裡有人民群眾，哪裡就是他們宣傳的陣地。戰士們不顧行軍疲勞和飢餓，一放下背包就開始街頭宣傳，刷寫標語。他們大張旗鼓地宣傳解放戰爭的大好形勢，黨的方針政策，揭露國民黨反動派的罪惡。在牆壁上醒目地刷寫「參軍參戰，保衛勝利果實」等標語口號，形成強大的政治攻勢。剛來到駐地時，文工

團的同志們都住在老百姓家裡，經常為老百姓挑水、拾柴、打掃衛生，訪貧問苦，與村民百姓和睦相處，關係融洽。

他們在駐地除為老百姓宣傳演出外，為配合形勢還多次到乾安縣城為廣大群眾宣傳演出。他們演出的節目有反映蔣介石與美帝國主義相互勾結打內戰，革命人民奮起反抗，美蔣處於窮途末路的活報劇《蔣美愁》；有反映參軍參戰、保衛勝利果實的小演唱《參軍光榮》；有反映正確對待俘虜、逃兵，嚴格遵守優待俘虜政策的小話劇《不要殺他》；還有歌劇《白毛女》片段，《兄妹開荒》《小放牛》等。這些文藝節目，在人民群眾中產生了強烈的反響，群眾紛紛表示，永遠跟著共產黨，將革命進行到底。

文工團在駐防期間，為了提高戰士們的階級覺悟，鼓舞他們英勇殺敵，演員們還利用業餘時間教戰士學唱《東北民主聯軍進行曲》《翻身樂》《黃河頌》《翻身五更》等革命歌曲。凡有群眾集會的場合，軍民互相拉歌，形成風氣，非常活躍。一九四七年春節期間，文工團與老百姓聯歡，扭大秧歌，到軍烈屬家拜年慰問。乾安城鄉踩高蹺、耍龍燈、鑼鼓喧天、鞭炮齊鳴，軍愛民、民擁軍，盡現軍民魚水之情。

一九四七年五月，遼吉軍區二分區政治部文工團和二分區前哨京劇隊隨司令部撤離贊字井，行軍南下至公主嶺。一九四七年六月，前哨京劇隊為配合土地改革，建立民主政權等工作需進行巡迴演出活動，遵照首長的指示，由許非、祖國魂兩名同志率領隊伍，分坐兩台馬車，拉著服裝、道具等物品，由長嶺縣城出發，日夜兼程來到乾安縣，宿營在乾安縣城東南角的一個大院裡。

前哨京劇隊來乾安演出，受到乾安縣黨政部門的熱情接待和大力支持。他們為乾安縣土地革命動員大會做首場演出，在乾安活動一個多月，共演出三十餘場。演出的主要劇目有《逼上梁山》《打漁殺家》《群英會》《甘露寺》《八大錘》等。一九四七年七月，前哨京劇隊結束了在乾安的演出活動，開赴前郭旗、大賚等地巡迴演出。

吹響戰鬥的號角
——《農工通訊》與《支部通訊》創刊

　　解放戰爭時期，中共乾安縣委和區委都剛剛建立，縣區幹部很少，要想發動群眾和組織群眾，就必須加強輿論宣傳。於是，在縣委和區委的決定下，一九四七八月二十日，一份面向廣大人民群眾的刊物《農工通訊》正式創刊了。刊物是八開版，油印，每期頁數視內容繁簡有所不同，不定期出版。九月初，另一份黨內刊物《支部通訊》隨即創刊。兩份刊物的內容緊貼實際，正確地宣傳了黨的路線方針政策，起到了戰鬥的號角作用。

　　兩刊剛剛創辦，稿源不足，第一期刊發新華社播發的一份外地新聞，題目是「湯東全體農民大會發動對地主總進攻」，副題為「兩旬內十五點二萬畝土地回家，五萬農民參加農會，千餘民兵扛起槍」。沒看正文前，僅從題目上就可以看出遼寧省湯東縣農民土地改革運動開展的轟轟烈烈。這期刊物印了二百多份，由各區轉發到各村屯，區幹部親自帶著刊物下鄉，並且把各村屯有文化的人組織起來，開群眾大會，宣讀刊物上的文章，使全縣廣大農民了解到土地改革的具體做法。縣委和區委又趁熱打鐵，到各村屯開展土地革命，但是，革命在全縣開展得不平衡，有的村屯斗地主的現象並不明顯，農民翻身不徹底。縣委針對這種情況，由縣委副書記王楓同志帶領工作隊深入到道字村調查研

究，情況是這個村當時農會建起來了，但對地主卻毫無觸動。經了解是這個村大地主遲振邦要手段，偽裝積極，表面上支持農會，實際上是他用威脅利誘的手段，拉攏腐蝕農會幹部，用小恩小惠或美人計等辦法拉農會幹部下水。王楓同志了解到真實情

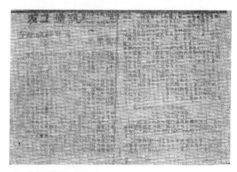

▲《農工通訊》

況後，先整頓農會，把不為農民辦事的人撤下來，選舉真正窮苦又正直、敢於鬥爭的人當農會幹部。《農工通訊》第四期用十二個版面，約一萬五千字，對道字村做了全面而深入的報導。文章的形式有消息、通訊、評論等。這期刊物編印得非常及時，迅速發往全縣各區村幹部，人手一份，向群眾進行傳達，基本上達到家喻戶曉。縣委領導高興地說：「這期刊物比得上召開全縣村民大會了。」

土地改革開展起來了，縣區領導在運動中培養了一批積極分子，並且祕密發展黨員。有的村屯還建立了黨小組或黨支部，他們之中大多數都是農會幹部，儘管當時還沒有公開活動，上級的指示和精神就以農會名義出現，而黨支部和黨小組的作用發揮得不好。針對這種情況，《支部通訊》第一期以「縣屬機關支部的過去與今後」為題對全縣建黨一年來的工做作了簡要總結。第二期，頭題則以「如何迎接組織工作會議」為題，對基層黨組織發揮作用不夠好提出批評。文章寫道：「過去乾安的黨是半身不遂的狀態，有縣委與區委的領導，而無支部的工作。工作有嚴重的行政路線與農會路線，沒有通過支部去動員組織與領導群眾起來鬥爭，黨員沒有組織起來，以行政和農會代替支部。但新形勢新任務要全黨同志必須緊急動員起來，嚴密組織起來……使每一個街屯支部與一切機關支部成為發動群眾鬥爭與支援前線戰爭的鞏固堡壘。」文章還對如何發揮基層黨支部作用提出了指導意見，從而使全縣基層黨支部都能發揮組織作用。用正面典型引導群眾積極向上，《支部通訊》第三期發表了三篇反映優秀黨員先進事蹟的文章：《追認英勇犧牲已一年的卜憲存同志為中共正式黨員》《積極參加對地主階級第三次強攻的共產黨員張洪舉》《模範黨員溫德發同志打鬍子救同志的忘我精神》等，對全縣黨員樹起了學習榜樣。

乾安縣檔案館裡珍藏的《農工通訊》《支部通訊》兩刊，反映了黨在戰爭年代，各方面都極為艱難困苦的條件下非常重視輿論宣傳工作，也體現出當時乾安縣思想工作成果的來之不易。兩種刊物真實地記錄了當年黨的各項工作開展情況和各階層人物的思想狀態，留下寶貴的歷史資料。

引吭歡歌井方城——井方演唱會

多年來，乾安縣通過文企（事）聯姻的形式，利用各種有效手段，自二〇〇五年至今，每年都會推出乾安品牌文化活動暨乾安四季井方廣場音樂會——春、夏、秋、冬演唱會，與各大企事業單位聯合舉辦了大中型文藝演唱會百餘場次。

▲「井方之春」音樂會

▲「井方之秋」音樂會

二〇〇五年五月十五日，全國第十五個助殘日，在井方廣場成功舉辦了以「同頂藍天、共享平等、奉獻愛心」為主題的井方之春文藝晚會。九月二十八日，又舉辦慶祝建國五十六週年的「井方之秋」井方廣場音樂會，來自全縣各階層的二十三名演員參加了演出，以歌頌黨、歌頌社會主義、歌頌改革開放為內容，表達了新時期各行各業群眾對美好生活的嚮往。

▲「保護未成年人網路安全」音樂會

▲「6.5」世界環境宣傳日音樂會

▲「世界電信日」演唱會

　　二〇〇八年，利用環境宣傳日，與縣環保局聯合舉辦了井方系列演出暨「井方之春 6.5 環境宣傳日」演唱會；二〇〇九年六月二十五日，與縣國土資源局聯合舉辦了以「6.25 土地日」為主題的「國土之夜」——井方之夏廣場音樂會，整體節目在參加松原市會演中獲得演出一等獎；二〇一一年，與縣城建局聯合舉辦了「城市建設者之歌」大型演唱會。

　　二〇〇六年，為慶祝中國共產黨成立八十五週年，文化館與縣農電聯合舉辦了「乾安縣慶祝中國共產黨成立 85 週年大型文藝演唱會」井方系列廣場演出暨井方之夏演唱會，來自全縣各行業的五十餘名表演者參加了此次演出。其中，大合唱《電力黨員之歌》《愛我中華》《保衛黃河》等膾炙人口的歌曲深受群眾喜愛，演唱的《喜看乾安新面貌》為整台演出增添了喜慶的氣氛，現場觀眾近千人。

▲「慶祝中國共產黨成立85周年」大型廣場演唱會

▲ 慶祝建黨九十周年「永遠跟黨走」大型演唱會

　　二〇〇九年，在市殘聯舉辦全市慶祝第十九個世界助殘日大型文藝會演之際，文化館承辦了縣殘聯舉辦的文藝匯演活動，由十二個不同文藝形式的節目組成。

　　二〇一一年五月，為慶祝建黨九十週年，乾安縣舉辦了以「永遠跟黨走」為主題的大型歌曲演唱會，演唱會以獨唱、對唱、合唱等形式，精心演繹了一些經典曲目。共有來自全縣各行業的三十二名歌手參加，演唱歌曲二十八首，表達了對黨、對祖國的熱愛之情。

▲「助殘日」文藝演唱會

▲「世界環境宣傳日」演唱會

井方蕩漾春之韻──「乾安之春」音樂會

一九八三年三月，乾安縣文化館舉辦城鄉聲樂培訓班，並從省群眾藝術館聘請苗鴻信、徐國卿為指導教師，城鄉一百餘人參加了培訓。培訓班結束，舉行匯報演出，這就是「乾安之春」音樂會的開始。一九八三年三月二十九日，在乾安劇場舉行了首場演出，節目有合唱、齊唱、男女聲獨唱、重唱、對唱、歌伴舞、器樂齊奏、獨奏等。

▲ 第一屆「乾安之春」音樂會　　　　▲ 第二屆「乾安之春」音樂會

一九八四年三月三十日，舉辦了第二屆「乾安之春」音樂會。四月一日上午，舉行「音樂會」的群眾歌詠專場演出，參加演出的有工人、農民、駐軍指戰員、商店營業員、學校教師、學生、幼兒園的小朋友等二十七個單位或團體，四百五十七人登台演出。這屆「音樂會」歷時四天，演出五場，觀眾達六千多人次。

一九八五年二月四日，舉辦了第三屆「乾安之春」音樂會。教育、糧食、商業、衛生等系統十七個單位參加演出，解放軍某部隊的指戰員也參加了演出。

一九八六年四月十日，舉辦了第四屆「乾安之春」音樂會。這屆音樂會參加演出的單位或團體一百二十多個，演員五百多人，演出節目一百三十多個，演唱自己創作的歌曲二十多個。四月十一日晚，縣教育系統代表隊做專場演

▲ 第三屆「乾安之春」音樂會　　　　　▲ 第四屆「乾安之春」音樂會

出。音樂會結束，又評選了先進集體、伴奏、演奏獎、單項獎、優秀創作獎、優秀演員等。

　　一九八七年四月六日，在紅旗劇場舉行了乾安首屆「藝術節」暨第五屆「乾安之春」音樂會開幕式。縣吉劇團在開幕式上演出了輕歌舞專場。四月七日至八日在乾安劇場舉行第五屆「乾安音樂會」群眾專場演出，演出七十一個節目。七日至十日在乾安劇場舉行四次電影晚會，放映十部影片，觀眾達四千餘人次。這屆藝術節暨第五屆「乾安之春」音樂會，有專業劇團的專場演出、業餘文藝節目演出、電影晚會和青少年書畫展覽，期間共演出文藝節目二百一十二個。

　　一九八八年四月四日，第六屆「乾安之春」音樂會拉開帷幕。這屆音樂會城內十四個系統、六十三個基層單位參加，參與演出七百八十三人。音樂會內部觀摩演出三場，對群眾公演五場，觀眾反響強烈，觀看音樂會演出的票供不

▲ 第五屆「乾安之春」音樂會　　　　　▲ 第六屆「乾安之春」音樂會

應求。這屆音樂會共演出一百八十七個節目，三十首歌曲獲獎，評選出優秀演員六十名，音樂會於四月八日結束，《白城報》發了消息，吉林省電台兩次發新聞。

▲ 第七屆「乾安之春」音樂會

一九八九年五月二日，第七屆「乾安之春」音樂會開幕，歷時三天。此屆音樂會，有近百個基層單位、近千名演員參加演出，觀眾達萬人次，規模之大，範圍之廣，人員之多是前所未有的。其突出的特點是主題鮮明、內容健康、富有生機，充分體現了「嚴肅、活潑、健康、雄壯」的總體要求，表現了乾安縣二十三萬人民在中國共產黨領導下，獻身「四化」建設的熱情和偉大的愛國主義精神。

▲ 第八屆「乾安之春」音樂會

一九九〇年四月六日，舉辦乾安縣第二屆文化藝術節暨第八

▲ 第九屆「乾安之春」音樂會

屆「乾安之春」音樂會。這屆藝術節暨音樂會召開的同時，白城地區文化局在乾安縣召開白城地區農村群眾文化工作乾安現場會。會上，乾安縣五個鄉鎮從不同的角度介紹了抓群眾文化工作的體會和經驗，反映出乾安縣群眾文化工作的特點、抓法及取得的成績，對乾安縣農村群眾文化工作進一步開展起到了積極的推動作用。

乾安縣第三屆「文化藝術節」暨第九屆「乾安之春」音樂會於一九九一年六月二十八日拉開帷幕，歷時五天，七月二日圓滿結束。這屆藝術節正值中國共產黨成立七十週年之際，因此，把弘揚黨的優良傳統，宣傳黨的光輝業績定為本屆藝術節的主題。

　　為紀念毛澤東同志《在延安文藝座談會上的講話》發表五十週年，弘揚

▲ 第十屆「乾安之春」音樂會

▲ 第十一屆「乾安之春」音樂會

▲ 第十二屆「乾安之春」音樂會

《講話》精神，乾安縣第四屆「文化藝術節」暨第十屆「乾安之春」音樂會於一九九二年五月二十三日進行。藝術節歷時三天，於五月二十五日下午舉行閉幕式，演出各種形式的文藝節目三十三個。整場音樂會演出隊伍精悍，文藝形式多種多樣，使乾安縣具有十年歷史，未曾間斷的「乾安之春」音樂會再次圓滿成功，由始至終洋溢著歌頌中國共產黨、歌頌毛主席、歌頌社會主義好的歡樂氣氛。

　　乾安縣第十一屆「乾安之春」音樂會於一九九三年五月二十九日拉開帷幕，歷時三天，由始至終把握著歌頌中國共產黨、歌頌偉大祖國、歌頌社會主義這一主旋律，共進行了六場演出。

　　正當全縣人民深入貫徹「抓住時機，深化改革，促進發展，保持穩定」這個基本方針之際，迎來了

中國共產黨成立七十三週年。一九九四年六月二十八日，乾安縣第十二屆「乾安之春」音樂會暨慶祝中國共產黨成立七十三週年文藝演唱會在縣影劇院拉開帷幕。此屆音樂會歷時三天，以歌頌黨的節目為主，深入體現了「兩手抓，兩手都要硬」的指導思想，豐富活躍了全縣人民的業餘文化生活，為中國共產黨成立七十三週年獻上了一份禮。

二〇〇二年四月三十日，第十三屆「乾安之春」音樂會開幕，共有十二個系統參加，演出節目一百一十個。

二〇〇四年五月二十五日，第十四屆「乾安之春」音樂會開幕，歷時三天，分設四個專場，有十六個單位參加演出。

▲ 第十三屆「乾安之春」音樂會

▲ 第十四屆「乾安之春」音樂會

村鄉文藝花開豔——農民文化藝術節

一九八六年七月，乾安縣大布蘇鎮舉辦了全鎮藝術節。一九九一年暑字鄉舉辦首屆藝術節。同年，贊字鄉舉辦了紀念中國共產黨成立七十週年暨第一屆藝術節書畫展。一九八六年仙字鄉舉辦第一屆農民文化藝術節，一九九〇年舉辦了第二屆農民文化藝術節，一九九三年舉辦了第三屆農民文化藝術節，一九九五年舉辦了第四屆農民文化藝術節，一九九九年舉辦了第五屆農民文化藝術節。

二〇〇六年七月至二〇一三年八月，乾安縣已連續舉辦了八屆農民文化藝術節。每屆藝術節都設四個分賽區進行演出，並把優秀節目選送到綜合場（縣井方廣場）進行閉幕式演出。通過不斷創新，每年的藝術節都以全新的形式展現給全縣觀眾，尤其是農民自編自演類的文藝節目最受群眾歡迎。

農民藝術節內容包括民族傳統類節目、農民書畫、民間手工藝作品展、地方特色藝術作

▲ 第二屆農民文化藝術節閉幕式

▲ 第四屆農民文化藝術節開幕式

▲ 第八屆農民文化藝術節西部賽區

▲ 第八屆農民文化藝術節東部賽區

品展及農村優秀文藝節目調演。每年都有近萬餘人參與其中，成了「群眾的節日、藝術的盛會」。藝術節的舞台，展示出新時代農民的風采，豐富和活躍了城鄉群眾的文化生活，發掘了不少民間文化人才，使廣大農民真正成為文化藝術的組織者、參與者、受益者。

▲ 乾安縣大布蘇工業園區首屆農民文化藝術節

井方上元不夜天──元宵節焰火晚會與燈展

▲ 元宵節燈展一條街

乾安縣元宵節焰火晚會始於二〇〇二年，當時由縣委宣傳部牽頭，縣總工會運作，全縣各機關、企事業單位贊助而進行的一項節日文化活動。

十二年來，元宵節焰火晚會給全縣人民節日文化生活增添喜慶氛圍，已經成為城鄉人民節日傳統文化活動之一。

▲ 花燈作品

▲ 焰火表演

▲ 焰火表演

　　乾安縣元宵節燈展開始於一九八二年，是由縣委縣政府號召，縣總工會承辦，具有民間色彩的一項文化活動，最初展出的燈多為個人、個體工商業戶及部分機關、企事業單位製作，歷經三十多年的發展，逐步演變為以機關、企事業單位展出的燈為主，個體工商業戶及個人為輔的發展格局。展出的花燈也已由起初「瓶瓶罐罐」、「紙糊花燈」發展到現在的噴繪彩燈和精美的宮燈，樣式不斷更新，規模不斷擴大。燈展活動已經成為每年元宵節廣大城鄉居民重要的節日活動，極大地豐富了全縣人民的節日文化生活。從二〇一一年第三十屆燈展開始，又增添了猜燈謎、發短信評花燈抽大獎等活動，賦予了元宵節燈展新的內容，燈展已成為全縣人民不可或缺的傳統文化活動。

▲ 花燈作品

戲劇文化最高獎花落乾安
——大型神話吉劇《大布蘇》喜獲殊榮

二〇〇七年十二月，張海君、張旭偉創作完成了大型吉劇劇本《大布蘇》初稿，受到著名劇作家郝國忱、戲劇專家關音光、吉林省戲劇家協會主席宋存學、《戲劇文學》主編郭翠君的重視。

二〇〇八年七月，乾安縣委宣傳部、縣文化新聞出版局和體育局在縣賓館組織召開了《大布蘇》劇本討論會，省文化廳與省藝術創作研究院的領導、專家及市相關部門領導參加了會議。

二〇〇九年五月一日，張海君作為會員代表參加了中國戲劇文學學會第四次全國代表大會，並當選為理事。會議期間，同游本昌等國內外知名人士就中國藝術市場現狀與發展方向進行了探討。二〇〇九年十二月初，吉林省文化廳藝術處與省藝術創作研究院聯合召開《大布蘇》劇本專題討論會。同月二十九日，《大布蘇》（白荏戲）在松原市滿族藝術劇院舉行首次評審演出。省市縣相關部門領導及吉林省戲劇專家參加了觀摩評審。

二〇一〇年四月十二日，大型神話吉劇《大布蘇》在乾安縣文化活動中心劇場成功首演。薛若琳、王安魁、譚志湘、吳乾浩、曲六乙、郝國忱、宋存學等中國戲劇界著名專家、評論家與省市縣相關部門的領導及千餘名觀眾共同觀看了演出。演出結束後，觀眾久久不願離場。各級領導與專家們給予該戲高度評價。中國戲曲學會會長、中國藝術研究院原副院長薛若琳說：「這部戲很大氣，而

▲《大布蘇》演出劇照

且意義深刻……劇中人物刻畫鮮明，通過對大布蘇王子親民愛民的刻畫，突出了愛護百姓是治國之本的重要性。這部劇是一部融民族性、宗教性、地域性為一體的優秀作品，是一部很好的體現滿蒙文化特點的劇作代表。」中國戲劇家協會研究員曲六乙說：「吉劇《大布蘇》節奏感強，是一部積極的浪漫主義劇作。這是乾安的文化名片，站在吉劇發展史上一個承前啟後的位置，經過打磨，可以成為吉劇具有里程碑意義的作品。」中國藝術研究院研究員、《中國京劇》原主編吳乾浩說：「這部劇是一部大題材、大手筆之作，經過打磨可以達到很高的水平，是一部很有搞頭的戲。」中國少數民族戲劇學會主席譚志香說：「此劇是繼《皇天后土》之後，松原打造的又一部民族戲劇，主題鮮明，思想性和藝術性強……一定會在全國舞台贏得一席之地。」中國戲曲學會副會長、《中國戲曲》主編王安葵說：「乾安的文化氛圍和天然環境，以及市縣領導對文化和戲劇的支持，確實能成就一部天時、地利、人和的好戲。」

「全國戲劇文化獎」是中共中央、國務院批准的國家級大獎，是華語戲劇文化最高獎，有著極高的「含金量」，享有「中國戲劇諾貝爾」之稱，在海內外具有極高的聲譽，與「曹禺戲劇文學獎」、「中國戲劇梅花獎」並稱為中國三大戲劇大獎。

▲ 北京・華僑大廈，大型神話吉劇《大布蘇》晉京調演新聞發布會現場

首屆「全國戲劇文化獎」優秀劇目調演，備受藝術界廣泛青睞，競爭尤為激烈。大型神話吉劇《大布蘇》，從全國遴選的一百零七部優秀作品中脫穎而

出，成為本屆唯一一部在國慶前夕以評獎形式向祖國生日獻禮的調演劇目。作為縣級劇團，晉京角逐國家級大獎，在全國也不多見。

　　二〇一〇年九月二十八日晚七時整，《大布蘇》走進北京長安大戲院，接受國家評委和首都觀眾的評審。長安大戲院——在這個享譽中外的中國戲劇藝術表演最高殿堂的舞台上，《大布蘇》的精彩上演留給了評委們深深的震撼，更是贏得了觀眾高度的認可與喝采。九月二十九日，中國戲劇文學學會全國戲劇文化獎評委會的評委專家們觀摩了「首屆全國戲劇文化獎優秀劇目調演」的大型神話吉劇《大布蘇》，並組織了檢測觀眾滿意度的現場投票，首先由監票組對觀眾投票進行了公開開票計票，共收到觀眾選票五百二十一張，其中，非常滿意四百五十七張，較滿意四張，滿意五十張，不滿意零張，無效票十張，觀眾滿意率達到了百分之九十八。評委會參照觀眾滿意度，對該劇進行了綜合評估，最後由總評委終評票決，大型神話吉劇《大布蘇》獲首屆全國戲劇文化獎的「原創劇目大獎」、「團體演出獎金獎」；張海君、張旭偉獲「編劇獎金獎」；孫麗清獲「導演獎金獎」；王景芝（大型神話吉劇《大布蘇》飾薩滿）、劉曉明（大型神話吉劇《大布蘇》飾大布蘇）、周亞梅（大型神話吉劇《大布蘇》飾干枝梅）獲「表演獎金獎」；楊柏森獲「編曲獎金獎」；王選祥（大型神話吉劇《大布蘇》司鼓）獲「演奏獎金獎」；劉森、馬福文（大型神話吉劇《大布蘇》總策劃、策劃）獲「最佳策劃獎」；授予大型神話吉劇《大布蘇》支持組織單位中共乾安縣委、乾安縣人民政府「最佳組織獎」九個獎項。中央

▲ 大型神話吉劇《大布蘇》晉京演出劇照

電視台、北京電視台、中國網絡電視台、吉林電視台以及人民網、新華網、鳳凰網、中國文化報、吉林日報等四十餘家主流媒體進行了宣傳報導。

《大布蘇》的晉京成功調演，擴大了乾安縣知名度，對於推介乾安、宣傳吉林，打造了一張十分難得的文化名片。

二〇一〇年十一月，全國中文核心期刊《戲劇文學》第十一期以頭版「特別推薦」的位置發表了《大布蘇》劇本。

二〇一一年二月十九日至二十四日，第二十四屆中國劇作家汶川大採風和首屆「全國戲劇文化獎」頒獎盛典在四川省成都市隆重舉行。乾安縣相關領導及《大布蘇》編劇、主演參加了這次藝術盛事，並接受了新聞媒體記者的現場採訪。

二〇一一年十一月，《大布蘇》獲第二十五屆中國「田漢戲劇獎劇本獎」。十一月二十八日，大型神話吉劇《大布蘇》榮獲吉林省第十屆「長白山文藝獎」作品獎，長白山文藝獎是由省委省政府主辦的吉林省文藝最高獎。十二月六日，編劇張海君出席了在吉林省電視台一號演播大廳舉行的「長白山文藝獎」頒獎晚會。

▲《大布蘇》獲獎獎牌　　▲「全國戲劇文化獎」頒獎現場　　▲《大布蘇》收錄卷

銀屏傳來大布蘇的笑聲
——長影拍攝《故事吉林》系列電影《大布蘇的笑聲》

▲ 長影拍攝的電影《大布蘇的笑聲》

導演：胡明鋼

編劇：武剛、武婷婷

主演：李靜、趙鳳霞、程學斌等

類型：故事片

題材：劇情/喜劇

出品單位：長影集團有限責任公司

攝製中心：長影集團有限責任公司、中共乾安縣委、乾安縣人民政府

　　《故事吉林》系列影片是由省委宣傳部創意指導，由長影農村題材電影創作基地精心策劃的大型系列數字電影工程。旨在用系列精品電影宣傳吉林省各市縣（區）的特色文化和優美風光，提升吉林省的知名度和美譽度。用系列精品電影全面宣傳、推介吉林，打造吉林靚麗的文化名片，同時也是吉林省為黨

▲ 影片《大布蘇的笑聲》封鏡儀式

▲ 影片《大布蘇的笑聲》劇照

▲ 影片《大布蘇的笑聲》劇照

▲ 影片《大布蘇的笑聲》劇照

的十八大獻禮的文化產品。《大布蘇的笑聲》是《故事吉林》系列影片之一，由著名演員李靜主演，講述了大學生村幹部趙宇來到大布蘇任職，為了解決葛家和沈家的「豬官司」而引發的一連串啼笑皆非的故事。全劇以新穎的視角反映出在建設社會主義新農村的進程中，新型農民誠信、法制、科學意識的迅速提高，並逐漸走向科學文明的新境界，讚揚新時期農村的美好愛情和良好的人際關係，塑造新農村青年的典型形象，營造出建設和諧新農村的歡樂主題。影片將乾安縣獨特的卡斯特地貌、壯觀的泥林、美麗的大布蘇湖美景與豐富的社區文化、廣場文化相結合，用電影獨有的方式，把這座歷史名城的無窮魅力展

▲ 影片《大布蘇的笑聲》劇照

▲ 影片《大布蘇的笑聲》劇照

現在廣大觀眾面前，是一部具有濃郁乾安特色的影片。

　　《大布蘇的笑聲》是乾安縣歷史上拍攝的第一部電影，在吉林衛視「鄉村」等頻道播出後，在乾安城鄉引起了強烈反響。

大布蘇再現銀屏
——華語新片《大布蘇》主創人員與觀眾見面

二〇一四年八月三十日，第十二屆中國長春電影節華語新片推介《大布蘇》劇組見面會，在長春賽德廣場的萬達影城舉行。影片多位主創與觀眾近距離交流創作體會，分享台前幕後的精彩瞬間。

見面會上，主演胡連華、林琳、徐霞等主創人員均來到現場與觀眾們親切交流互動，片中的小演員們也在現場暢聊片場趣聞。

電影《大布蘇》由吉林省藝術研究院青年創作員趙明環擔任編劇，省美術家協會主席、吉林藝術學院新媒體學院院長王曉明教授執導，於二〇一三年五月創作完成的。作為一部取材自吉林省的本土影片，該片講述了一段發生在乾安大布蘇泥林及大布蘇小學的感人故事。影片通過小學音樂女教師平原、白燕，傳媒音樂製作人何兮、老闆白姐、助理馬憂憂以及歌手傑瑞夏之間的情感糾葛，及平原與何兮成立「大布蘇童聲合唱團」的曲折經歷，展示了人性與人格光輝的一面。

這是一部沒有明星的大片，這是一部畫家用畫筆描繪的電影。電影《大布蘇》本著「小投入，大製作」的原則，探索「超低成本」電影的新路徑，在「農村題材」市場化方面進行深入的研究和大膽的嘗試。該片場景恢宏，每一幅畫面都像是一幅精美的油畫，其中強烈的色彩對比和細膩的情感鋪陳展現了在大布蘇這

▲《大布蘇》劇組見面會

▲《大布蘇》劇組見面會

個特殊的地理環境下溫暖感人的故事。不僅如此,片中音樂均為原創,藉助動人的片中音樂和主創團隊對畫面的掌控能力、優良的前期設備以及強大的後期製作力量,為「農村片」創作質量的提升積累了寶貴經驗。

　　這是一次技術和理念的勇敢突破,這是一場震撼心靈的視覺盛宴。在第十二屆中國長春電影節期間,電影《大布蘇》與廣大觀眾的見面,勢必成為農村電影發展的新起點。

▲ 影片《大布蘇》中約小演員與觀眾見面

井方非遺榮登榜
——《千字文》和《大布蘇的傳說》申遺成功

乾安縣是全國僅有的一個村鎮地名稱謂用《千字文》依序擇字取名的縣。國際區域性環境組織經《亞太人文與生態價值評估體系》評估，「中國乾安千字井」人文地名與區域化景觀入選「亞太最值保留的人文歷史財富」藍皮書名錄，並評價乾安縣全境為「中國最奇特的鄉村地名文化博覽園」。二〇一〇年十二月《乾安地名的由來》成功申報為松原市第二批市級非物質文化遺產項目；二〇一一年六月《大布蘇的傳說》成功申報為吉林省第三批非物質文化遺產項目。二〇一三年六月八日是中國第八個「文化遺產日」，為了系統總結十年來的非遺保護工作，突出人民群眾在非遺保護工作中的主體地位，乾安縣深入開展非物質文化遺產保護工作，分別在全民健身活動中心廣場和明珠廣場以大型條幅、發放宣傳單、秧歌、健身舞等多種形式進行了廣泛宣傳，活動主題為「人人都是非物質文化遺產的主人」。

▲ 第八個「文化遺產活動日」宣傳活動

為了有效保護和合理利用非遺，促進傳承活動的開展，「大布蘇的傳說」以新的創意、新的版本，通過動漫的形式，結合地域特點，展現濃郁的長白山地域風情，通過網絡與傳媒傳播到更多的地方，有利於帶動當地旅遊發展和文化產業提升。

▲「文化遺產活動日」宣傳活動

乾安「春捺缽」遺址入「國保」檔案
——「春捺缽」遺址調查、試掘與申報

契丹族是一個馳騁草原的游牧民族，轉徙隨時，車馬為家，這種獨特的生活方式使得其建立的遼朝，形成了一種獨特的議政方式：「捺缽」制度。捺缽，係契丹語，亦作「納缽」，意為遼帝的行帳、牙帳，相當於漢語的「行在」。遼朝處理政務多在馬背車帳之上和四時「捺缽」之中。因此，「捺缽」制度在遼代是一種重要的政治制度。

「捺缽」因按春、夏、秋、冬的時序安排，又稱之為「四時捺缽」。「四時捺缽」既是皇帝釣魚行獵、習武休閒的理想勝地，也

▲ 王青煜繪畫作品《遼帝春捺缽》

是皇帝議政治軍、號令天下的主要場所。其中「春捺缽」、「秋捺缽」主要處理遼朝和其他所屬民族的關係；「夏捺缽」、「冬捺缽」主要召開南北臣僚會議。而關於「四時捺缽」的時間安排，基本上是平均分配的，每三個月皇帝都要帶領主要官員從一處「捺缽」遷往另一「捺缽」處。至於「四時捺缽」的地帶，遼代中期以後就大體固定了下來。同時，契丹族的「捺缽」制度也對於中國北方民族建立的金、元、清代政權也產生了深遠的影響。

「春捺缽」也稱「春水」，意為春漁於水，即：釣魚、捕天鵝，舉行頭魚宴與頭鵝宴，並接受女真「千里之內」諸酋長的朝賀。關於「春捺缽」的地點，《遼史·營衛志》記載：「春捺缽」之地在鴨子河濼。歷史學者們曾對「春捺缽」文化以及「春捺缽」的地點進行過一定的研究，如二十世紀初，日本池內宏、津田左右吉等對契丹「捺缽」文化進行了研究；二十世紀四十年代，遼

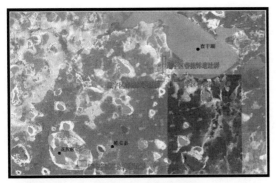

▲ 遼金時期「春捺缽」遺址群分布圖

史研究專家傅樂煥先生的《遼代四時捺缽考五篇》；二十世紀六十年代，姚從吾的《遼代契丹族的捺缽文化與軍事組織、世選習慣、兩元政治以及游牧社會生活、禮俗生活》等，均對契丹「捺缽」文化以及「春捺缽」的地點進行了一系列的研究，但這些研究是依據歷史文獻整理而成，有一定的侷限性。考古學界也曾對「捺缽」文化有一定探索，如遼寧文物考古所的《遼寧朝陽木頭城子遼代壁畫墓》涉及到契丹「捺缽」文化。但迄今，有關「四時捺缽」的研究均停留在歷史地理考證與文獻描述層面，對「捺缽」及相關問題的研究亟待深入。

「春捺缽」遺址群的發現　二〇〇九年十一月，在全國開展「第三次全國文物普查」中，乾安縣普查組在走訪調查時，發現贊字鄉後鳴村西花敖泡南側和查干湖西南一帶有大面積的土台基，大部分台基和斷面清楚地看到有大量的火燒土、陶瓷殘片、布紋瓦、銅錢、獸骨、六耳銅鍋等。普查組組織專業人員對遺址進行了調查，並將調查情況及時向省文物局進行了匯報。經國家和省裡專家多次現場勘探調查，確定為「春捺缽」遺址群。

根據既往研究，「春捺缽」遺址群的位置主要在鴨子河濼、遼長春州（吉林省前郭爾羅斯蒙古族自治縣八郎鄉北上屯塔虎城）一帶。史學界對此

▲ 遼史專家在「春捺缽」遺址實地考察

有很多不同的見解，可謂眾說紛紜。由於很少有學者去實地考察「春捺缽」地點，使得這一問題具有很大的研究空間。為什麼尋找多年的「春捺缽」遺址沒有尋找到，如今卻在乾安縣發現了呢？因為乾安縣是一九二八年建縣，歷史上，乾安縣這個地方歸屬前郭縣管轄。故而多年來，考

▲ 二○一三年七月八日，省文物局多次組織專家組對「春捺缽」遺址群進行實地考察論證

古工作者一直在前郭地帶考察，尋找「春捺缽」遺址，而忽視了後從前郭分出來的乾安縣。

乾安「春捺缽」遺址群一直是吉林省重要的考古項目，也是第三次全國文物普查中吉林省文物局、乾安縣文廣新局及文物管理所特別關注的項目。二○○九年十月下旬，乾安縣文物管理所組織人員專門對該項目進行了多次調查。調查成果經省文物局派駐乾安地區負責該項工作的傅佳欣教授現場勘查、分析、論證，可以初步確認是「春捺缽」遺址群。縣文物管理所在此又對查干湖周邊進行了大範圍的調查，先後發現了四處規模浩大的遺址群，經省文物局專家和領導確認，「春捺缽」應在上述遺址群中，彌補了全國文物考古專家多

▲ 二○一○年八月，考古專家對遺址台基斷面（灶址）進行清理

▲ 二○一三年七月，吉林大學考古隊對遺址進行試掘（祭祀址探方）

年來未尋找到「捺缽」遺址的空白。「春捺缽」遺址群的發現，體現了乾安縣悠久的文物歷史資源和光輝燦爛的古代文化，對研究歷史文化有著重要價值。

「春捺缽」遺址群申報　當時正是全國第七批國家重點文物保護單位申報階段，按照省文物局指示，立即組織相關專家整理有關資料，二〇〇九年十二月二十五日省文物局破格將「春捺缽」遺址群申報為國家級重點文物保護單位。同時，乾安縣人民政府正式公布縣級文物保護單位。二〇一三年三月五日，國務院公布吉林省乾安縣「春捺缽」遺址群為國家級重點文物保護單位，

▲ 二〇一四年八月，吉林大學邊疆考古研究中心和遼寧省文物保護中心專家在乾安「春捺缽」遺址進行考古挖掘

塵封千年遼代（契丹）「行營」——「春捺缽」遺址幸運地被收入「國保」檔案。

「春捺缽」遺址群的保護　「春捺缽」遺址群花敖湖片區正處在哈達山水利樞紐工程花敖水庫淹沒區，如果水庫進水，整個遺址將全部淹沒。為了更好地保護好遺址和有利於引水工程，根據專家組多次現場勘察論證，拿出綜合性意見，修築攔水壩保護遺址群。專家組制定了《春捺缽遺址群花敖湖片防護方案》。此方案保證了文物本體安全和今後文物的合理利用，對庫容影響較小。

「春捺缽」遺址群測繪　為了做好保護規劃和防護方案，二〇一三冬天至

▲ 試掘遺址衛星圖 　　　　　　　　　　▲ 遺址試掘現場

二〇一四年春，由吉林省測繪局第一測繪院對「春捺缽」遺址群進行了實地測繪。測繪結果表明，後鳴西「春捺缽」遺址群所處的地理位置距花敖湖岸邊二公里，共測繪面積為七點八平方公里（其中含保護範圍），營帳土台基九百六十九個，圖紙已全部完成。

　　「春捺缽」遺址群航拍　遺址群航拍已於二〇一二年七月十六日全部結束。

　　「春捺缽」遺址群勘察與試掘　遺址群岩土探察工程於二〇一三年四月完工。吉林省文物局委託吉林大學於二〇一二年六月十三日到乾安縣對「春捺缽」遺址群進行了調查試掘，成果極其可觀，為下一步做好遺址保護工作立項和規劃提供了資料。二〇一四年八月，吉林大學邊疆考古研究中心和遼寧省文物保護中心專家到乾安春捺缽遺址進行考古挖掘。

▲ 遺址試掘現場

打造區域特色文化名片
——乾安文化形象標識

　　二〇一四年三月十三日，乾安縣召開了文化價值研究推廣會，會議以構建乾安文化核心價值體系，推動乾安文化科學發展，宣傳、推介乾安為主題，強調了如何圍繞乾安文化資源，打造乾安文化品牌形象，發揮文化的精神塑造功能，促進乾安縣文化產業大發展。此次會議推出了「乾安文化形象標識」，標誌著乾安縣文化形象標識幾經設計探討正式出爐使用，對更好地彰顯乾安縣區域特色、塑造城市形象、提高城市知名度和美譽度、打造乾安新城有著深遠的意義和作用。

　　形象標識的創意設計圖形以乾安縣的「安」字為基本造型，體現了乾安人追求平安祥和的生活願望。標識外廓以中國傳統圖騰「龍」為造型，寓意勇氣、毅力和智慧，體現了乾安的城市精神；內部造型以乾安縣「千字井坊」、泥林、大布蘇湖「心」型湖面為主要地域文化元素，突出了乾安地域文化特色，同時，也體現了乾安的城市形象定位：「遼金行宮‧井方之城」；「井」字似兩個手拉手的人的造型，代表了乾安以人為本、崇尚和諧的治縣理念，又體現了乾安「千字井坊」的地理標誌。標識色彩以橘紅色和棕綠色為主體色彩，橘紅色代表城市的活力與激情、凝聚力與向心力，棕綠色代表乾安厚重的文化底蘊、古樸民風，整體反映出乾安厚重的歷史文化以及活力激情的現代乾安精神。乾安縣文化形象標識作為一個縣的代言符號，有著對外認同、對內歸屬的特質。相信有一天，當人們看到這個視覺形象標識，就會自然聯想到乾安，讓乾安縣標識與縣城融為一體。

▲ 乾安文化形象標識

花團錦簇大布蘇
——「大布蘇系列」作品討論會暨短篇小說集《大布蘇奇緣》首發式

一九九五年十一月八日，由吉林省作家協會、吉林人民出版社、《吉林日報》文體部、松原日報社、書友週報社、乾安縣委宣傳部聯合召開趙顯和「大布蘇系列」

▲ 短篇小説集《大布蘇奇緣》首發式合影

文學作品討論會暨短篇小說集《大布蘇奇緣》首發式在乾安縣賓館會議室舉行。參加作品討論會的有吉林省文化局、作家協會、松原市等領導，《參花》月刊原主編、著名作家潘燕，吉林人民出版社總編辦公室王炳順，《吉林日報》《松原日報》《長春商報》《長春日報》等領導和記者，《綠野》編輯部執行主編張順富，吉林電視台、松原電視台、松原人民廣播電台、乾安電視台的領導和記者。

討論會和首發式上，縣領導向主辦單位的領導和專家及應邀參加的同志表示歡迎和謝意，向所有關心和支持乾安兩個文明建設的朋友表示最誠摯的感謝。縣領導簡要介紹了乾安縣自然、經濟社會和兩個文明建設情況，並對趙顯和及其作品給予了充分的肯定。應邀參加的部分領導同志也分別在會上發言，對趙顯和的大布蘇系列作品給予了高度的讚揚和好評。

第三章 ——

文化名人

文化的傳承和發展離不開老一輩文化先驅者。在乾安大地上，有這樣一批人從這裡走出、在這裡駐足，他們中有享譽中日的文化交流使者陳喜儒，有中國漏白畫創始人王廣德，也有一輩子寫不盡大布蘇故事的東北漢子趙顯和、孫正連、張海君……他們為乾安文化史描下了深情的一筆，他們的存在，如明珠般閃耀著煜煜的光彩，如星辰般照亮井字方的天空……

井方第一拓荒人
——乾安首任設治員徐晉賢

　　徐晉賢（1881年-1960年），遼寧省錦縣（今凌海市）人。歷任錦縣師範學校教師、商人，「吉林省勘放蒙荒總局」總辦、乾安設治局設治員。在任乾安設治局設治員期間，拓蒙荒、立村屯、建縣城、興教育、辦學校、築公路、舉交通、剿土匪等功績卓著。他提出並主張用蒙學讀物《千字文》為乾安縣村屯命名，別具巧思，獨樹一幟，為乾安留下了不可多得的非物質文化遺產。

　　說到乾安縣歷史，總繞不過一個人，即乾安設治後第一任設治員徐晉賢。徐晉賢，其家境殷實，家教很嚴。童年時就讀於私塾，他勤奮好學，誇張一點說《五經》《四書》倒背如流；他博覽群書，學識過人，尤喜書畫，書法以行、草、楷書見長。他的書法剛勁有力，直到今天，在乾安縣檔案館裡還保存著由他起草和批閱的大量文稿，觀其書仍令人拍案叫絕，無不讚歎。

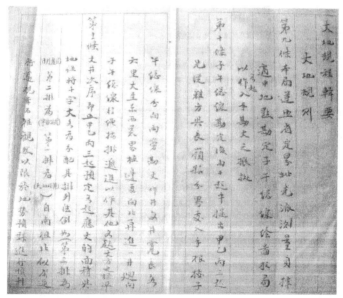

▲《丈地規程輯要》影印原件

徐晉賢成年後受聘到錦縣師範教書，一幹就是八年。一九一八年，辭掉教書職務，與人合股經商，後因資金短缺，棄商從政投奔吉林省長張作相。先是在他身邊辦理文案，後來，成立了吉林省勘放蒙荒總局，任命徐晉賢為「吉林省勘放蒙荒總局」總辦。他首先在長嶺縣泰和鎮掛牌成立蒙荒總局，然後率隨員用兩個月的時間實地踏查了蒙荒土地。

望著這片一望無際的大草原，百十個泡沼，他彷彿看到了金山一樣。回到總局，他親自起草制定了《吉林勘放蒙荒總局辦事簡章》《蒙荒勘放章程》《丈地規程輯要》和《招領章程》等文件，並頒布實施。

徐晉賢頗有實幹精神，而且做事想得周到細緻。他想到的第一件事情就是對全縣土地進行丈量，掌握土地面積。他首先找到幾位對測量土地有經驗的人，每天都和這些人共同探討測量方案。最後商定在蒙荒和長嶺縣交界處擇定子午總線，從子午總線分向兩旁勘丈作井，每井寬長各三公里，丈至東西荒界極邊處，向北再推進一井回向子午總線行繩，按排遞進，以作其他各起丈方之標準。這樣，反覆直到荒界北極處丈竣。全縣計整井二百七十四個，每井三十六方，每方四十五平方米，破井三十五個。全荒總面積四十七點二八萬平方米。同年十一月二十五日，即以蒙荒勘放總局的名義，發出《招領章程》。在徐晉賢制定的招領章程裡，他把全縣可耕種土地分為上中下三等，每等地標出招領價格，並規定：凡欲招領土地者最少應在九十平方米以上，並應有全套犁杖、車馬，並蓋房、穿井，招領土地如三年後不耕種，蒙荒總局收回，所交招領費用概不退還。對於招領土地較多戶，需雇工耕種的，招領者必須為雇工建房、穿井，保證有住房。

由於徐晉賢的苦心經營，來乾安招領土地的人絡繹不絕，到一九三一年，全荒已有九十二個井方有人開墾，農戶達到七千餘戶，放荒約二十四萬平方米，成熟地已達九點八二萬平方米。

在開墾荒地的同時，徐晉賢選擇相應地方建立縣城街基，於一九二七年擇定在蒙荒中心稍偏北的「伐字井」為縣城所在地。伐字井在《千字文》中排位

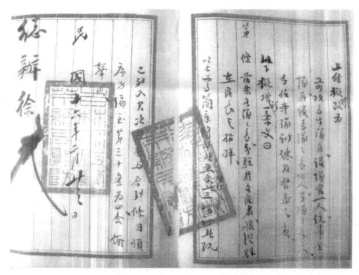

▲ 徐晉賢親筆簽署的檔

第九十九個字，九十九是百位以內最大的奇數，受過封建教育的徐晉賢，認為這個數字吉祥。伐字井地勢西高東低，也較平緩，既有利建設又有利於排水。且土地肥沃，屬上等地和中等地，所以徐晉賢看中了這個地方作為縣城街基。在設計城郭和衙署時，徐晉賢也顯示了他的廣博知識。在眾多設計方案中，他選擇了《周易》中的「無極生太極，太極生兩儀，兩儀生四象，四象生八卦，八卦演繹而成六十四卦」的思維模式。從長遠出發，縣城分內外城，內城長寬各一公里，東西、南北各設九條馬路，縱橫交錯，把全城劃分為六十四個方塊，每個方塊長寬各約一三三點三三米。根據《招領章程》城基也實行招領，對招領者實行搶修法，即對招領者不按時修築房舍，准許其他人招領交足費用可搶修。以六十四卦為格局的乾安縣城，道路筆直，等距交叉，區段一致，井田相連，全城方方正正、規規矩矩十分好看。徐晉賢的規劃，為後來者留下了一個城市建設的參考模式。由於放荒較快，設治內人口逐年增多。

一九二七年六月，蒙荒命名為乾安縣，蒙荒總局改為乾安設治局，徐晉賢任設治局第一任設治員。他按照省府要求，在乾安劃分六個區，每區設農會和警察署。

難能可貴的是，徐晉賢是一位開明而具有前瞻性的文化底蘊深厚的官員。他大力舉辦教育，這為他的人生留下了濃重的一筆。一九二九年，他在縣城建立了乾安第一小學校，並親自遴選校長、教員，招收二百四十名學生入學。一九三〇年五月又設立第二小學校，專收女孩入學讀書。與此同時，他又積極鼓勵私人辦學。一九三〇年，全縣共有私塾三十多處，為了提高教師教學質量，徐晉賢又建了一處教員講習所，寒暑假期培訓教員和塾師。為了幫助成年人脫盲，縣裡還成立了一所「乾安民眾學校」，在設治局還專門設一位教育委員，專抓教育工作。在那個年代，有這樣的官員實乃百姓之福。

徐晉賢在任設治員期間，乾安地境偏僻，出行困難，他還大力組織人力修路。一九二九年，動用民工修築了乾安到前郭、乾安至開通（即通榆）兩條主幹公路。當時設計兩條主幹公路寬約十米，兩側各挖深寬各一米的排水溝。同時，為了發展經濟，他還大力招徠商人來乾經商。他聽說農安有一位叫劉寶善的商人，經營汽車運輸行，即派人商談，在「優惠政策」的感召下，劉寶善於一九二九年四月來乾安辦起了「復興汽車行」，極大地方便了全縣群眾的出行和貨物的運輸。

徐晉賢在任設治員期間，還投入大量精力清剿土匪。他組建清鄉局，自任局長，下轄兩個馬隊，三個步兵隊，專事剿匪。他曾多次提槍上馬，親率隊伍追剿土匪，在一次剿匪戰鬥中，他身中槍彈，士兵勸他包紮一下，他無暇顧及，仍帶隊追擊，直至土匪逃得無影無蹤，才回駐地包紮傷口。

徐晉賢作為一個文化人，主張採用蒙學讀物《千字文》為乾安每個村屯命名，不僅在全國出現了唯一的把村屯叫作「井」字的縣，而且以《千字文》為村屯命名也是絕無僅有的，現已經國際區域性環境組織、專家評估組織按照《亞太人文與生態價值評估體系》評估，「中國乾安千字井」人文地名與區劃景觀入選「亞太最值保留的人文歷史財富」藍皮書名錄，並評價乾安縣全境為「中國最奇特的鄉村地名文化博覽園」。

梨園生涯五十秋
——著名評劇演員金紫霞女士

　　金紫霞（1922 年-1980 年），女，遼寧省營口市人，著名評劇演員。八歲登台演戲，十三歲唱主角，唱紅了大半個中國。從河北至黑龍江到處閃動著她婀娜多姿的倩影，她圓潤亮麗的歌喉使聽戲之人大飽耳福。五十八年的人生歲月，她在舞台上度過了五十載。

　　金紫霞幼時家境十分貧寒，度日艱難，全家四口人靠父親拉租來的洋車掙錢餬口，後來洋車丟失，車主催逼甚緊，無奈母親賣身妓院抵債。父親為贖回母親，只得忍痛將八歲的紫霞賣給評劇藝人王金山做養女。一九三五年，金紫霞隨義父流動演出到天津，拜著名評劇藝人周紫霞為師，她學藝刻苦，詳察師傅的一顰一笑、一舉一止，飲食寢寐，明姿冶態，晚上躺在炕上細心琢磨，精心模仿。年積月累，深得評劇真傳，技藝日趨嫻熟。她扮演的青衣、花旦為觀眾讚賞，於北京、天津、瀋陽、長春一帶負有盛名。

　　一九三七年，抗日戰爭爆發後，她編演抗日時事劇目，熱心從事救亡宣傳。一天，在黑龍江省穆陵縣演出，因為漢奸告密，被敵人包圍。她急中生智，化裝成莊稼人，逃出魔掌。

　　一九四一年，金紫霞與評劇小生張秀岩結婚，夫妻恩愛有加，共同切磋評劇藝術，感情愈篤。一九四四年，她的養父王金山患傷寒故去，她失去了父愛的呵護。誰料「屋漏偏逢連夜雨，船遲又遇頂頭風」，相依為命的愛人又患結核病離開了人世。從此，她無依無靠，只好領著兩個年幼的孩子在淒風苦雨中漂泊。

　　解放後，金紫霞先後在黑龍江省穆陵縣評劇團、扶餘縣評劇團當演員。一九六四年七月，調入乾安縣評劇團。她多才多藝，能夠適應多種角色，不論是《桃花扇》中的李香君，還是《西廂記》的紅娘，都演得栩栩如生。金紫霞扮

相俊美，表情豐富眼能傳神，身段勢法如畫，動作爽利多姿，一招一式，皆有獨特技巧；唱腔清脆委婉；一彎一調，都悅耳中聽。往往一出龍口亮相，台下便齊聲喝采。令人讚歎的是在傳統戲《珠砂志》《轅門斬子》中「反串」飾演楊六郎，在《秦香蓮》《探陰山》《砸鑾駕》飾包拯。她能飾演各種「行當」，均能將「角」的性格特點表現得淋漓盡致，表演技巧達到爐火純青的程度。如果沒有平素的勤學苦練，沒有扎實的基本功，沒有長期藝術實踐積累的經驗，光憑主觀願望是難以做到的。她以凝重輕盈、逼真細膩、感情豐滿、剛柔相濟的藝術風格著稱於梨園，成為「周」派的第三代傳人。

金紫霞參加革命工作後，多次被評為省、地、縣先進文藝工作者。一九六〇年出席吉林省文教群英會及吉林省婦女建設社會主義積極分子代表大會。曾被選為吉林省第四屆婦女代表大會代表。是年十二月，金紫霞被扶餘縣委選送到白城地委政治學校學習。她心無旁鶩，努力學習馬列主義、毛澤東思想，還刻苦學文化，思想覺悟不斷提高。

國民經濟困難時期，她主動將工資由每月三百一十三元降到一百八十元，後來又降到七十元。自己省吃儉用購置的「行頭」，無償地獻給劇團，又帶頭購買公債一百五十元。政府照顧她的大米、白麵、豆油等食品，她均悄悄退回，表現了一名藝人與人民群眾休戚與共的高尚情懷。

金紫霞對黨的文藝方針、政策有著透闢的理解，多次大聲疾呼：「挖掘傳統劇目，提高藝術質量，大練基本功，多排新戲。」在她的倡導下，劇團排演了大量的現代戲，每個戲她都領銜主演。她視評劇藝術為生命，以觀眾滿意為己任。一九六五年，演出《武則天》時，一天連演三場，因為過度勞累在舞台上吐血，仍堅持到終場。

金紫霞除了擅長傳統劇目外，還主演了現代評劇《苦菜花》《雷雨》《向秀麗》《幸福銀花》等，塑造了母親、范漪、向秀麗等一批光彩照人的形象。

乾安文學事業的拓荒人
——著名作家、文藝評論家潘蕪先生

▲ 潘蕪

潘蕪（1931 年-2009 年），筆名上官纓，黑龍江省賓縣（現為樺南縣）人，中國作家協會會員。自幼父母雙亡，只讀了兩年小學，是本村的兒童團長。一九四六年十月參加革命，歷經東北文協文工團、東北藝術劇院創作室、東北作家協會劇作組、吉林省文聯創作組、《參花》文藝月刊主編等。一九四九年初，開始在國內報刊發表作品，並出版了《徐二嫂捎書》《韓慶寬》等五冊曲藝作品單行本。一九五六年，參加全國青年創作者會議，代表吉林省青年作者在大會上發言。當時寫作形式主要是戲劇、歌詞、詩歌、唱詞等。一九五六年秋，嘗試寫社會諷刺性雜文，由此獲罪而被打成右派，下放到乾安縣二十年。他在乾安舉辦文學基礎講座、創辦《街頭文藝》、鉛印《唱草原》、《乾安群眾作品選》等，在這座塞外小城點燃了文學創作的星星之火，為大布蘇文學作家群的形成奠定了基礎，經他介紹和推薦，乾安縣先後有十二人被吉林省作家協會吸收為會員。一九七八年，平反落實政策回到省文聯工作。先後出版著作有《藝文亂彈》《描紅集》《藝文碎片》《東北淪陷區文學史話》《上官纓書話》等，是中國文史作家中較有成就者之一。

潘蕪一生酷愛讀書、藏書，曾藏書三萬餘冊。書屋號「惜書齋」，在長春市圖書館捐建有惜書齋書屋。潘蕪是著名藏書家，居吉林省十大藏書家之榜首。

在全國讀書界頗負盛名、名列吉林省「十大藏書家」榜首的潘蕪先生，與偏僻閉塞、名不見經傳的乾安縣有著一種文學事業的情緣，乾安人一直把潘蕪

先生視為本縣文學事業的開拓者。潘蕪先生用自己辛勤的勞動，聰明和才智為乾安培育一批文學人才，為乾安開創了文學基業。

潘蕪先生，一九三一年出生於黑龍江省賓縣，自幼失怙。十五歲參加革命，十八歲開始發表文學作品。一九五七年以前已有多本著作問世，並被吸收為中國作家協會會員。一九五五年從瀋陽調入吉林省文聯創作組從事專業創作。一九五六年，只有二十六歲的潘蕪作為吉林省的代表，光榮地出席了全國青年文學創作會議並在大會上作了表態發言。一九五七年，一場突如其來的政治風暴，竟把潘蕪打成「右派」，經歷了四年的勞動改造。一九六一年，他被發配到吉林省最偏僻的乾安縣。起初，人事部門根據他是「摘帽右派」，不宜從事意識形態工作，分配到糧庫工作。但對文學痴迷熱愛的潘蕪，竟不顧被打入「另冊」的政治壓力，要求「業務歸隊」。這樣，經過幾次抗爭，人事部門終於同意他到縣文化館做創作輔導，於是潘蕪開始了他開拓乾安文學事業的漫漫長路。

那時候的乾安沒有一個人在國家正式出版物上發表過文學作品，潘蕪來乾安的第一件事情，就是自己動手編寫「文學基本知識講座」教材，利用業餘時間辦班，培訓文學青年。這一舉措在乾安縣頗具吸引力，不僅有社會青年和在讀中學生中的文學愛好者參加，連當時在縣委、縣政府機關任職的文學愛好者，如王明義、田春發、杜喜武等人也都是講座的忠實聽眾。一期講座之後，在潘蕪周圍已有數十名文學青年經常求他看稿和解答創作中的各種問題。他剛來乾安時，住在文化館宿舍很是冷清和寂寞，從開辦講座以後，他的宿舍已變得人滿為患熱鬧異常。這些青年們虛心向潘蕪求教，潘蕪也誠心栽培給予指教。只

▲ 潘蕪先生在其惜書齋

可惜當時發表的園地太少，全省只有兩家文藝刊物，一是《長春》文學月刊，一是《說演彈唱》通俗刊物。文學青年寫出作品後，找不到發表的園地，潘蕪出於對文學青年寫作積極性的愛護，他向館領導請示，又經縣裡批准在縣城辦起了畫廊式的《街頭文藝》，用街頭櫥窗發表作

▲ 一九八八年八月，原東北文協文工團老戰友重聚哈爾濱，當年創作組夥伴（左起）詞作家宋軍、劇作家孫芋、表演藝術家李默然、潘蕪。

品，雙月刊每期兩萬到三萬字，有詩歌、小說、曲藝，還有潘蕪寫的點評文章。《街頭文藝》辦起來後，乾安城裡又是一番轟動，機關幹部、中小學生都是熱心的讀者。辦了一年後，潘蕪感到這種形式覆蓋面太窄，又不易把好的作品保存下來，又再次提出創辦一個小刊物。於是，由縣文化館主辦的文藝刊物《唱草原》就不定期出刊了。每期約十萬字左右，從組稿到校對都是潘蕪一人。這樣一個內部文藝刊物，為乾安培育了第一代文學新人，潘蕪在這荒僻小縣為乾安的文學事業開墾了一片處女地。

　　潘蕪先生在乾安期間，除了熱心輔導文學青年外，自己也在可能的條件下

▲ 潘蕪先生的部分著作

堅持文學創作。根據一則民間故事改編的四場拉場戲《糊塗縣官》，不僅是當時乾安縣劇團的保留劇目，也被周邊各縣劇團爭相上演；根據丁仁堂小說《梨花幾時開》改編的評戲《梨花記》也為縣劇團提高了上座率；他在乾安的漫漫人生中，逐漸喜歡上了這裡的人民，這

裡的土地，還寫了許多詩歌頌乾安，其中組詩《旅途詩草》在《唱草原》上發表後，被全縣文學青年傳頌一時。

黨的十一屆三中全會之後，潘蕪先生落實政策重回省城，離開了生活二十年的第二故鄉乾安。在他擔任吉林省群眾藝術館副館長、《參花》雜誌主編後，仍然念念不忘乾安。他在自己自述體文章《前塵夢影錄》以及許多文章中，都把乾安縣稱為他的第二故鄉，每年都抽空回乾安看一看，特別是對乾安的文學事業一往情深。近些年來在文學創作上頗有成績的趙顯和在他剛剛嶄露頭角之時，潘蕪即熱心的幫助、扶持他，幫他提高文學素養、修改作品，終於使趙顯和大器晚成，連續寫出「大布蘇系列文學」等十多本著作。其他近幾年在文學創作上頗有成就的孫正連、杜喜武、王春、趙有荃、林曉莉等人也都多受潘蕪先生的扶持，使乾安這個荒僻小縣有了自己的文學事業。每當人們在各種報刊上看到乾安的作者發表一篇篇文學作品的時候，人們的心裡都會想起為乾安文學事業嘔心瀝血、披肝瀝膽的潘蕪先生，是他開拓了乾安的文學事業。

▲ 潘蕪先生參加乾安縣舉辦的《大布蘇文學講座》時與文學愛好者在一起

中外文化交流的使者
——著名作家、翻譯家、中日文學研究會 副會長陳喜儒

▲ 陳喜儒

陳喜儒（1946年- ），生於吉林省乾安縣。作家、翻譯家，筆名秦桑。一九六八年畢業於大連外語學院日語專業。歷任中國國際圖書進出口公司亞洲處日本科翻譯，中國作家協會外聯部翻譯、處長、副主任，中國阿拉伯友好協會理事、中國日本文學研究會副會長。一九六〇年開始發表作品。一九八五年加入中國作家協會。著有散文集《異國家書》、《心靈的橋梁》，散文隨筆集《關東雜煮》、《櫻花點綴的記憶》、《中國魅力——外國作家在中國》（中國作家協會二〇〇七年度重點扶持作品），譯著日本長篇小說《雪娘》、《花葬》、《婉容》、《李香蘭之謎》、《泥流地帶》、《皇后淚》、《流浪王妃》、《窗邊的阿徹》、《從中學生到名演員》、《五顏六色的圖畫》、《冰點》等三十餘部，編譯《日中戰後關係史》，主編《世界推理偵探小說名著精選》（五卷）、《立松和平文集》（三卷）等，另外發表中短篇小說、散文等二百餘篇。

在中國作協外聯部工作的陳喜儒特別喜歡文學，熱愛對外文學交流事業，工作認真嚴謹。他翻譯了許多日本文學作品，熟悉日本文壇，有許多日本朋友。為使對日文學交流適應中日友好運動的深入發展，保持高層次、長期、穩定的交流態勢，他與同事們精誠合作，想了不少辦法。比如：與東京都日中友協合作，組派中國作家到日本「洋插隊」兩個月，每次確定一個主題，深入

了解日本社會。又比如，為改變「乾杯友好」的交流模式，在日本作家團來訪前，翻譯並發表他們的作品，把中日作家座談，變成有的放矢、深入切磋的作品研討會，受到日本作家的熱烈歡迎、高度評價。日中文化交流協會理事長、著名作家黑井千次就多次說：「這種交流方式，在日中文化交流史上是一大發明、一大貢獻。」陳喜儒積極促進中國新時期文學在日本的傳播，支持野間宏先生出版五十卷中國當代文學作品的計劃，以野間先生為首的「中國現代文學編選委員會」，很快翻譯出版了王蒙、賈平凹、茹志鵑、史鐵生等作家選集十卷。此項目雖因野間先生不幸病故而中斷，但陳喜儒聯絡推介之功是不可埋沒的。

▲ 陳喜儒部分著作

　　陳喜儒的日本朋友很多，作家立松和平就是其中一位。他寫的《立松和平——一個謎》，發在《作家》雜誌上，引起了出版家的注意，約他編選立松作品。陳喜儒讀了立松和平近百本書，精心編選了立松文集三卷。《立松和平文集》由作家出版社列為作家參考叢書出版，使中國讀者有機會全面系統地了解立松和平和他的創作。

　　陳喜儒在中國作協外事部門工作了二十八年，其專長於中日文化交流方面，對亞洲、非洲各國的作家也多有接觸，結交了許多真誠的朋友。他是有心人，注意觀察和資料積累，也很勤奮，寫了大量的與外國專家接觸交往的文章。陳喜儒又是個性獨特、妙趣橫生的學者，在作協工作期間，適逢改革開

放，中國日新月異的飛速發展，吸引了全世界的目光。來訪的外國作家，儘管種族、膚色、生活習慣、政治立場、宗教信仰、文化傳統、對中國的了解程度各不相同，但他們卻不約而同地對中國經濟、文化的發展發出由衷的讚歎。外國作家朋友的感想、思考、意見就像一面鏡子，真實地反映出中國發生的巨大變化，取得的輝煌成就，也反映出不同文化的差異與我們有待解決的問題，這對於我們振奮民族精神、推動文化的進步是很有意義的。

▲ 陳喜儒部分譯作

　　文學交流，說到底是以文會友，而這些「友」中，有小說家、詩人、戲劇家、評論家、學者、教授、政府高級官員、退役將軍，他們的社會地位有高低，文學成就有大小，修養有深淺，貧富懸殊。尤其是他們的性格，五花八門，或豪放直率，或溫文爾雅，或嗜酒如命，或古怪任性、落落寡合，或放蕩不羈、桀驁不馴……與他們打交道、交朋友，既需要寬容、理解、尊重，也需要原則、技巧、智慧。陳喜儒以他的寬厚、真誠、學識和品格，贏得了他們的友情、信任和尊重，與他們成了朋友，才有了陳喜儒筆下一幅幅生動逼真的人物肖像。陳喜儒的作品著重寫人，是以文為生的域外作家，對他們的生存狀態、文學成就、創作中的困惑，以及各國的文學情況、風土人情、民俗民風也多有涉獵，這對於我們了解外國作家、外國文學也不無裨益。

扎根家鄉繪丹青——著名畫家羅惠卿

羅惠卿（1943年-1995年），祖籍山東平州，生於吉林省乾安縣。畫家。畢業於吉林省藝術學院美術系。歷任縣文化館美術輔導幹部、副館長；縣職業技術中學美術教師。中國美術家協會吉林分會會員、白城地區美術協會理事、中國書畫函授大學吉林分校特聘國畫專家，吉林省文化館學會會員。一九八一年，被評為吉林省文化系統先進工作者。出版年畫《百拿不厭》，連環畫《火松大爺》《納拉》《智賺合同文》《運河俠女》等，印量超百萬冊。《我們是工農子弟兵》《咱為大隊辦醫療》《工農湖新貌》《接班》等幾十幅繪畫作品參展並獲獎。

一九五〇年八月至一九五九年七月，羅惠卿就讀於乾安縣安唱鄉退字井小學、乾安縣第二小學和乾安縣第一中學。他少年時就酷愛繪畫，初中讀書時，曾是班級美術課代表，經常參加寫生、畫想像畫，為班級出板報設計刊頭、設計欄目花邊等活動，他對繪畫的興趣十分濃厚。有一次，初中語文老師為全班學生命題作文《我的理想》，羅惠卿發自內心毫不隱諱地在文中寫出一生的宏願就是要「當一名畫家」。語文老師閱後提筆寫下了「祝你成功」的批語。羅惠卿初中畢業時，正巧吉林省中等藝術學校招生，他隻身前去應試並被順利錄取。從那時起，他就決心以繪畫藝術作為自己的終生事業。

在校學習期間，除課堂專心聽課外，他經常利用課餘時間練素描、畫速寫、勾畫草圖、打彩色稿，經過一年的勤奮努力，刻苦學習，於一九五九年八月以優異成績被保送到吉林藝術學院美術系，攻讀國畫專業，就這樣踏進高等藝術學府的大門，實現了他憧憬已久在繪畫藝術上深造的夢想。在中國畫教研室主任王慶淮老師及老畫家潘素、李子喻、孫天牧等老前輩的精心指導下攻讀國畫專業。他心中有目標，默默地奮鬥著，學習從不倦怠，付出了比別人更多的辛勞。他摹寫碑帖畫冊，每遇古今名作，求知若渴，廢寢忘食，晝夜臨摹。

積年累月，練就了他深厚的繪畫功力，磨礪出良好的素質和頑強的意志，引起了一些老畫家的關注。在校學習期間，他創作的素描畫稿《出工》被選送省美展獲得專家們的一致好評，並刊發於一九六二年五月二十三日的《吉林日報》上。

一九六四年七月，羅惠卿以優異的學習成績從吉林省藝術學院美術系畢業。放棄了留在大城市工作機會，毅然決然回家鄉工作。一九六六年初，羅惠卿深入到乾安縣道字公社克念大隊克字

▲ 羅惠卿、王守新合作年畫《百拿不厭》

井與社員同吃同住同勞動，他以大隊書記於海水參加集體生產勞動，保持勞動人民本色為素材，創作了一套十二幅的組畫，參加白城地區美術展覽，受到業內外好評。一九七二年，羅惠卿為歌頌軍民情誼，創作了國畫《我們是工農子弟兵》，參加白城地區美術展覽；為讚美家鄉，創作了國畫《咱為大隊辦醫療》《工農湖新貌》；為歌頌愛崗敬業精神，與業餘作者吳國君合作，創作了油畫

▲ 羅惠卿的連環畫作品

《接班》參加白城地區美術展覽。一九七三年，羅惠卿創作國畫《風雪不誤》，參加吉林省美術展覽，並被刊於一九七三年十月二十八日的《吉林日報》上。一九七四年，羅惠卿與業餘作者王守新合作，創作的讚美商業戰績優秀服務員的年畫《百拿不厭》在全國發行。一九七六年出版了自編自繪的連環畫《火松大爺》。

一九七九年，羅惠卿出版了自編自繪的連環畫《納拉》，印數十二萬冊。一九八〇年，羅惠卿被中國美術家協會吉林分會吸納為會員。一九

▲ 羅惠卿的連環畫作品

八一年，擔任白城地區美術協會理事，被評為吉林省文化系統先進工作者。一九八二年，在吉林省文化館學會召開的論文研討會上，羅惠卿有三篇論文在會上發表，被評為省文化學會優秀會員並獲獎。一九八三年，羅惠卿的連環畫《智賺合同文》出版，印數十三萬冊。一九八四年，羅惠卿的連環畫《運河俠女》出版，在全國發行六十三萬冊。

一九八五年十一月十六日，中國書畫函授大學吉林分校特聘羅惠卿擔任國畫專家。並被「北國書畫社」吸收為社員。同年，創作長篇連環畫《小石虎深山擒匪記》。羅惠卿在文化戰線工作的二十幾年裡，不但為家鄉培養了大批美術人才，還創作了大量的美術作品，在報紙、雜誌、出版社發表了素描、單幅畫、木刻、剪紙、年畫等三百五十多幅，連環畫總印數一百萬冊以上。

▲ 一九七二年，羅惠卿（前排左三）主講與全縣美術創作學習班全體學員合影

　　羅惠卿為了提高美術骨幹人物畫的繪畫水平，曾在城內舉辦城鄉美術骨幹人物畫培訓班。他辦班時，教學嚴肅認真，循循善誘，將自己所學知識和多年積累的繪畫經驗和繪畫技巧毫無保留地傳授給美術愛好者。經過幾年的辛勤培育，美術骨幹隊伍不斷擴大，人才輩出，在全縣城鄉形成了一支繪畫技術精湛的美術隊伍。他經常連繫的美術教師、美術愛好者八十多人，都成為各條戰線的骨幹力量。經過培訓的美術骨幹，有的成為學校的專業美術教師，有的考上了專業美術學校，很多人在省、地、縣美術展覽中獲獎。

乾安的「高玉寶」——農民作家王占海

　　王占海（1930 年-2007 年），生於吉林省乾安縣正蘭公社建過大隊（現為大布蘇工業園區建字村腰端字井），農民，中國作家協會長春分會會員。在吉林省作家協會主辦的刊物《長春》上發表短小說《蘆葦塘的一夜》《難熬的冬天》和中篇小說《苦難的童年》等多篇。被譽為乾安的「高玉寶」。

　　王占海，一九三〇年十月出生在一個貧苦的農民家庭。父親眼睛不好，幹不了上趟子活，家裡生活十分困苦。王占海八歲放豬，十二歲給地主家當半拉子，後來給地主當長工。一年拚死拚活的幹，仍然吃不飽穿不暖。家裡為了能少一張嘴吃飯，不得不忍痛把他的三弟送給別人家。

　　那一年，天寒雪大，家裡沒柴燒，王占海拿著鐮刀帶著繩子去大布蘇蘆葦塘割蘆葦，又累又餓的他費力地割夠了一大背蘆葦，用繩子捆好，強掙扎著把蘆葦背起來，可不料一轉身，竟向蘆葦深處走去，當他發覺自己迷路了，天已經黑得伸手不見五指，他看著天上的北斗星辨別方向，可是狂虐的西北風颳得他寸步難行，沒辦法，只好把蘆葦放下，他偎著蘆葦，又累又餓。蘆葦蕩中，狂風怒吼，使人疹得慌，叫他這個才十幾歲的孩子好怕呀⋯⋯就這樣，他在蘆葦塘熬過了艱難的一夜，他心裡想，這苦難的日子什麼時候才能熬出頭哇！

　　一九四八年，剛剛完成了土地革命，黨和政府就組織辦農民夜校，辦識字班，讓廣大農民識字脫盲，不當睜眼瞎，向文化進軍。村裡辦起了夜校，把青年男女組織起來，利用晚飯後，在小學校的教室，由小學老師教大家識

▲ 晚年的王占海

字。王占海這個樂呀，他第一個報名，每天第一個來到教室，幫老師擦黑板、擺桌凳、燒爐子取暖。上課時他坐在前面認真聽老師講課，看老師怎樣拿筆寫字。他當年十六七歲，幹活已經頂整個勞動力了，可是拿起小小的鉛筆頭，卻怎麼也不如拿鋤頭順手，在紙上寫字反比鋤地鏟地難得多，但他有股不服輸的勁頭。他想，從小家裡窮念不起書，現在共產黨給咱辦學堂還不用花錢，就是再難我也要好好學，好好唸書。功夫不負有心人，他很快學會了拿筆，學會了簡單的常用字。一個冬天的學習，使他認識了近千個單字，他利用一切機會認字，下地幹活，就用小木棍在地上練寫字，看到地上有塊寫字的紙，他趕忙撿起來看，遇到不認識的字，逢人就問，哪怕一年級的小學生，他也不恥下問，村裡人笑著說：「占海這孩子就是和字兒親、和書親。」經過幾年的掃盲識字班的學習，王占海第一批在夜校結業，摘掉了文盲帽子，不僅可以看唱本，記個簡單賬目，還能寫一些短小文章。群眾推選他擔任夜校教師，掃盲大隊長，農村業餘劇團的創作員，後來又被報社聘為通訊員。

　　有一年，村裡來了一夥兒唱二人轉的，全村人都去看戲，王占海也跟著去看熱鬧，開始唱《西廂》《藍橋》，王占海都不太注意，後來台上演了一場拉場戲叫《馮奎賣妻》，唱詞哀婉悽楚，痛徹心扉。王占海聯想起了自己的三弟被送人的情景，不由地悲從中來，兩眼含淚，哽咽欲哭。他細心地琢磨、苦苦地思索，記憶中的那些苦難，一個個地浮現在眼前，最讓他揪心的就是在蘆葦塘裡迷路的那個夜晚，那真是自己生死兩交界的時刻。漆黑的夜晚，嗖嗖的北風，不僅凍徹了身子，而且那強勁的風颳得蘆葦塘如鬼哭狼嚎般的瘮人，那又餓又累又怕的滋味，真是生不如死啊……這一幕幕的悽慘情景恍如昨日。王占海拿起鉛筆開始寫作，可是剛剛脫盲的他，提起筆來就遇到了不會寫的字，他只好畫個符號，待一頁紙寫滿了，大約有三分之一的字是用符號代替的。他白天勞動，夜晚寫作，一熬就是大半宿。一篇三千多字的稿子，他整整熬了半個多月的夜才寫完。他又找人把自己不會寫的字補上，就這樣，用了兩個多月的時間，終於寫出了第一篇小說稿《蘆葦塘的一夜》。接著，他又寫了《難熬的

冬天》《苦難的童年》等。王占海的業餘創作被縣裡一位掃盲幹部知道了，看了他寫的小說，不僅被他寫的故事所感動，更為他的寫作精神所感動。這位幹部把王占海的事蹟向縣領導做了匯報，縣領導十分重視，鼓勵王占海繼續搞好創作，又幫助他把寫出的《難熬的冬天》寄給吉林省作家協會主辦的刊物《長春》。《長春》的小說編輯王汪、孫里兩位編輯得知王占海是位農民，寫的又是自己親身經歷的事情，對這篇稿子十分重視。他們仔細地看完稿子，給王占海寫了一封熱情洋溢的回信，除了讚揚他刻苦精神和鼓勵他繼續創作，同時對小說稿件提出十分中肯又具體的修改意見。王占海又作了修改，再次把稿件寄給編輯部。王汪和孫里兩位編輯考慮王占海初學寫作，再讓他改也很難了。於是，兩位親自動手，對稿子作了潤色和修改，在《長春》月刊發表了。編輯部還在當期的「編者的話」中簡略地介紹了王占海和他的處女作。想不到在全省引起了很大反響。時任中共吉林省委宣傳部長的宋振庭同志十分重視，對《長春》文學月刊大力扶植農民作者和王占海的寫作精神大加讚揚。當年，解放軍有位戰士作家高玉寶，他的出身、寫作經歷和王占海很相似，因此宋振庭說：「王占海就是乾安的高玉寶，我們要扶植這位農民作家」。

王占海又把自己其他幾篇小說寄給了《長春》編輯部，王汪、孫里等編輯都細心地看過了，然後對每篇稿子都提出十分具體的修改意見，《長春》月刊又選發了兩篇，這對於王占海鼓舞很大。他決心以自己的經歷寫一部中篇小說《苦難的童年》，他把這個想法寫信告訴了《長春》月刊編輯部，王汪、孫里等編輯都熱情地鼓勵他應該寫出來。宋振庭部長還特批王占海為中國作家協會長春分會會員。

一九六〇年，中央黨校為了推動廣大群眾學習理論，經中央批准，決定舉辦一期理論班，學制三年，要求學員必須是基層幹部或群眾，包括公社黨委書記、團支部書記、生產隊長、工人等。開設哲學、中國歷史、語文基礎知識和寫作等課程，要求各地黨委要做好推薦工作。宋振庭部長當即表態，乾安的王占海有一定的寫作基礎，又是團支書，他應該到這個班去學習理論和語文基礎

知識，提高寫作水平和理論水平。七月三十一日乾安縣委按照宋部長指示，保送王占海去中央黨校學習。

一九六二年四月十五日，這是王占海一生中難忘的一天，毛澤東、劉少奇、朱德、周恩來等黨和國家領導人親切接見中央黨校六二屆全體學員並合影留念。一九六二年十月三十一日，王占海學習成績合格，獲得大學專科文憑。畢業後，王占海被分配到白城地委黨校當教員，但他仍念念不忘家鄉，念念不忘酷愛的文藝創作。二〇〇七年，王占海病逝於乾安。

無意遊宦海，有志理華章
——著名犯罪學家王牧

▲ 王牧教授

王牧（1941 年- ），生於吉林省安廣縣（現為大安縣），幼年舉家遷入乾安縣余成公社天剛大隊天字井（現為余字鄉天字井），中國當代著名犯罪學家。曾任吉林大學法學院院長兼院黨委書記、中國政法大學刑事司法學院首任院長，現為中國政法大學教授、博士生導師，兼任中國犯罪學學會暨中國法學會犯罪學研究會會長、亞洲犯罪學學會副主席。曾多次應邀代表中國犯罪學學會出席國際性犯罪學大會並發言。二〇〇三年，獲美國犯罪學學會國際犯罪學分會授予的國際傑出學者獎。

王牧自信謙和，睿智豁達，對學術和事業孜孜以求而又富有生活情趣，人生之路走得穩健扎實而不乏精彩。他不慕虛名，不戀官位，一心學術，華章屢著，翰墨留香，人生境界和學術成就達至常人難企之高度，為中國犯罪學的當代發展史寫下重重一筆。

王牧出生於吉林省安廣縣（現為大安市），四歲時隨全家移居吉林省乾安縣，在東北最大的內陸湖——美麗的查干湖畔的乾安縣余字鄉天字井長大，直到上大學。

一九六二年，正值青春年華的王牧考入吉林大學法律系，就此確定了其後來的人生道路和事業發展的基本方向。經過在吉林大學的五年苦讀，青年王牧受到了系統的法學理論教育和法學知識訓練，奠定了扎實的法學理論功底，這成為他後來從事法學尤其是刑事法學研究的寶貴「原始資本」。一九六七年王

牧大學畢業，在部隊鍛鍊了一段時間後，被分配到政府機關工作，走上從政之路。先是在縣武裝部從事新聞報導工作，後調任縣委常委秘書，後來又任縣法院院長，這一幹就是十來年。這期間，他逐漸認識了社會，豐富了社會閱歷和社會經驗，鍛鍊了工作才幹和能力，由一個涉世未深的青年逐漸成長為一名國家幹部。他曾深有感觸地說：「我的處世（事）能力和工作能力，基本上是在那段時期鍛鍊出來的，這使我受益終身。但那段經歷也使我意識到自己並不適合從政為官。」於是，一九

▲ 王牧主持十五屆犯罪學年會

七八年他毅然棄政從教，回到母校任教，登上大學教室的三尺講台。然而，王牧並不滿足於只在大學裡做一個普普通通的「教書匠」，而是要充滿教師職業自豪感地向學生們傳道授業解惑。

棄政從教以來，王牧陸續擔任過院長、黨委書記等學校行政職務和一些學術團體兼職。但他最為看重的是自己的教授身分和中國犯罪學學會會長身分。以他的性格，除此之外，擔任其他如學院院長等「似官非官」的職務，實在是勉為其難，非其所願。王牧調入吉林大學任教時已經三十七歲。在這個年齡才開始起步專攻學術已經不算早了。但他勤奮努力，厚積薄發，並且後發先至，學術成就斐然。

一九八四年十月至一九八六年十月，他遠赴南斯拉夫負笈求學，做了兩年訪問學者，學問和見識大長。歸國後，由於教學科研成績突出，一九九二年被吉林大學破格晉陞為教授，一九九四年被遴選為博士生導師。一九九六年初調入中國政法大學任教。王牧先後培養出的碩士、博士多達百餘人，曾經教授過的本科生則難計其數，可謂桃李滿天下。

王牧的一個重要學術兼職是
中國犯罪學學會暨中國法學會犯
罪學研究會現任會長。他很重視
犯罪學的國際交流，利用各種機
會，擴大對外交流。他多次帶隊
參加國際性學術會議，有準備地
到一些國家和地區進行學術交
流。他帶領中國犯罪學會與以西

▲ 王牧二〇〇七年在國際學術會議上做報告

原春夫為首的日本學者聯合展開中日有組織犯罪研究，把中日學術交流推進到
一個新的階段。

　　教師和會長都屬於外在的身分或職務，從實質上說，王牧是一位具有哲學
思維和實證精神的嚴謹的犯罪學家。在中國，犯罪學還遠未獲得其應有的學科
地位，它的理論和應用價值還遠未得到開發和廣泛認識，因此，在中國從事犯
罪學研究異常艱難而清苦。沒有對犯罪學學科的摯愛，沒有奉獻精神和使命
感，是坐不住犯罪學研究這隻「冷板凳」的。王牧偏偏選擇坐這隻「冷板
凳」，而且一坐就是二十幾年。二十幾年的苦苦探索，成就斐然，在犯罪學研
究領域取得的多項具有基礎性和原創性的學術成果，贏得了廣泛認可和尊重。

　　一九九二年，王牧的第一部犯罪學專著《犯
罪學》一書出版。後來又主編了《中國犯罪對策
研究》和《新犯罪學》兩本書。還陸續在《法學
研究》《中國法學》《中國刑事法雜誌》等學術期
刊上發表了《犯罪學與刑法學的科際界限》《根
基性的錯誤：對犯罪學理論前提的質疑》《犯罪
概念：刑法之內與刑法之外》《犯罪研究：刑法
之內與刑法之外》《從「犯罪原因學」》走向「犯
罪存在學」——重新定義犯罪學概念》等多篇犯

▲ 王牧的著作《新犯罪學》

▲ 王牧教授（前排中）和他的研究生們在一起

罪學方面的學術文章。經過二十幾年的求索和研究，王牧形成了自己獨到的犯罪學思想。

王牧老師雖年屆古稀，在體魄和精神上卻不輸壯年，思索不斷，筆耕不輟，認真雕刻自己的每一件學術作品，每年都有數篇論文發表。他總是以嚴肅的態度去構思、撰寫每一篇學術文章，像對待自己的孩子那樣對待自己的學術文章，像珍惜自己的生命那樣珍視自己的學術聲譽。他的文章內涵豐富，每一篇都是他經過長時間沉思後的結晶。當一個人暢遊在自己的思想海洋中時，所體驗到的那種精神愉悅，他人是無法感同身受的。

韓氏兄弟與「農村三部曲」
——著名作家、影視藝術家韓志君、韓志晨

▲ 韓志君

▲ 韓志晨

韓志君（1949年- ），筆名子君，吉林省乾安縣人。「知青」之後，在乾安縣文工團當過創作員。先後畢業於東北師範大學、中國作家協會魯迅文學院、北京電影學院文學系。歷任《東北師大學報》哲學社會科學版編輯，吉林省文聯專業創作員，中國作家協會魯迅文學院學員，北京電影學院高級編導班學員，長春電影製片廠國家一級導演、編劇。現任亞洲電影委員會（AFCN）常務理事、中國電影文學學會副會長、中國作家協會影視委員會委員、中國電影家協會創作委員會委員、中國電影導演協會會員、長春電影製片廠藝術總監、長影集團第一影視公司總裁。山東南山影視文化公司總裁。一九九八年，被吉林省評為「首批省管優秀專家」。二〇〇〇年，榮獲吉林省「跨世紀金獎」。二〇〇九年九月，被國家廣電總局、中國電視劇藝術委員會評為全國六十位「有突出貢獻的藝術家」。二〇一〇年十月，被北京電影學院授予「建校六十週年優秀畢業生」獎勵。

韓志晨（1952年- ），筆名阿晨、阿塵。「知青」之後，參軍，在部隊文工團搞創作，後轉業到省電視台文藝部當編導。一九八一年畢業於解放軍鐵道兵學院，後到吉林大學深造。現任吉林省影視集團藝術總監、長春市文聯副主

席、長春電視藝術家協會主席。國家一級編劇、著名書法家、製片人、「建國六十週年有傑出貢獻藝術家」稱號獲得者。

電視劇《籬笆·女人和狗》在全國產生了轟動效應，編劇韓志君、韓志晨一鳴驚人。而後《轆轤·女人和井》《古船·女人和網》也「熱」起來，使這對兄弟作家聲名鵲起，蜚聲海內外。

韓氏兄弟出生在吉林省西部草原大布蘇湖畔一個偏僻小鎮，因生活等原因，幾年後，他們舉家遷徙到前郭縣前郭鎮，住在被當地人稱作「小山」的烈士陵園南側。父親韓維忠在縣木材公司上班，母親在木器廠打工。起初，家裡只有七口人，父親那點工資還勉強可以維持生活，可是漸漸地就變成了八口、九口，韓志君、韓志晨還要唸書，父親的工資就無論如何也維持不了了。兄弟倆只好過早地替父母分擔生活的重負。他們利用放學或者放假時間到幾里外的山上挖野菜、砍柴，給人家過煤斗、看木堆……能幹的活他們都幹到了。放學時洗完衣服，晚上媽媽用鍋烘乾，第二天接著穿，因為再沒有別的衣服。夏天，為了省衣服，就光著膀子幹活，肩膀都曬脫皮了；冬天買不起棉烏拉，他們就穿草鞋在雪裡踹，買不起棉帽子，就用自家的兔子皮做，不會熟皮子，就那麼釘在帽耳朵上。吃的是淡飯、野菜，馬齒莧菜、苣蕒菜、婆婆丁、榆樹錢兒等大凡能吃的野菜，沒有哪種他們沒吃過。野菜吃多了，吃得臉、腿浮腫，用手一摁一個坑……那是怎樣一段日子啊！

「鷦鷯巢於深林，不過一枝；偃鼠飲河，不過滿腹。」韓家之於生活，並沒有什麼奢望，只求這樣平平淡淡地維持下去。可是，天偏偏要起風。一九六六年，「文革」開始了，父親受到了衝擊，韓家搬回了乾安。

▲ 韓志君談中國電影的發展之路

韓志君、韓志晨有著共同的童年，但他們後來的經歷卻不一樣。說不清是天性，還是後期經歷不同的原因，兄弟兩個性格完全不同。韓志君沉默穩重，韓志晨開朗健談。他們的筆風也不一樣，韓志君長於敘事和故事的戲劇性把握，韓志晨則善於抒情和思想的提煉。他們能合作得如此

▲ 二〇〇三年八月十九日韓志晨（左）、上官嬰（中）、蘇赫巴魯（右）在大布蘇

默契、愉快，主要是有共同的追求，共同的苦難，承襲了家庭那種牢不可破的凝聚力。他們的合作，是討論式的，總結式的，碰撞式的。長篇小說由韓志君執筆，韓志晨改成劇本，最後兩人再共同討論。他們經常為一個人物、一個細節爭得不可開交，這絲毫影響不了他們兄弟之間的感情。

一九八八年，一場迅猛的農村改革方興未艾，面對改革給農村帶來的某些觀念裂變與陣痛，兄弟倆一次次坐在一起研究討論，最後決定寫「農村三部曲」。這不僅因為他們熟悉農村生活，與農民有著深厚的感情，主要是他們分析了農村的現狀。他們覺得農民是當今中國社會和時代的主體，只有農民走向現代化，國家才能走向現代化。

▲ 韓氏兄弟影視劇作品

韓氏兄弟很快拿出了《籬笆‧女人和狗》腳本。作品通過茂源老漢及他的四個兒媳婦——馬蓮、巧姑、棗花、喜鵲平凡的日常生活，細緻入微地表現了他們情感的波瀾和精神

世界、文化觀念的裂變；特別是通過棄花和銅鎖間「無愛的痛苦」，深刻地展示了新時期文明和愚昧這個歷史性的衝突，尖銳地提出了「籬笆牆的影子為什麼會這樣長」這樣一個振聾發聵的問題，實際是強調了經濟改革中改革我們民族的傳統觀念、傳統心理、傳統的生活方式和思維方式的極端重要性和必要性。這部作品在中央電視台播出後，立即在全國引起強烈反響，不僅受到廣大觀眾的歡迎和喜愛，也受到了專家們、同行們的肯定和好評。兄弟倆捧回了全國「飛天獎」、「金鷹獎」、東北「金虎獎」和「春光杯」劇作獎獎盃。

當輝煌的榮譽像燦爛星辰一樣綴在他們生命天空的時候，他們並沒有忘形於一部劇作的成功。他們馬上冷卻興奮，迅速轉入第二部劇《轆轤·女人和井》的創作。他們提出站得高些，看得遠些，用一個美麗淒婉的故事，為那些屬於過去和行將屬於過去的一切唱一曲悲愴的輓歌。用冷峻的筆蘸冷峻的墨，來濃墨重彩地寫人、寫心、寫魂。他們力圖在表現手法上、技巧上、挖掘上、提煉上下功夫，多吸收其他電視劇的長處，包括那些所謂的「平」的電視劇。「尺有所短，寸有所長」嘛。他們搜腸刮肚調動生活底蘊，尤其是不恥向專家、向同行請教，他們時常用古人劉開的一段話警醒自己：「賢於己者，忌之

▲ 韓氏兄弟影視作品《美麗的白銀那》

而不願問焉；不如己者，輕之而不屑問焉；等於己者狎之而不甘問焉。如是，則天下幾無可問之人。不足服矣，事無可疑矣，此惟師心自用耳。」

《轆轤·女人和井》在中央電視台黃金時間播出後，又引起反響，拿了本年度的「飛天獎」二等獎、東北「金虎獎」一等獎及兩項評獎中的優秀編劇和最佳編劇獎。繼之，又開始了第三部曲《古船·女人和網》的創作，他們撂不下棗花，撂不下茂源老漢，撂不下當年「知青」時一起摸爬滾打的兄弟姐妹……

這部劇又受到好評。《人民日報》《人民日報海外報》《光明日報》《中國青年報》《文匯報》《羊城晚報》《南方週末》《大眾電視》《電視畫刊》等全國各家報刊紛紛發表評論，中央電視台還在《電視你我他》節目做了特別介紹。

「農村三部曲」在社會上反響自然不是三五句話能概括得了的，這裡錄下一九九三年四月一日《人民日報》上一篇文藝界權威人士文章的一段話：「一言以蔽之，這三部作品，把對現實生活的描寫和對歷史的反思巧妙地熔於一爐，具有較強的歷史穿透力，所包含的社會內容也很深廣，是一幀別開生面的反映農村大變革的藝術長卷。」在完成「農村三部曲」後，這兩位多產的作家兄弟又合作完成反映市井文化的城市三部曲《霧·海·帆》。

韓志君又完成了影片《女性世界》《風雨戀愛角》《越獄女囚》《特區大亨》及與彭名燕合作的十八集電視劇《熾烈的南風》的創作。任編劇、導演的電影作品《美麗的白銀那》《漂亮的女鄰居》《都市女警官》《浪漫女孩》《大東巴的女兒》《兩個裹紅頭巾的女人》《一座城市和兩個女孩》《酒鬼和他的犟媳婦》《傻爹和他的俊閨女》《咱村的白領麗人》《麻辣女孩》《快樂的莊稼漢》等。韓志晨也創作出了電視劇《山野的橋》《紅臉漢子金領帶》《烽煙飄過的村落》《海甕》《海陀》《海檣》《風雪桅杆山》《小鎮女部長》《山務》，並編導了電視藝術片《生命的秋天》《巾幗風流》等，同時負責省電視台《歡樂在今宵》《農村俱樂部》《文化赤道線》等欄目的編導。

井方走出來的歷史文化學者──東北師範大學副校長、歷史文化學院院長、教授、博士生導師韓東育

▲ 韓東育教授

　　韓東育（1962 年- 　），祖籍遼寧新民。生於通榆，一九七〇年八月，隨父母返籍回乾安。一九七九年九月至一九八六年七月，在東北師範大學歷史系學習，獲學士、碩士學位；一九九七年十月至二〇〇一年八月，在東京大學留學，獲博士學位；二〇〇四年十一月至二〇〇六年十一月，在東京大學大學院，從事博士後合作研究，任日本學術振興會外國人特別研究員兼東京大學客座研究員。現任東北師範大學副校長、歷史文化學院教授、博士生導師。

　　韓東育在日本留學期間，被選舉為東京大學、東京地區暨全日本中國留學人員友好聯誼會會長。回國後歷任東北師範大學歷史系副主任、主任，歷史文化學院院長、歷史學科教授委員會主任委員、教育部長江特聘教授、東北師範大學哲學社會科學委員會副主任委員、國務院學位委員會第六屆學科評議組成員。

　　現為國家社會科學基金項目評審委員會委員、教育部高等學校教學指導委員會委員、教育部「新世紀優秀人才支持計劃」項目評審委員會委員、中國社會科學雜誌社

▲ 韓東育在吉林社科院做《明清鼎革以來東亞「華夷觀」的演變》的學術報告

《中國社會科學文摘》特邀編委、中國日本史學會常務理事、中華日本哲學會常務理事、中國史學理論研究會常務理事、中國中日關係史學會理事、日本東京大學客座研究員、國際中國哲學會會員（美國）、日本思想史學會會員（日本）、國際中國道家學術聯合會會員（中國）、吉林省哲學社會科學研究「十一五」規劃學科專家、吉林省學位委員會委員、吉林省社會科學研究高級專業技術資格評審委員會委員、吉林省歷史學會會長。

▲ 韓東育部分著作

二〇〇五年被遴選為吉林省首批高級專家，二〇〇七年為國家人事部等七部委「新世紀百千萬人才工程」國家級人選。二〇〇八年享受國務院政府特殊津貼。研究方向為日本史、東亞思想史和東亞國際關係史。主持中外研究項目數項，出版專著數部，論文數十篇，獲獎多項。

▲ 韓東育在做專題講座

開創大布蘇文學的人
——吉林文壇「鐵人」趙顯和

▲「鐵人」作家趙顯和

趙顯和（1944 年-2004 年），出生於農安縣，九歲時舉家遷到乾安。趙顯和生前為中國作家協會會員、吉林省作家協會會員、吉林省雜文學會會員、吉林省報告文學學會乾安分會長、中國藝術攝影協會會員、吉林省攝影家協會會員、山東散文協會會員、松原市作協和攝影家協會名譽主席。趙顯和所著的文集曾獲吉林人民出版社文藝圖書三等獎、時代文藝出版社文藝圖書三等獎、東北三省文學大賽二等獎、全國精短文學大賽二等獎等，獲省以上獎項二十餘次。二〇〇九年五月，獲得松原市人民政府首屆「哈達山文藝獎・終身榮譽獎」。

趙顯和的文學作品是否已成流派？不敢妄自斷言，但在他已出版的「大布蘇系列文學」中，十本書分別冠以《大布蘇風情》《大布蘇詠歎》《大布蘇英傑》《大布蘇奇緣》《大布蘇外延》《大布蘇思忖》《大布蘇神韻》《大布蘇之戀》《呼嘯的大布蘇》《靜靜的泥林》的書名，是成系統有特色的。

趙顯和少年時期家境貧寒，小學時每有作文課，他的作文常被老師作為範文在課堂上朗讀。在縣財貿學校讀書時，學校要舉辦文藝聯歡會，多才多藝的趙顯和寫了一段相聲，但學校老師看過後說什麼也不准上演，理由是「一個初中學生根本寫不出這麼高水平的作品來」。他後來參軍被提為宣傳幹事，業餘的「爬格子」變成了不少鉛字兒，曾先後被瀋陽軍區的《戰旗報》和《內蒙古日報》評為優秀通訊員。一九八三年前後，按照縣委常委的分工，他負責大布蘇湖畔所字鎮的蹲點任務。工作之餘，多次泛舟在大布蘇湖上，親眼看見泥漿

泉眼潺潺的流水；看到了湖中大片蘆葦蕩深不可測的景象；他也多次隻身踏入險峻陡峭、犬牙交錯、鬼斧神工、渾然天成的狼牙壩中。他在這裡找到了古錢、化石，掘地一米見到地下埋著潔白如玉的冰層。他被大布蘇深深地陶醉了！在這裡，他看到了大布蘇或者說乾安的美麗富饒，看到了這裡的人民勤勞善良的可貴品質。於是，他開始萌發了創作大布蘇文學的意願，他要用自己的筆謳歌大布蘇，謳歌乾安。一九八三年，他在《白城日報》連載了故事《大布蘇湖畔的干枝梅》引起了較強烈的社會反響。

趙顯和頭腦靈活、才思敏捷，構思故事快，主題思想也鮮明，對大布蘇的民間傳說，在他筆下去蕪存精，並再加工，形成了一篇篇文學作品，分別發表在省、市各種報刊上並多次獲獎。在大布蘇民間故事創作中，趙

▲ 自左至右：張順富、潘燕、喬邁與趙顯和在其淡仕齋

顯和受到風物傳說的啟發，他以物狀人，寫出了一系列寓言故事。然而「無心插柳柳發芽」，想不到這些寓言故事刊出後大受歡迎，著名寓言作家金江先生多次來信對他大加讚賞，並把他的作品選入《全國寓言故事選》《新中國寓言百篇》等書中。趙顯和一鼓作氣發表寓言一百八十餘篇，出版了他的第一部著作《彩虹和太陽》。這本寓言集的每一則故事都藉助禽言獸語，蘊含較為深邃的思想內涵，給人以啟迪，從而達到了懲惡揚善的社會效果。這部書的出版，使乾安縣結束了建縣以來沒有文學作品專集出版的歷史，加之書中的思想內容健康向上，在乾安引起了轟動。對趙顯和來說，這本書的出版，則為他日後創作「大布蘇系列文學」作品做出了扎實的練筆和鋪墊。

如果說趙顯和以前的寫作是練筆和探索，那麼他寫作散文集《大布蘇風情》中的文章，則是他有目的地用自己的筆，歌頌大布蘇、歌頌乾安的上乘之

作。在「美麗的家鄉」輯中，趙顯和對大布蘇風物、自然景觀以及乾安縣的自然情況，用文學的筆法進行了巧妙地宣傳。

▲ 趙顯和著作

在趙顯和正式出版幾本書後，對自己的寫作提出了更高的要求，他已不滿足於「小打小鬧」，決心以更大的熱忱反映大布蘇、反映乾安的改革風貌。他把自己的書房取名「淡仕齋」，寫下書聯：勤潑墨針砭時弊頌盛世，淡權仕心底無私亦坦然，從而更加堅定地堅持業餘文學創作。他為了充實自己，自費購買了大量文學基礎理論書籍和國內外名著，《辭海》《文學概論》等工具書。對《紅樓夢》《戰爭與和平》等反覆研讀，這對他提高寫作技巧有很大幫助。同時，他注意觀察生活，把握時代主旋律，因而在一九九四年之後又抓緊時間，出版了報告文學集《大布蘇英傑》、小說集《大布蘇奇緣》。《大布蘇英傑》一書，顧名思義是對改革大潮中湧現的英雄模範的讚頌。這裡值得一提的是小說集《大布蘇奇緣》，收錄六十五篇小說，二十八萬字，方方面面、林林總總寫盡了人間萬象和世俗風情，主題鮮明，謳歌光明，鞭撻落後，給人以積極向上催人奮進的勇氣。藝術性也頗多出新，極富風韻，筆調優美。作者以他樂觀開朗的性格，給每篇作品都賦予了幽默含蓄的語言和情調，人物個性鮮明、活靈活現，令人讀來愛不釋手。著名文藝評論家上官纓先生稱這部書是「新時期風雲的浪濤潮湧」。

趙顯和經歷了兩次腦溢血，二〇〇一年又患肝癌，術後兩次復發。重病期間他出版了六本書，兩部長篇小說、三部散文集都是患肝癌後寫成的。住醫院期間，他強忍著化療的副作用反應，仍然咬牙堅持寫作，用最頑強的毅力以最快的速度將兩部長篇小說完稿並出版發行，故此，趙顯和被譽為「關東鐵漢」和「文壇鐵人」。

二〇〇四年十二月二十五日上午十時，趙顯和病逝於北京。趙顯和病逝的噩耗傳來，人們都扼腕惋惜。

中國漏白畫創始人 —— 著名書畫家王廣德

王廣德（1945 年- ），字癲，號三東子。出生於山東省臨朐縣南關村。現為北京希望書畫院院長、北京廣德書畫藝術交流中心主任、釣魚台中國之友研究基金會會員、國禮特級書畫大師、中國書畫研究會特級畫師、美國洛杉磯中華大學客座教授、全球華人聯合會書畫

▲ 書畫家王廣德

委員會常務委員、韓國亞太東方藝術研究員等。

二〇〇九年被評為全國最具社會責任感的十大藝術家之一。

王廣德的家，在村裡算是書香門第。從王廣德爺爺那輩起，王家每年要替村民寫春聯。王廣德六歲便開始習柳公權的字，十歲時寫春聯任務就落在了他的身上，他成為村民眼中的小神童。一九五六年北京舉行中蘇少年夏令營，山東省只選兩名代表，王廣德是其中的一個幸運兒。王廣德從北京回來的第二年，因「禍」下獄，最後在老師的幫助下逃亡東北，在吉林省乾安縣正蘭公社後建字井落腳，後來王廣德終於被平反。

王廣德自幼酷愛書法、繪畫，自學成才。王廣德先生書法精於行草，他在研習柳公權、懷素、二王基礎上，融苦難人生於書藝，形成剛勁、灑脫、倔強的書風，不染流俗，獨成一體。繪畫精於動物、山水、花鳥、魚蟲。其作品背景厚重，對比強烈，重點突出，童趣盎然，生動多姿，渾然天成。在繼承、發展和改革中國畫的基礎上獨闢蹊徑，創造了漏白中國書畫製作工藝。作品多取擬人筆法，主題頌善、博愛、褒德，深受群眾喜愛。

漏白中國畫的製作工藝，是採用定白、題款壓印、背景處理、多次賦彩、框裱等工藝流程。在繪畫創作前，先在表面塗布白色、水色、水墨或其他淡彩

▲ 王廣德漏白畫作品

色液體，形成「經營位置」的主體，經焦墨、焦色粉飾後，進行技術的背景著色，形成以框裱為主體的中國書畫作品。

中國漏白畫是王廣德於一九八八年在美國創立的一個新的畫種，漏白畫作為一種集百家之長，匯中西諸法的特色藝術，每一幅完成品都需要較長的時間和繁雜的工序，其作品產量極低，更增加了珍貴性。漏白書畫不僅得到了國內各界的認可，更得到了港澳台以及海外各國政要的喜愛。很多對中國國學藝術不了解、不認可的外國人卻能夠理解和欣賞漏白畫的藝術特點，而中國國內特別是文化藝術界人士又對中國漏白畫高度讚賞，使得中國漏白書畫成為溝通中外文化的一個重要橋梁。

人民大會堂、釣魚台國賓館、毛主席紀念堂等地方均有王廣德先生的精品之作。美國舊金山市「唐人街」三個大字即他應市長之邀所題。王廣德先生曾在美國、澳大利亞等國家成功舉辦個人畫展，均引起轟動。部分書法、繪畫作品被美、英、法、澳、日、加、德、韓、新、俄等國家和港、台地區的領導人收藏，中、美、韓等國家和港、澳、台地區為他錄製了數十部電視片在中外播

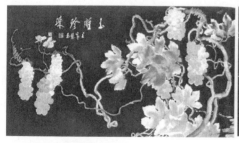

▲ 王廣德漏白畫作品

▲ 王廣德漏白書法作品

放，國內外千餘家報刊刊出他的作品。

　　作為一種藝術投資品，其稀缺性、藝術價值以及國際範圍內的認可度都使其成為投資熱點，升值潛力極高。二〇〇一年十二月二十六日，國家知識產權局專利公告：中國書畫家王廣德教授獨創的《漏白中國書畫製作工藝》獲得了國家發明人知識產權專利。

▲ 王廣德漏白畫作品

翰墨當歌抒情懷——趙吾與其山水畫

趙吾（1958 年-　），愛新覺羅·吾馳，滿族，吉林省乾安縣人。現為國家一級美術師，中國美術家協會會員，中國同澤書畫研究院理事，吉林省美術家協會常務理事，松原市美術家協會主席。自幼受家族熏染酷愛丹青，多幅作品在國家、省、市級報刊上發表，個人傳記載入《當代書法美術詩詞名人圖鑑》《世界當代書畫家大辭典》《中國現代名家名作》《現代滿族書畫家傳略》《當代美術家》CD 光盤。

▲ 趙吾

中國山水畫歷來強調師法古人與師法自然相結合的原則。師法古人即學習傳統，一般通過觀察和臨摹手段取得；師法造化，古代畫論多有闡述。北宋郭熙在《林泉高致·山水訓》中提倡看真山水，「遠望之取其勢，近看之以取其質」；元代黃公望「皮袋中置描筆在內，或於好景處，見樹有怪異，便當摹寫記之，分外有發生之意」。至於清代石濤在《黃山軸》上的題字「黃山是我師，我是黃山友」以及見於他《畫語錄》中的名言「搜盡奇峰打草稿」，更為大家耳熟能詳。可見，無論是宗炳提出的「以形寫形」，還是荊浩主張的「取其真」，抑或是郭熙所說的「真山水」其實都是遵循「寫實」表現的現實主義創作原則。不過，這裡的「寫實」並不是自然主義模仿的「寫」，也不是僅僅描繪客觀存在的物態的「實」，而是以造化力師，有取捨地傳達出精神性的、內心的「實」，即「以形寫神」的寫實。

趙吾在深研宋、元兩朝山水畫文脈之後，明確無誤地選擇了這條求實求真的路線，希冀通過現實主義的創作方法使由「師古人」得來的傳統筆墨與「師造化」面對的寫實造型有機結合，激活出無限的創造力和生命力。他的作品由

此帶來了風格的嬗變和重塑。在他看來，糾偏中國畫「筆墨程式」使其能夠反映現實生活、歌頌時代，只有現實主義創作方法，即寫實，只有通過注入寫實技巧來反對過度程式化的筆墨是中國畫推陳出新的主要途徑。

二十世紀八十年代末，趙吾開始山水畫創作即表現出對反映現實生活的責任感。他憑藉在魯迅美術學院師從孫恩同、季觀之等名家，打下扎實的傳統功底，走上了為自然「寫真」的道路。或許他的生命基因中確實有著揮之不去的情結，他面對家鄉松原的山山水水，出現了「望秋雲神飛揚，臨春風思浩蕩」的感覺。他沒有捨近求遠，而是以愛家鄉愛松原的深情，把山水畫創作扎根於鄉土生活的深處，以科學的寫真態度，變師人為師造化，變臨摹前人為對景寫生，將書法用筆與寫實造型相融合，用講究筆情墨韻的嚴謹寫實風格，創造了以北方山水真景為母題的山水畫新圖式。

趙吾注重寫實表現，強調筆墨的書法意韻，抒寫對故鄉無限的情思。他畫《情滿松江》的富饒遼闊，他畫《春風慢過我家山》的層林疊翠，他畫《明媚陽光》下家鄉建設的現代化，他畫《可愛的松原》景緻的美不勝收，他畫《欲使神龍吐珠》的哈達山水利工程建設的壯觀，他畫《江畔油域》的新興石油化工企業的騰飛，他畫《荻畔農家》的塞外田園景色，他畫《山中雪後》的北國雪域風光，他畫《古剎煙雲》的百年滄桑，他畫《故宅》的塵年回憶，他畫查干湖的滿湖春光，他畫松江水的東流滾滾，他畫故鄉乾安的狼牙壩的山谷嶙

▲ 趙吾（左）與著名畫家張復興在一起

▲ 趙吾（右）與中央美院教授、著名畫家張立辰在一起

峋、蠻荒與蒼茫……一筆一畫滿是情，
灑向紙間都是愛。他筆下的形象精微生
動，造型結構嚴整而有質感，措景豐
富，境界真實，用筆用墨純熟精到，表
現意趣率真飄逸。這些情真意切的「真
山水」，是畫家情懷及意匠經營的高度概
括，可以說，唯有像趙吾這樣於外有
形、於內有神的作品才能傳達出畫家關
注現實生活，實現人文關懷的目的。趙

▲ 趙吾畫作《野水鬧舟漁家樂》

吾以其二十多年對傳統文化的研習以及對生活的獨到感悟，加之對藝術敏銳的
領悟能力，經過長期的藝術實踐，終於進入了以精神駕馭繪畫的創作境地，同
時又以嫻熟的筆墨功力和獨特的表現技巧，將這種精神融會在自己的作品中，
從而建立起屬於自己的山水畫的現代表述語言。

趙吾山水畫的視覺衝擊力是強烈的，在展示的空間裡，足以撐得起一方廣
闊的山川天地；筆墨的鋪陳，在吸收了傳統的、現代的多方營養之後，以拙厚
精微的筆墨方式盡情展現。他把山水作品作為民族生存的偉大空間和高昂精神

▲ 趙吾（左）與恩師孫恩同教
授在一起

▲ 著名畫家張道興先生（右
前）為趙吾等授課

▲ 美協主席劉大為先生（右前）
為趙吾等授課

的感情投射，在寫實求真的全方位多層次的探索中大徹大悟，給古老的中國畫藝術增添了新的光彩。一幅幅嶄新的圖畫，是他自由旺盛的創造精神與大自然蓬勃生機的統一，是對屹立於歷史時空中蘊涵著精神文化的生存環境的謳歌，是充滿自豪與自信的精神家園。

　　一九九一年，趙吾作品《夜曲》獲吉林省「三熱愛」美術、書法、攝影展一等獎；一九九二年，作品《湍湍溪流》獲「國際天馬杯書畫」大賽一等獎，並被收藏；一九九四年，作品《曾經滄海》參加建國四十五週年第八屆全國美展吉林區展；一九九五年，作品《馬飲南山》參加「正義・和平世界反法西斯戰爭暨抗日戰爭勝利五十週年國際美術作品展覽」；二〇〇二年，作品《山水》參加紀念《在延安文藝座談會上講話》發表六十週年全國美展，《萬壑濤聲》獲第十二屆「群星獎」吉林省選拔賽一等獎；二〇〇三年，作品《松風壑舞伴琴音》獲吉林省美展銅獎，《暖冬》代表中國政府贈送美國友人、世界著名經

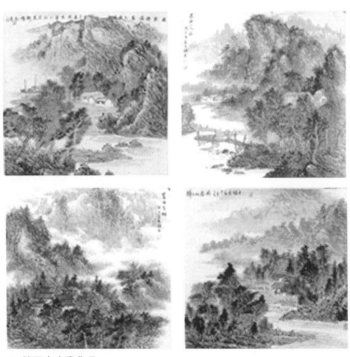

▲ 趙吾山水畫作品

濟學家理查德・哈羅斯；二〇〇四年，作品《聖潔》獲第十屆全國美展吉林區展銅獎；二〇〇五年至二〇〇七年，入中國美術家協會中國畫高級創研班學習，作品《龍之脈》獲中國畫名家邀請展優秀獎，《盛世農家》獲「黃河壺口贊」全國中國畫提名展優秀獎，《春風》獲「紀念紅軍長征勝利七十週年暨建黨八十五週年作品展」優秀獎，《萬壑濤聲》獲「當代中國畫優秀作品提名展」優秀獎，《白雲深處》獲全國中青年山水畫展優秀獎；二〇〇七年，《美術》雜誌第九期發表作品《始知五嶽外，更有家山尊》；《當代中國畫精品選》入編作品《山靜樂繞門》《一泉清水潤蒼山》《仙山尋道圖》《農忙》《蒼岩欲醒》等，同年獲中國書畫藝術協會、中國收藏學術研究會、世界文化藝術鑑定中心、中國民族書畫院頒發的「中國當代書畫藝術家傑出成就獎」。二〇〇八年，為四川汶川大地震捐贈作品十二幅，售價十七萬元，全部捐獻給災區人民，同年以中國政府名義，為國際奧委會敬獻作品《江畔油城》。二〇〇九年獲松原市人民政府首屆「哈達山文藝獎・成就獎」。出版有《中國當代名畫家趙吾寫意山水畫藝術》《中國當代名畫家趙吾》等多種專著。

遵循踏實做人、老實作畫原則的趙吾取得了令人矚目的成績，但他在山水畫藝術實踐之中，仍然堅持現實主義的創作道路，堅持精讀傳統與自然兩本書，以表現大美和崇高旨趣為審美理念，他的藝術之路必定風光無限。

▲ 趙吾作品《琴書都在翠微中》

滿族新城戲傳承與保護的忠實踐行者
——松原市戲劇曲藝家協會主席、作曲家李靖

▲ 作曲家李靖與著名戲劇活動家曲方乙先生親切交談

李靖（1955 年- ）籍貫天津。一九五七年因父親被錯劃為右派李靖隨其下放到乾安縣。他自幼愛好音樂，中小學讀書時便學會了識簡譜和三種樂器的演奏，後考入白城師專音樂班就讀。畢業後被分配到乾安師範任教。後任乾安縣文化局副局長。現係中國戲劇家協會會員、國家一級作曲家、吉林省戲劇家協會副主席、松原市首批高級專家。現任松原市滿族新城戲傳承保護中心主任、黨支部書記；松原市藝術創作研究室主任；松原市戲劇曲藝家協會主席；松原市第三、四屆人大代表，教科文衛委專委會委員。二〇〇九年獲松原市人民政府首屆「哈達山文藝獎‧特別貢獻獎」。二〇一一年被吉林省文聯、吉林省文化廳和吉林省劇協授予「最具影響力的藝術家」榮譽稱號。

李靖所創作的歌曲《黃土地 井字方》《愛我的故鄉》《松原明天更美好》《笑迎明天》《有個地方叫松原》《松原在趕路》《看見你就忘不了》《松原明天更輝煌》《松原騰飛》等作品五十餘首，有些不僅在各種晚會上演唱還獲得省級各種獎項，受到了各級領導、同仁的高度讚揚和觀眾的好評，在松原大地廣為傳唱。他所參與的大戲《皇天后土》《洪皓》作曲，分別獲得省和國家級優秀作曲獎。鑒於他的付出與取得的成績，松原市政府授予他「哈達山文藝獎‧特別貢獻獎」；吉林省政府也授予他「吉林省民族團結進步先進個人」稱號，並給予了表彰獎勵。他還創作了《祭江遙》《大金得勝碑》等多首歌曲和滿族舞

▲ 大型現代滿族新城戲《皇天后土》

蹈伴奏曲，曾在省級以上會演中獲獎。

　　李靖極力主張要打好滿族新城戲的這張「民族牌」，充分利用好「天下第一團」這一無形資產，使這一獨有的劇種得以發展起來傳承下去。二〇〇五年，投排了大型現代滿族新城戲《皇天后土》。並配合當年「共產黨員先進性教育活動」在全市演出了三十多場，鍛鍊了隊伍，讓市民們又看到了久違了的新城戲。松原滿族藝術劇院是中國唯一的一個滿族戲劇表演團體，主要以演滿族新城戲為主。滿族新城戲誕生於二十世紀六十年代的松原市扶餘縣，是這一地區獨創的地方戲劇種。這種戲曲聲腔的形成是以流傳在扶餘縣民間的說唱「八角鼓」曲牌音樂為基礎，並不斷吸收滿族民歌、太平鼓音樂和清宮舞樂逐漸發展演變而成。在傳承過程中，融進了許多漢文化成分，但其獨特的民族屬性沒有改變，仍然保持著亦歌亦舞的表演形式和濃郁的民族風情。因扶餘在清朝時被稱為「新城」，所以將此劇取名為滿族「新城戲」。

　　二〇〇六年，《皇天后土》在全省的大戲評獎中獲得了綜合一等獎和十幾個單項獎，贏得了專家、同仁的好評，並獲吉林省政府「長白山文藝獎」提名獎和松原市政府「哈達山文藝獎」一等獎。二〇〇七年，參加「中國首屆少數民族戲劇會演」榮獲劇目銀獎。之後又於二〇〇八年投排了大型傳統滿族新城戲《洪皓》，《洪皓》將戲劇的藝術性和觀賞性融為一體，是一部反映民族魅

▲ 大型傳統滿族新城戲《洪皓》演出劇照

力、展示民族風情，促進中華各民族文化交流的歷史大戲，獲得了諸多獎項。二〇〇九年，該劇榮獲中宣部第十一屆精神文明建設產品「五個一工程」獎，同年，又獲得中國少數民族戲曲學會頒發的「金孔雀」綜合大獎及優秀編劇、優秀導演等六個單項獎。二〇一〇年，又在第二屆中國少數民族戲劇會演中，榮獲金獎頭名，其中，編劇、作曲、導演、舞美設計、表演均榮獲優秀獎。二〇一二年初《洪浩》又成功入圍國家舞台藝術精品工程（2010 年-2011 年）年度資助劇目。李靖先後兩次率領《洪皓》劇組進京演出，特別是登上了中國最高表演殿堂——國家大劇院，填補了吉林省戲劇到國家大劇院演出的空白。中央電視台十一頻道多次播報了進京演出的採訪報導和演出實況，為宣傳松原做出了突出的貢獻。二〇一二年十二月，松原滿族新城戲《洪皓》在央視播出，該劇展現了松原獨特的民族風情和特色文化。

　　通過這兩部大戲的排演和取得的成績，使沉寂多年的滿族新城戲又發展到

▲ 李靖接受文化部對《洪皓》入圍國家舞臺藝　▲ 李靖（右三）在第二屆中國少數民族戲劇會演
術精品工程資助劇碼的授牌　　　　　　　　頒獎現場領獎

了一個新的高峰。李靖也憑藉其管理能力、藝術才華和人格魅力贏得了觀眾的
喜愛和同行的欽佩，不僅把滿族新城戲帶出了低谷，還創造了良好的佳績，為
這一獨有的劇種、國家級非物質文化遺產的保護、傳承與發展做出了突出的貢
獻。

▲ 獲獎獎牌

高調做事低調做人
——吉林省硬筆書法家協會主席謝連明

　　謝連明（1948 年-　），祖籍山東寧津，吉林乾安人。畢業於東北師範大學，進修於中國美術學院。現任中國硬筆書法協會主席團委員、書法教育委員會常務主任、中國長白山美術家協會名譽主席、吉林省硬筆書法家協會主席、中國書畫家論壇顧問、《中國大書法》雜誌理事會理事、中北書畫院院長、中國楹聯學會書法藝術委員會委員、中華對聯文化研究院研究員。

▲ 謝連明在做「硬筆書法講座」

　　有這樣一位書法藝術家，骨子裡的書生意氣和文人操守，使他對由於計算機的普及與應用，衝擊了漢字書寫，淡化了書法教育的風氣憂心忡忡，時常感到傳承書法藝術時不我待，重任在肩。他不顧自己已過花甲之年，毅然決然地擔負起弘揚傳統文化、普及書法教育的社會責任，多方奔走，上下呼籲，以喚起社會各界有識之士對書法藝術普及和提高的重視。他就是吉林省硬筆書法家協會主席謝連明。

　　謝連明出身於翰墨世家，自幼喜愛書畫，早年師從書畫家陳澍老師，奠定了堅實的基礎。就讀於東北師範大學期間，受周昔非老先生影響很大。後來，又考入中國美院書法高級研修班深造，接受朱關田、張祖安、王冬齡、金鑑才、陳振濂、祝遂之等書法大家正規培訓，其書法水準和風格得到極大提升。謝連明書寫的真草隸篆，無不是用墨有規，運筆有矩，字裡行間有深厚的字外之功，筆外之情。字與字、行與行之間疏密得當，謀篇布局合理自然，落落大方。墨之氣韻，字之骨架，都浸透著前人的精華，又彰顯個人的獨特魅力。一

幅幅恢宏之作，猶如無墨的青山，無弦的流水，讓人歎為觀止。他付出了艱辛，也得到了收穫。經過不懈努力，他的書畫作品屢次入選全國書協等單位舉辦的展覽及中外聯展，其中草書長卷被中國文獻出版社結集出版，作品原件被國家博物館收藏。楹聯作品被收入二〇〇七年到二〇〇九年《中國楹聯年鑑》，書畫作品原件被港澳同胞和國際友人收藏。各種不同風格的書體作品多次刊發在報紙，受到業內外人士的廣泛關注和一致好評。吉林教育電視台等多家媒體對他進行了專訪，他超前的思維意識，嶄新的書法理念，把書法藝術帶入了一個新的境界。訪談節目播出後，在社會上引起強烈反響。

謝連明不僅醉心於書畫藝術，更熱衷於社會事業，為完成自己所承擔的社會責任不懈地努力工作。剛剛當選吉林省硬筆書協主席不久，就組織策劃了很有社會影響的「老鳳祥珠寶杯」吉林省首屆中青年硬筆書法藝術大展。他認為，書法藝術是中國的先進文化，企業的發展離不開文化，用這種「拋磚引玉」的方式來激發更多的企業支持關注書法事業，用企業帶動文化發展，用文化提升企業形象。為傳承中華民族書法藝術，推動書法教育普及和發展，提高人們書寫和使用漢字的規範意識，又與吉林省教育廳、吉林省語委會共同舉辦了吉林省首屆書法教師和高校學生正書大賽，從而掀起新的書法教育熱潮。

乾安縣是全國唯一一個以千字文命名所有村屯的縣份。為紀念千字文問世一千五百年，弘揚國學文化，吉林省硬筆書法家協會同乾安縣聯合舉辦「傳承經典，魅力乾安」全國千字文書法藝術大賽。這些活動以書法藝術形式實現了歷史文化與現代文明的完美結合，進而向國內外展示了乾安縣獨特的歷

▲ 謝連明繪畫作品

史文化積澱，推介了吉林省特色文化風采。為推進黨風廉政建設，展示廉政文化成果，展示充滿正氣、奮發向上的社會精神風貌，他又研究策劃舉辦首屆全國廉政書法大賽。謝連明這種不斷進取、不斷

▲ 謝連明書法作品

突破、不斷拚搏、不斷超越的工作態度，得到大眾和中國硬協主要領導及業內權威人士的高度讚譽和肯定，並當選為中國硬筆書法協會第五屆主席團委員。

　　然而，生活中的謝連明卻是一個溫文爾雅、樸實低調、和藹可親的謙謙君子。他平時生活有規律、學習有計劃、工作有節奏，從不急功近利、追風逐潮。備課教學、讀書臨帖、揮毫書畫、吟詩撰聯是他每天的樂事。更令人欽佩的是他每天必寫日記，幾十年如一日，這是很難做到的，很多人都說持之以恆的耐力是他取得今日成就的制勝法寶。

　　工作中他剛勁如松，雷厲風行；生活中淡雅如菊，溫潤如玉。兩種截然不同的氣質完美結合於一身，靠的就是「誠」字。以真實、誠信之心待人處事，獲得理解；以本色不欺之心對己自省，胸無罣礙。坦蕩做人，真誠做事，以一個「誠」字感染和帶動了身邊許多人和他一起投入到這項功在當代、利在千秋的文化事業中，這份本真、這份風骨、這種擔當，在當今社會尤為難能可貴，正可謂「唯大英雄能本色，是真名士自風流」。

大布蘇的淘寶人——守望大布蘇的作家孫正連

　　孫正連（1957 年- ），吉林省乾安縣人。做過「知青」、軍人、工人、文化人。一九八九年入吉林省作家進修學院學習，現為吉林省作家協會會員。二〇〇一年，到吉林省大布蘇國家級自然保護區工作，守望大布蘇十一年。業餘時間進行文學創作，出版散文集《憑弔大布蘇》《走進千古大布蘇》，中短篇小說集《洪荒》《大布

▲ 作家孫正連

蘇草原》，長篇小說《一九四五年大布蘇考》《大布蘇湖的祕密》《關東漁王》《浴血長城》。二〇〇九年獲松原市人民政府首屆「哈達山文藝獎」成就獎。

　　大布蘇不僅僅是個存在，它代表的是一方文化。從這個意義上說，大布蘇是塊寶地，而孫正連就是那個淘寶的人。識寶，需要有一雙慧眼；淘寶，需要耐力和定力。這幾樣孫正連都具備。自從發現腳下的黃土不是黃土，是泥林，他就堅定了守望的決心。這些年來，他所有的文字，不論是散文還是小說，幾乎都與大布蘇有關。大布蘇不但養育了他的生命，更讓他有了創作的靈感，成為他創作的源泉。

　　孫正連是個標準的守望者，滿臉的風霜告訴人們，他經歷了多少大布蘇的日出日落，他的不修邊幅和不飾儀容告訴你，他的全部心思都在那裡。

　　心思是個什麼東西，恐怕沒有人說得清楚明白，說它是思想似乎有道理，說他是感情也靠譜。心思就是用自己的思想去心心念念一件事，這是從孫正連身上得出來的結論，因為他這些年所做的事就是用他的思想去解讀泥林，解讀大布蘇。但是，這種解讀是耗費時日和心血的，因為大布蘇是個高傲的存在，他不會告訴你一言一語，他像一個頗有威儀的家長，正襟危坐，你只能從他的坐姿或皺紋的走向上去判斷他曾經的經歷。解讀這樣的老人，無疑是要具備慧

眼和慧心的，否則，你只能看到他的滄桑，卻讀不懂滄桑的滋味。

孫正連是這樣的人。解讀大布蘇的人很多，但像他這樣解讀的卻少之又少。大布蘇在他眼中，不是遊客擦肩而過的風景，不是文人墨客筆下的短章長賦，大布蘇是他心靈的家園，他是大布蘇走失的孩子，現在，他回來了，他像找回前世遺落的夢一樣走進了大布蘇，於是，靈魂落地生根，他把所有的話都說給大布蘇聽。

與大布蘇對話，他取的不是登高而呼的姿勢，因為大布蘇的寂寞與荒涼害怕這樣的聒噪，如果說所有的後世來人對於大布蘇而言都是客的話，他也是客，那麼他這個客在大布蘇里行走，一邊荷樵，一邊聽琴，他以俗的姿勢行走，卻又能在白毛風的呼叫中聽出大布蘇深藏千年的一詠三歎。如果不是對大布蘇懷有如此的深情，他不會這樣用心。用「板凳要坐十年冷，文章不寫半句空」，來形容孫正連在大布蘇泥林的寫作都恰如其分。孫正連說大布蘇的地氣養人。養的就是他這樣的與大布蘇靈犀相關的人，不然他怎麼會一到那個「別墅」就會有那麼多靈感？

若朋友到來，他就在小屋裡一直地說，從遠古說到現今，從傳說說到真人真事，山川地貌，風土人情，狼與狗，鼠與鷹，沒有哪一樣不感人至深。讀孫正連的作品，你會發現，他幾乎不用形容詞。這正如某個名人所說，好文章的寫作就是拋卻形容詞的過程。不靠形容詞的煽情，他靠第一手淘來的資料打動讀者，那都是他的寶。這些寶就仿如老爺爺的鬍鬚，他在每一個深夜獨自在小屋裡，一根根地摸摩著，老爺爺的鬍子里長滿了故事，他一點點地把這些故事像線頭似的理清，然後謄寫在素白稿箋上。他的小屋是「別墅」，那是戲稱，實則只是兩間土窩棚。這個土窩棚極其簡陋，如果不知道這裡住的是一位頗有影響的作家，如果不是茶几上擺著講究的茶具，炕頭上擺著電腦，土牆邊立著整櫃的書，你會以為這兩間小屋是遠古的遺留，或者是當年哪個把頭留下的熬鹼、打魚的窩棚。但是，現在，這兩間小屋的確是孫正連的創作基地。

幾年時間裡，他在這裡寫的書有《憑弔大布蘇》《走進千古大布蘇》、《一

▲ 孫正連部分文學作品

九四五年大布蘇考》《大布蘇草原》《大布蘇湖的祕密》《守望大布蘇》《洪荒》
等。這樣的小屋，睡的是木床石枕，吃的是麥飯豆羹，卻把日子過得有滋有
味，如果不是對大布蘇有著特殊的情懷，沒有哪個人會甘於這樣的寂寞。這樣
的寂寞，寫出來「雲深松老」的頗具詩意，但真正能耐得住的，沒有幾個人能
做到。「滿室清風滿幾月，坐中物物見天心；一溪流水一山雲，行處時時觀妙
道。」「養志於清修而炎涼不涉，棲心於淡泊而甘苦俱忘。」《菜根譚》裡的
這些話用在孫正連身上一點不為過。

　　孫正連在泥林待得太久了，以致於熟悉他的朋友都把他看成了泥林，他就
是泥林，泥林就是孫正連。不知道一個人在一個地方待得這麼久，真的就沒有
所說的審美疲勞嗎？在孫正連眼裡，每天的泥林都是新的。「鳥語蟲聲，總是
傳心訣；花英草色，無非見道之文。學者要天機清澈，胸次玲瓏，觸物皆有會
心處。」巴甫洛夫說：「在世界上我們只活一次，所以應該愛惜光陰。必須過
真實的生活，過有價值的生活。」為了過有價值的生活而去守望，且以虔誠的
姿勢，孫正連是值得敬佩的人。

　　無疑，孫正連是懂得生活的人，起碼他懂得自己該如何生活，這看似簡
單，實則很重要，因為許多人可能到老都不知道自己究竟想要什麼樣的生活，
孫正連知道，他這輩子是要和泥林耗下去的，而且不是「一去二三里，煙村四
五家」的淺嚐輒止，而是在泥林裡老去。這一輩子他在泥林，「花開花謝春不
管，水暖水寒魚自知」。

　　男人老去，也應該如一棵松一塊石，浮華盡失，唯存風骨。泥林的風骨是
可感可觸的，是能握住的，因為它就在孫正連的文字裡。

筆酣墨飽寫鄉風——鄉土作家杜喜武

杜喜武（1941 年- ），筆名峰波、杜督，吉林省乾安人。吉林省作家協會會員、吉林省報告文學協會會員、松原市民間文藝家協會會員。發表新聞稿件兩千餘篇，發表民間故事、傳說百餘篇。出版散文集《大布蘇情懷》、報告文學集《愛在人間》（合作作品）。

▲ 作家杜喜武

杜喜武幼時家境貧寒，這貧寒砥礪了他對人生、對生活堅韌不拔的性格。他曾親眼看見父老鄉親們辛勤耕作的艱辛。長大後，在校就讀時與師友們一起在知識的海洋裡游弋，親身經歷了筆禿硯穿的勤奮獵取。他終於在臉朝黃土背朝天的氛圍中，在如飢似渴的奮發苦讀中，走過了童年的鄉村小路，走出了學校的教室操場，走上了並不平坦的仕途。如今，他已年逾古稀。不論是風華正茂的春風得意，還是而立之年的坎坷辛酸，直至聲名穩固，有一件事伴隨他形影不離，令他心馳神往、魂牽夢繞那就是「爬格子」。向外界介紹著家鄉的一切，播撒著濃郁的鄉風。

一九五六年九月，杜喜武還是一個十四五歲的孩子時，就在《吉林日報》上發表了一篇四百字的小稿《雨夜守畜群》，從此後就一發不可收拾。一九七〇年，第一次參加《吉林日報》舉辦的工農兵通訊員培訓班，這次專業培訓，是他新聞寫作進入旺盛期的開始。從這之後，在《吉林日報》《紅色社員報》《白城報》等報刊上，他的長篇通訊、評論、消息等新聞稿件像雨後春筍般的頻頻見諸報端。他撰寫的新聞稿經常被吉林人民廣播電台、白城人民廣播電台

和乾安廣播站採用播出。杜喜武撰寫的新聞稿件，被一些新聞界人士評為比專業的還敏銳、比專業的還快捷、比專業的還及時，這得益於長年生活在基層，養成了捕捉信息的獨到嗅覺。而且憑著勤奮和文字功力，把筆觸深入到工業、農業、畜牧、水利、農機等各個行業，從不同視覺、不同層面上向外界宣傳著乾安。通過這些長短不一形式各異的新聞作品讓人們認識乾安，了解乾安。杜喜武從開始為新聞媒體撰寫稿件至今已寫了兩千多篇，其中獲省以上評獎的三十七篇。憑著這些成績，自一九七二年到一九七八年，他連續被吉林

▲ 杜喜武在泥林博物館

▲《吉林日報》編委劉光威（前排左三）、縣委書記王占有（前排左四）、《白城日報》副主編宮玉堂（前排左五）和杜喜武（後排左五）等骨幹通訊員合影

日報社聘為工農兵評報員。從一九八一年至一九九八年，杜喜武連續被評為《吉林日報》優秀通訊員。

杜喜武能夠嫻熟駕馭多類新聞稿件，通覽他的稿件，均以短小精悍見長。由於選材精準，語言雖少含量大，起到了略一斑以窺全豹的效果。翻開他厚厚的十多本新聞稿件剪貼集，不得不欽服他的勤奮，更可以看出他對家鄉的一片深情。

▲ 杜喜武文學作品

杜喜武是乾安文學事業的先行者，他的文學創作先於新聞寫作。一九五九年，當乾安的文學事業還是萌芽狀態時，他的山東快書《評級會上》就被收入曲藝集《大戰三關》中。一九六二年，他創作的二人轉《老來紅》發表在白城專區群眾藝術館的《白城專區群眾作品選》上，這個時期他發表的作品還有小說《陽光燦爛》《我跟你走》等。一九七九年，他的散文《大布蘇》發表在七月二十二日《紅色社員報》副刊《萬山紅遍》上。這個時期他發表的作品還有

▲ 杜喜武（右）與著名作家、文藝評論家潘蕪在一起

小說《「萬元光棍」小記》《嘎子與嘎子媽》等等。二〇〇〇年以後，他在《吉林日報·東北風》上發表了《我的學歷》《幾多真情》《親人，重逢在四十年後》《大布蘇》《狼牙棒》《三王泡與三王堆》等多篇文稿，並被評為「東北風」榮譽作者。

隨著乾安文學創作日趨繁榮，杜喜武相繼在省內報紙和文學刊物上發表幾十篇小說，散文、雜文、報告文學等多篇。一九九二年與趙顯和合作出版了報

告文學集《愛在人間》。憑著這些作品，一九九二年被吉林省作家協會吸收為會員，成為乾安屈指可數的省作協會員之一。二〇〇三年一月出版了散文集《大布蘇情懷》，收錄杜喜武散文作品七十九篇，文集由「我愛我家」、「市井閒話」、「侃戲評報」、「社會大觀」和「商海觀潮」五輯組成。

杜喜武的文學作品每篇都是經過長時期的生活錘煉，源於生活的作品，自然蘊含著深厚的生活基礎，生活氣息濃郁，貼近生活便成為他作品的一個難得的特徵。

▲ 杜喜武與著名作家、翻譯家陳喜儒（右）在一起

杜喜武是乾安文史資料的熱心撰稿人。乾安縣政協的《乾安文史資料》創刊後不久，杜喜武就開始為其撰稿，至二〇一三年出版的《乾安文史資料》（第二十五輯），他已經有三十多篇文稿被刊發。他撰寫了《白沙碧血映丹心》《無愧無悔，悲壯人生》《乾安文學事業的拓荒人》和《十年一曲創業歌》等，這些文稿始終堅持在高層次上運作，「文人走筆何辛苦，語不驚人不示人」是他為文的原則。《白沙碧血映丹心》對王坤生烈士的記述，筆含淚、墨如血，汩汩的從心中流出。記述烈士的生平、烈士的業績，讀來悲壯感人，儘管沒有文學作品的誇張和渲染，但由於剪裁得當，選材精恰，展卷讀完，掩卷而思，催人奮進，深知今天的美好來之不易。《無愧無悔，悲壯人生》記述的是原縣政協委員范德天，他與范德天相知甚深，多年沉積的情感，在文章中如一泓碧水化作清泉傾瀉而出。娓娓說來，平靜的文字下，蘊含著難以遏止的情感，撥動

著每個人的心弦，隨著文章化為馨香一瓣。《乾安文學事業的拓荒人》寫的是吉林省著名雜文家、文學評論家潘蕪先生，文章在《乾安文史資料》發表後，被吉林省作家協會所辦刊物《文壇風景線》全文轉載，足見文章的層次。《十年一曲創業歌》被吉林日報以「凝重的人生軌跡」為題全文照發。

　　縱觀杜喜武發表於《乾安文史資料》的文章，篇篇主題鮮明、立意新穎，記事記人嚴謹真實，通篇不見華而不實之虛詞假飾；吃透了文史資料這一特殊文體的文風、語言和結構。篇章聯結，翔實而富文采，深諳這種文體的法度。文章的所記之人，杜喜武必先知其人、明其事，方秉筆直書，收到了形似與神似兼備的效果。一九九七年，杜喜武發表在《政協新報》的通訊《樂人為民鼓與呼》被吉林省政協辦公廳、吉林省新聞工作者協會評為吉林省第三屆宣傳中國共產黨領導的多黨合作和政治協商制度好新聞參評紀念獎。二〇一二年，杜喜武被松原市政協聘為特約撰稿人。

累出精品大作的劇作家
——乾安縣戲劇創作研究室主任張海君

▲《戲劇文學》封底上的張海君照片

張海君（1960 年- ），筆名蓮托，吉林省乾安人。一九八六年畢業於長春電影文學函授學院，一九九五年任乾安縣戲劇創作室專職編劇、松原市戲劇曲藝家協會理事、吉林省藝術創作中心編劇、吉林省戲劇家協會理事、中國劇本中心理事、中國戲劇文學學會理事，二〇〇二年，被全國戲劇藝術類核心期刊《戲劇文學》譽為著名青年劇作家。現為乾安縣文化廣電新聞出版局戲劇創作研究黨主任。

一九九八年至二〇一三年，張海君創作了電影文學劇本《海棠情》和大型滿族新城戲《皇天后土》、大型神話吉劇《大布蘇》等大小劇目三十餘部。其中，拉場戲《審鵝》獲一九九八年吉林省戲劇評獎推廣會編劇一等獎，同年，《審鵝》被遼寧省音像出版社製成光盤並發行；拉場戲《吃請》獲二〇〇〇年吉林省戲劇評獎推廣會編劇一等獎、獲第二屆國際小戲藝術節編劇獎；拉場戲《二斤鵝毛》獲吉林省第一屆「二人轉‧戲劇小品」藝術節編劇二等獎；大型滿族新城戲《皇天后土》獲吉林省第二十屆創作劇目評比演出編劇一等獎、第二十屆全國田漢戲劇獎劇本獎、第一屆中國少數民族戲劇會演劇目綜合銀獎；大型劇本《新官上任》獲第五屆中國戲劇文學獎銅獎；拉場戲劇本《明天過禮》獲第六屆中國戲劇文學獎小型劇本二等獎；拉場戲劇本《月子》獲首屆全國戲劇文化獎小型劇本一等獎；大型神話吉劇《大布蘇》榮獲首屆全國戲劇文化獎優秀劇目調演編劇獎金獎、吉林省第十屆長白山文藝獎作品獎；拉場戲劇本《婆婆媳婦和舅

▲《新官上任》獎牌　　▲《皇天后土》獲獎證書　　▲《皇天后土》獎盃

公》榮獲第八屆全國戲劇文化獎小型劇本獎銀獎。

二〇〇二年九月，張海君被全國戲劇藝術類核心期刊《戲劇文學》譽為著名青年劇作家，並以「特別關注」欄目，配發照片作為封面，面向海內外發行。之後，借此影響參加了中國藝術發展中心舉辦的小戲作品研討會，會議期間，就東北小戲的藝術特點議題同中國劇協秘書長周光進行了交流與探討。

二〇〇六年九月，張海君創作的大型戲曲劇本《鹿鳴金山》入選並參加了中國劇協在北京市門頭溝中國劇作家創作基地召開的全國「十部劇本」研討會，創作藝術與思想頗受好評。二〇〇六年十一月《鹿鳴金山》入選並參加了在浙江省海寧市召開的「二〇〇六年全國戲劇劇本創作研討會」，劇本產生廣泛影響。作為編劇的張海君就主旋律大型劇本的創作思考同著名劇作家、詞作

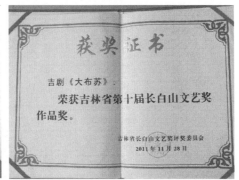

▲《大布蘇》榮獲吉林省第十屆長白山文藝獎作品獎

▲ 《新官上任》獲獎證書　　　　　　　　▲ 《明天過禮》獲獎證書

家閻肅進行了交流與探討。二〇〇七年五月，張海君創作的大型戲曲劇本《鹿鳴烏拉屯》入選並參加了在江蘇省無錫市召開的「二〇〇七年全國戲劇劇本創作研討會」。

▲ 劇作家張海君（二排右起）在浙江海寧「2006年全國戲劇劇本創作研討會」與著名詞作家閻肅（前排左六）、中國文聯主席周巍峙（前排左七）在一起時的合影

二〇〇七年十月上旬，張海君創作的大型戲曲劇本《新官上任》榮獲第五屆中國戲劇文學獎銅獎。作為編劇，他參加了在廣州市舉行的頒獎大會。之後，作為「中國劇作家代表團」成員，隨團赴香港和澳門進行藝術創作交流與採風活動，受到香港藝術發展局局長梅子先生等政府官員、文藝界知名人士的

▲ 劇作家張海君（後排右八）在江蘇省無錫市參加「2007年全國戲劇劇本創作研討會」時合影

熱情款待。

二〇〇七年十月中旬，張海君創作的大型戲曲《皇天后土》入選由國家民委、文化部社圖司、中國少數民族戲劇家協會聯合舉辦的第一屆中國少數民族戲劇會演。作為編劇，隨劇組赴山西省大同市參加了此次戲劇活動，同鄭懷興等全國知名藝術家進行了創作交流與探討。

二〇〇九年五月，張海君作為會員代表參加了中國戲劇文學學會第四次全國代表大會，並當選為理事。會議期間，同斯里蘭卡社會主義民主共和國國際交流協會主席蘇布哈斯·班達拉奈克先生以及電視連續劇《濟公傳》主演、著名表演藝術家游本昌等知名人士就中國藝術市場現狀與發展願景進行了具有實踐意義的探討。

二〇一一年二月十九日至二十四日，第二十四屆中國劇作家汶川大採風和

▲ 張海君參加中國戲劇文學學會慶五一全國全員大會時，與斯里蘭卡國際交流協會主席蘇布哈斯‧班達拉奈克在一起

首屆全國戲劇文化獎頒獎盛典，在四川省成都市隆重舉行。作為獲獎編劇代表，張海君榮幸參加了這次震撼中國劇壇、對於全國戲曲劇目創作生產具有推動性意義的藝術盛事。盛典期間，就中國戲曲創作生產現狀問題同中國戲劇文學學會主席曾獻平先生、國家著名影視劇評論家杜高先生進行了交流與探討。

二〇一二年末，張海君著手創作長篇電視連續劇《大布蘇坨爺》，二〇一三年三月，中國戲劇家文學學會召開的專題研討會認為：長篇電視連續劇《大布蘇坨爺》體裁新穎、立意深刻、主題積極、劇情跌宕，是一部體現社會主義主旋律的作品，具備了成為思想性、藝術性、市場性俱佳的優秀作品條件。不久，這部三十一集的電視連續劇將與廣大觀眾見面。

第四章 ──

文化景址

是億萬年的風突然靜止，是一截故事或一小片場景從流光中破出，沿著先人一路留下的足痕，我們不止地探求、追尋。大布蘇泥林有「南有石林，北有泥林」的美譽，讓我們帶你領略「泥林天下甲」的美妙和神奇，帶你感受遠古、觸碰宇宙的神奇浩瀚，觸碰生命若潮湧般潮起及止滅，而帶來更多的是對世界及整個人類存在的深深思索。

遼帝「春捺缽」遺址

　　遼（西元九〇七年至一一二五年）是中國歷史上五代十國兩宋時期以契丹族為主體建立、統治中國北部的封建王朝，為中國北部的社會發展和民族融合做出了貢獻。遼代雖有首都「上京臨潢府」（位於今內蒙古自治區巴林左旗林東鎮），但其政治中心在「捺缽」。「捺缽」既是遼代富有民族特色的政治制度，又是處理政務的行政中心。「捺缽」係契丹語，漢譯為「行營」、「行宮」。遼代契丹族皇帝與中原漢族皇帝不同，不是常年居住在京城，而是隨季節、氣候和水草的變化，四時遷徙，進行「春水」、「夏涼」、「秋山」、「坐冬」等活動。因此，形成了「春捺缽」、「夏捺缽」、「秋捺缽」、「冬捺缽」的制度。乾安縣境內的四處「春捺缽」遺址分別位於贊字鄉科鐵公路線北的「花敖泡」南側的贊字鄉後鳴村西、讓字鎮藏字村北側和正東位置以及地字村附近。「春捺缽」遺址群發現了上千個土台基，最多一處發現土台基約五百個，延續範圍近四千米長。土台基中有圓形、長方形，其中最大的圓形土台基直徑長達三十米、高約一點五米。考古工作者還在遺址群附近採集到大量的古錢幣和陶、瓷片等物品，均為遼代文物。

▲ 李占奎作品──遼朝帝王「春捺缽」圖

後鳴村西「春捺缽」遺址

▲ 後鳴村西「春捺缽」遺址

　　遺址位於贊字鄉後鳴村西二千五百米處。分布範圍四點四平方公里，現存高大的台基近九百六十九個，多為長方形。其特點是台基普遍高大，最高的近三米，最大的長方形台基長約六十米，其餘台基的規模均在八十平方米以上。曾出土過六耳銅鍋、灶址、遼代輪齒紋陶片、粗白瓷片、金銀飾件、鐵器、石磨、獸骨、北宋銅錢等。二〇一三年三月五日，被評為國家級文物保護單位。

▲ 後鳴村西出土的「春捺缽」遺址遺物

藏字井「春捺鉢」遺址

　　在讓字鎮藏字井東北一千米處，有一片廣闊的大草原。遺址位於草原中部，遺址群為低矮的土台基，高度為五十釐米至二百釐米。單體規模最小十平方米，最大約一千平方米，分布面積一點二八平方公里。形狀有長方形、圓形兩種。採集到遼代輪齒紋陶片、粗白瓷片、獸骨、北宋銅錢等。據當地百姓反應，曾發現灶址。

　　二〇一三年三月五日，國務院公布為國家級重點文物保護單位。

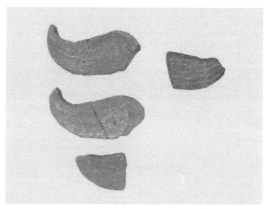

▲ 藏字井出土的「春捺鉢」遺址遺物

騰字井「春捺缽」遺址

　　距騰字種畜場小北場分場西南八百米，有一片廣闊的大草原，遺址位於草原中部偏北，分布面積約一點七三平方公里，台基數量四百八十餘個，同藏字井遺址一樣，台基形狀分圓形與長方形兩種，其中最大的圓形台基直徑約三十米。遺址散布著大量的陶片、瓷片及少量的布紋瓦殘塊等。

　　二〇一三年三月五日，國務院公布為國家級重點文物保護單位。

▲ 騰字井出土的「春捺缽」遺址遺物

地字井西「春捺缽」遺址

　　余字鄉地字井屯西一百五十米處，有一片大草原，遺址位於草原的中部，南北綿延約五公里，東西約一公里，現存台基二百六十五餘個，面積達一點二四平方公里。遺址散布著大量的陶片、瓷片和字跡不能辨認的銅錢及少量的布紋瓦殘塊等遺物。

　　二〇一三年三月五日，國務院公布為國家級重點文物保護單位。

▲ 地字井出土的「春捺缽」遺址遺物

▲ 地字井出土的「春捺缽」遺址遺物

傳字井南崗遺址

遺址位於乾安縣蘭字鄉（現大布蘇鎮）傳字村傳字井屯南約二公里處的沙崗之上。沙崗呈半環形，開口朝西，長十五公里，最高處高出地表面十二米左右。崗上地勢較為平坦，多被闢為耕地和林地。半環形的沙崗之中，是一個水面寬闊的泡塘。沙崗臨

▲ 傳字井南崗遺址

水的崗坡較陡，背水的山岡坡比較平緩。遺址和傳字井屯隔著一片水泊遙遙相望。

在沙崗的中部，有一個為季風剝蝕而成的大沙坑，沙坑略呈長方形，東西長約八十米，南北寬約四十五米，深二至四米。坑內遍布著大量的陶器殘片，蚌殼、一小堆一小堆的魚骨和小獸骨。還有少量的細石器混雜其中。有些魚骨和小獸骨呈灰藍色，顯然是被燒過。另外，在大沙坑的周圍，也有少量的陶片零星分布，遺址的總面積可達一萬二千平方米。

遺址內出土的陶片，大多素面無紋，帶紋飾的陶片較少。素面陶片的顏色有紅、赭、褐、黃褐和灰褐色五種。很多素面陶片上有小圓孔，孔徑大小不一，一般在〇點五釐米至〇點八釐米之間。很大一部分陶片的外表還經過壓光。質地可分為沙質陶、泥質夾沙陶和泥質夾沙屬蚌粉陶三種。製法為手製，火候較低，由於燒製時，火候不均，所以很多陶片上帶有褐色的斑塊，

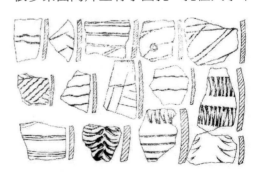

▲ 傳字井南崗遺址出土的陶片圖片

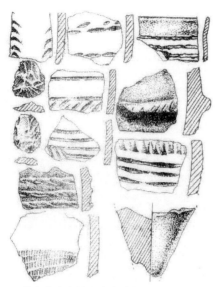
▲ 傳字井南崗遺址出土的陶器圖片

有些還帶有黑色的夾心。

分是沙質陶,少量的為泥質夾沙陶,只有個別的屬有蚌殼粉。其顏色除了具有上述的素面陶片的顏色外,還有黑色。亦為手製,火候和素面陶片相比沒有區別。其施紋的方法,可分為三種,一種是刻劃紋,一種是壓印紋,附加堆紋。

刻劃紋是以刻畫的細線條為母題,組成各種比較複雜的圖案。有的是用一根線條組成的幾何紋圖案,有的是兩根或三根線條為一組,然後再組成幾何紋圖案,還有的是用一根曲線條組成的幾何紋圖案,也有的是由三組雙曲線組成的環帶紋和「之」字紋圖案。「之」字紋的「之」字有兩種表現形式。一種是「之」字的上下兩橫比較平直,只是連接上下兩橫的斜線,帶有一定的弧度,斜線的兩端有較深的凹坑。另一種是形成「之」字的三線條均是弧線。斜線的兩端也有較深的凹坑。

兩種略有不同的「之」字紋,在器表施布時,也有一定的區別。一般來說,上下兩橫比較平直的「之」字紋是若干個「之」字首尾相連,組成一條、兩條或多條環帶,以每條環帶之間都有一定間隔的方式裝飾在器表。而弧線的「之」字紋,雖然也是若干「之」字首尾相連,但它組成的大多是條帶,只有少數是環帶,在施布時有的是每個條帶之間有間隔,有的沒有間隔。沒有間隔的初看好像樹葉的筋脈。

壓印紋的母題有兩種。一種是壓印的既窄又淺且長短不等的凹槽。用這種凹槽來組成各種圖案。有的用凹槽組成弦紋,這種弦紋陶片上,有一些還同時施飾刻畫的「之」字紋。有的是用很多長度相等的,只有〇點七釐米長的凹

槽，密集的豎向環布在器表，同遼金時期的壓印短道紋相類似。還有的是用長短不等的凹槽組成的幾何紋。

另一種壓印紋的母題是壓印的棗核形凹坑，在施布時，都是橫向環布在器表上。有時是兩個凹坑之間有一定的間隔，有時是兩個凹坑首尾相連，也有些陶片上兩種形式同時並存。附加堆紋的樣式可分為三種類型。一種是附加泥條的橫斷面呈月牙狀，附加泥條凸起較小，一般高〇點三釐米。寬度達一點七釐米左右。這種較寬大的附加堆紋，一般都裝飾在口沿下一釐米左右的部位。遺址中出土一些敞口平唇、敞口圓唇、直口圓唇、直口平唇、直口尖唇及斂口圓唇、斂口平唇等多種不同樣式的陶器殘片。遺址中的石器，製作不是很精緻，大多是一些燧石質地的刮削器。

從殘器推測，可能屬磨製石器或骨器的工具。在遺址中還採集到一支完整的鹿角，共分三個杈，長三十釐米，根部直徑四釐米。

傳字井遺址沒有進行科學的清理發掘，地層關係及詳細的文化內涵還不十分清楚，僅從地表採集的標本看，其文化類型與北部的昂昂溪文化毫無關係。遺址中出土的「之」紋陶片與通榆縣興隆山鎮的敖包山遺址出土的「之」字紋陶片相同。敖包山遺址的年代距今四千至六千年，其文化性質同新樂和紅山文化相近似。乾安傳字井遺址的文化面貌，顯然也同紅山文化接近，同屬新石器時代，時間距今七千年左右，但也有其獨特的風格。如刻劃的直線和曲線幾何紋陶片和壓印的短道紋陶片均不見於新樂和紅山文化之中。從遺址內散布的大量的蚌殼、魚骨、小獸骨和出土的鹿角來看，狩獵在當時還占有重要的位置。二〇一四年二月一日，被評為省級文物保護單位。

狼牙壩古墓群

▲ 狼牙古墓群遺址

大布蘇湖東岸，南北長近七點五公里，由於植被遭到破壞，加之多年雨水沖刷，水土流失嚴重，使岸邊形成了土柱林立，千溝萬壑之狀，當地人稱狼牙壩。在大布蘇湖東岸的中部，所字鎮所字村學字井屯西約五百米處，在被雨水沖刷所形成的土柱的坡上裸露著數十座被沖毀的古代墓葬。墓群中有零散的人骨架，有的人骨已染上了綠色韻銅鏽，還有獸骨、馬牙、陶器殘片、細石器、銅飾件、銅錢、骨器等，遺物都是一堆一堆的分布。分布範圍南北一百米，東西五十米，從殘跡觀察，屬無棺無槨的土坑豎穴墓。關於葬式、葬俗等情況，由於破壞嚴重，已無法查明。

墓群中出土的遺物按其質地可分為陶器、石器、銅器、瓷器和骨器五種。

陶器有手製和輪製兩種。

手製陶，呈紅褐色和灰褐色。由於燒製時火候不均，時常帶有黑色或紅色的斑塊。質地夾沙，含沙量多寡不同，沙粒的大小也不一樣。一般說來，含沙量少沙粒小的陶器表面都經過磨光。絕大部分素面無紋，只有少量的飾有豎向指甲紋。殘破的器形有平直的陶器底和帶圈足的陶器底，有些類似大安漢書遺址中出土的小陶鼎。陶器耳有瘤狀耳、扁泥條環耳、雞冠耳三種。口沿分為敞口圓唇、直口平唇、斂口平唇、斂口圓唇四種。其中有一種口沿製作的方法比較特殊，是先把口沿的最上部做的較薄，然後向外翻捲，再把外翻的部分貼在陶器的外壁上，使唇部外凸，這同吉林市郊的西團山遺址中出土的某些陶器口沿相同。此外還出土一件殘破的陶罐。

輪製陶數量少，呈灰色或青灰色，細泥質地，多數器表無紋飾，少量的陶片上飾有壓印三角形紋、刻畫長道紋、硫齒襲和壓印輪齒紋。器形有微內凹的陶罐底殘部，斂頸陶罐口沿的磚部。

出土的瓷片，均施黃白色釉，釉面上有細碎的小開片，有的還飾有鐵花。

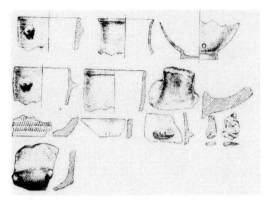

▲ 狼牙壩墓群出土的器物圖片

石器出土三件。一件是鳥喙形尖狀器，尖部已殘斷，黑曜石壓製而成。殘長二釐米。刮削器兩件，均為燧石打琢而成，一件為弧刃形，呈白色；另一件殘斷，呈紅褐色，一端呈圓頭，另一端不詳，殘長一釐米。

銅器兩件，均殘。一件是帶有三道彎的銅條，殘長五點五釐米，銅條直徑〇點〇九釐米，原是一件環形器物。另一件是三根直徑為〇點八釐米的銅條拼在一起，原來也應是一件環狀器物，估計是飾件之類的器物。墓葬中還出土一枚「熙寧元寶」銅錢。

骨器出土三件，均是殘斷的骨錐。錐體上磨製跡象十分明顯。

此外，墓葬中還出土一件綠松石扁墜飾，已殘破不整。上部有直徑為〇點一五釐米的圓孔。

從出土的遺物看，該墓群應屬青銅時代早期的遺存。少量的輪製陶器殘片及瓷片、銅錢的出土，說明在遼金時期也有人在此活動。一九九九年二月二十六日，被評為省級文物保護單位。

為字井古城

▲ 余字鄉為字井古城遺址

古城位於余字鄉為字村霜字井屯北二百米處。城東南一點五公里是為字井，北二公里是余字鄉政府所在地。除南二百米處為霜字井屯落外，其餘三面三百米內均為耕地。西、南兩側三百米外為低窪的沼澤地，正西五百米處有個大水泡，終年不乾。水泡東沿為霜字井屯，西北為遼金時代遺址。城東五十米為鄉政府通往霜字井和為字井的南北向鄉間大道，城西五米為一條南北向的鄉間小路。古城略呈梯形，城牆遺跡清晰，為黃土堆築，夯層較厚。東牆長一九六米，底寬八米至十二米，高一米至二米；西牆長二二〇米，底寬八米，高一米左右；南牆長二一〇米，底寬十二米，高〇點五米至一米；北牆長二一五米，底寬六米，高一米至一點五米，周長八四一米。城僅闢一東門，位於東牆正中，寬約六米，門向為東偏南 20°。有城樓和甕城痕跡，甕城的門面向南，高出地面二點五米。城的四角各有一個較大土堆，尤以東南、西南、西北三處更為清楚，當是角樓遺跡（東北角被打電機井時挖掉）。南、西、北牆中部外牆均存一個大土堆，當是馬面遺跡。

城內中部有一東西向漫崗，西南部有幾處不規則的高出地表〇點四米至〇點七米的土崗，為當年建築物遺址，現在城內全部為耕地，中部有南北走向的渠道兩條，城東北角外有一眼電機井，在北牆和東牆的頂部，均挖有水槽，被當作渠道使用。城西牆北端外側有一橢圓形大坑，南北長十五米，東西寬七米，深約一點五米。城東牆外、城門南側有多處土包，起伏不平，應是城外建築物遺址。

城內分布有青磚、布紋瓦片、壓印輪齒紋、堆紋、青灰色細泥質陶片和黃白釉瓷片，也有少量的缸胎粗瓷器和遼白瓷殘片。據當地群眾講，打機井修渠道時，曾挖出一罐銅錢，大約有三十多斤，還挖出一個小陶壺，當時都被打碎了。老年人講，二十世紀五十年代前，城內中部地勢較低窪，曾有一眼水井，後來在深翻地時填掉了，並且傳說這裡是金代的養馬場，有甬道通往前郭縣境內的塔虎

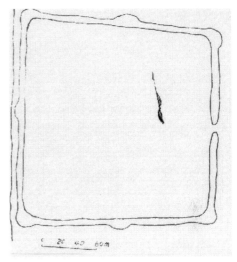

▲ 為字井古城平面圖

城，經一九八〇年文物考察勘測，這是一條渠道，通往查干湖。

根據遺物和古城的形制分析，此城當首建於遼代，金代仍被延用，作為猛安謀克的屯駐地，是這一帶政治、經濟，軍事、文化的中心。

一九六〇年全縣文物普查時，因此城在為字井西北一點五千米處，離古城最近，故定名為「為字井古城」。一九六三年，處於古城西南二點五千米處的霜字井因地勢較窪，遷於古城南建屯，所以，現在霜字井離古城最近，但因為與一九六〇年普查時的資料相吻合，不造成資料上的混亂，仍稱為「為字井古城」。二〇一四年二月一日，被評為省級文物保護單位。

有字井古城

遺址位於讓字鄉有字村東有字井屯東南約五百米處，有一個面積約為三十平方公里的橢圓形水泡，泡水呈鹼性。古城坐落在水泡的西南岸邊，西北距東有字井屯一千五百米。

▲ 讓字鄉有字井古城遺址

古城內大部分被墾為耕地，只有西部因條鄉道在城內南北穿過，而未被開墾。古城的南北兩側是狹長的草原，東西兩側是耕地。城北一千五百米處有乾安至前郭爾羅斯蒙古自治縣的公路東西穿過。

古城平面呈梯形，城牆為夯土板築，現殘高約一米，底寬約十五米。

東西牆均長約一百五十米，殘高〇點五米至一米，北城牆長一一〇米，殘高〇點五米至一米，南牆長一百五十米，殘高〇點五米至一米。周長五六〇米。城向北偏西 15°。南城牆的西部，距西牆三十五米處，闢一城門，門寬十米。四角築有角樓。除南牆外，其餘三面牆上各設馬面兩個。無甕城和護城河跡象。城內由於多年耕種，其他的建築遺跡已看不清楚，只散布有大量的灰色陶片、瓷片等。陶片為灰色，細泥質地，輪製。少數陶片還飾有壓印輪齒紋和附加堆紋。陶器口沿有兩種形式，一種是大卷口式，另一種為平折式。瓷片可分為粗瓷和細瓷兩種，細瓷片均施黃白色釉，釉面上帶有細碎的開片紋。粗瓷片多施醬色釉和黃綠色釉。古城內還出土一件雞腿壇底的殘部。

從古城的形制和出土器物觀察，為遼金時期所築。

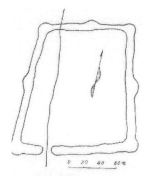

▲ 為字井古城平面圖

陽字古城

遺址位於水字鎮陽字村北沿，東臨乾安通往安廣等地長白中線公路，北部和西部均為耕地。陽字古城即福德全燒鍋院。

福德全燒鍋是蒙古高麗蘇公王爺在西元一九〇八年建造，並委託王洪昌經營。福德全燒鍋這個地方曾經叫哈拉海坨子，人們俗稱火龍燒鍋。燒鍋院建築為長方形，南北長約六百米，東西寬約二百米，城牆是黃土夯成，牆高約三米，牆寬一米。燒鍋院只闢一寬約四米的南大門。城牆外邊均挖有護城壕溝，壕溝深約二米，寬三米。院落四角建有四個砲臺，東牆中央建有東腰砲臺，西牆中央建有西腰砲臺。院落分為南北兩部分。北部植樹，樹前壘一道隔離牆。牆南偏東為住宅，住宅牆均用青磚所建。王爺的住宅地面是用青瓷磚鋪設地面，顯示出其身分的高貴。院內有酒坊、油坊。東腰砲臺前建有一個胡仙堂，院內有一口水井。院內大門兩側用的是一對石門枕，枕面上分別雕刻龍和鳳。

古城遺址遺留有保存完好的青瓷、地板塊、青磚、古錢、石磨盤、石碾子，還有那對兒刻著龍鳳的石門枕等。城內有多處住宅遺址，有多處炭化草本灰層，約三十釐米。城內分布有大量青磚殘塊、瓦片、銅錢等，特別是很有代表性的青花白釉瓷片，隨處可見。

▲ 陽字井古城遺址

西玉字井西崗遺址

　　遺址位於水字鎮玉字村西玉字井屯西約二公里的沙崗中部的南坡。沙崗略呈東西走向，長近一千五百米，寬約五百米，高約八米左右。沙崗北坡陡立，南坡平緩，崗頂地勢平坦，已全部被墾為耕地。沙崗的北側一百五十米處是一片面積較大的低窪沼澤地，東、南、西三面是大面積良田。遺址內散布有大量的陶片、獸骨、蚌殼、細石器等。分布範圍東西二百米，南北三百米。遺址內出土的陶器均為殘破的碎片，皆手製，大多素面無紋，質地夾沙，有些屬有蚌殼粉。顏色為赭色、黃褐色、灰色和赤黃色四種。

　　帶紋飾的陶片只有黃褐和赤黃兩種顏色。其紋飾是用刻畫的較粗的線條組成的幾何形圖案和用戳坑組成的圖案。其中有一件陶器的殘片，原物應為圓形，中部有一殘孔，半徑一點一釐米，厚〇點八釐米，緣上有壓印的小豁口紋。兩面均是用戳坑組成的射線，射線以圓心為中心，向外散射，為陶紡輪的殘部。此外還出土有小型的瘤狀陶器耳和平直陶器底殘部。

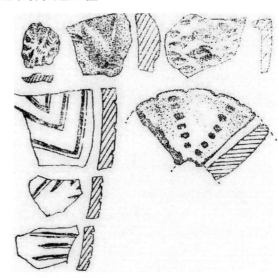

▲ 西玉字井西崗遺址出土的器物圖片

　　石器出土極少，而且成形的又不多，只有一件石英石刮削器，餘皆為加工細石器時剩下的殘塊或殘片。

　　從出土的文物看，應屬新石器時代的文化遺存。

大師西北崗遺址

遺址位於水字鎮大師字村大師字井屯西北五百米處的一條呈南北走向，長約六公里，寬約三百米，高出地表二米至四米的沙崗北部。沙崗的西坡腳下是花敖泡子，崗上有稀疏的小榆樹和幾座不知年代的墳墓。崗東是耕地，在崗上有當地群眾取土時挖的土坑，坑中及坑周圍的地表裸露著少量的陶片、石器、獸骨等。分布範圍東西約二十米，南北約四十米。

▲ 大師西北崗遺址出土的細石器圖片

遺址中出土的陶片均素面無紋，少部分陶片上帶孔。質地夾沙，有部分陶片含沙量不僅高而且沙粒也比較粗大。還有些陶片屬有蚌殼粉。火候較低，手製。一般來說，屬蚌殼粉的陶片呈黃褐或灰褐色，夾粗沙的陶片呈紅色或赭色。

遺址內還出土三件石器。一件是石鏃，一件是黑曜石質地的弧刃形刮削器。還有一件石器，由於殘斷，器形不明，殘器的形狀類似於柳樹的葉，把尖去掉一部分，底微凹，底寬一點一五釐米，殘長二點三五釐米。兩側的刃部比較鋒利，為青灰色的沉積岩磨製而成。從出土的文物看，屬青銅時代。

乃字井東崗遺址

遺址位於道字鄉乃字村乃字井屯東南三百米處的沙崗上。沙崗呈東西走向，高約二點五米，南坡腳下是道字泡子。東約六十米處有兩間民房，西、北兩側是大片的耕地。遺址內暴露有陶片、石器、蚌殼、獸骨等。分布範圍東西六十米，南北三十米。

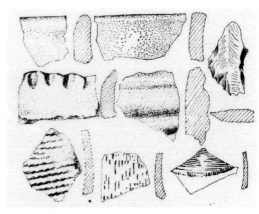

▲ 乃字井東崗遺址出土的陶片圖片

遺址內出土的陶片有手製和輪製兩種。

手製陶數量多，火候低，質地夾沙，個別的陶片內含沙特別多，而且沙粒也比較大，素面無紋的陶片占有絕大部分。少量的飾有繩紋、指甲紋和用附加泥條組成的弦紋。出土陶器口沿有直口圓唇和直口平唇兩種。

輪製陶數量較少。細泥質地，呈灰色，素面陶片亦占多數，少數陶片上有紋飾。有的飾劃印的長、短道相間排列的紋飾，還有的陶片上是劃印平行長道紋和壓印梳齒紋並施。

遺址中還出三件石器。一件是石磨盤的殘部，呈青灰色，花崗岩質。一件呈灰色，沉積岩質地。由於殘斷，器形不明，殘破的石器平面略呈長方形，兩面均內凹，一面比較粗糙，另一面極其光滑，推測可能是磨製石器或骨器的工具。還有一件是石英石質的石鑽，尖部殘斷，殘長三釐米。

從出土的文物推斷，該遺址應是青銅時代的文化遺存。遼金時期也曾有人在此活動過。

西露字井東北崗遺址

遺址位於讓字鎮西露字村西露字井屯東北七百五十米處的一條呈南北走向、長約二點五公里、寬約一公里、高約十米，略呈彎月狀的沙崗南坡，範圍東西長七百五十米，南北寬五百米，崗的西坡腳下有一個大水泡子，崗頂有一條隨崗勢延伸的林帶。崗東坡及坡下為耕地，遺址內散布有少量的蚌殼、獸骨、細石器、瓷器和大量的陶片。

遺址中出土的陶片有手製和輪製兩種。手製陶呈黃褐色，夾沙屬蚌粉質地，火候低，質地鬆脆。其中一件灰色板狀陶器耳，體型較大，長九釐米，寬三點七釐米，一側的中部有一凹坑。

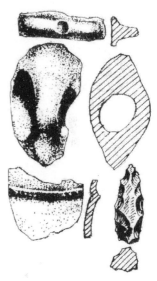

▲ 西露字井東北崗遺址出土
的器物圖片

輪製陶為灰色，少部分力赤黃色，素面無紋的較多，少量的附加堆紋和梳齒紋。另外還有扁泥條環耳和平直的陶器底殘部。

石器以細石器為主，有磨製石斧和尖狀器等。其中有一件尖狀器為燧石質地，灰綠色，呈鳥喙狀，尖部微殘，殘長二點五釐米。還有一件赭色花崗岩石磨盤殘部。

此外還出土有黃白釉瓷片，青花瓷片等。

在遺址北五十米處還發現一單人墓葬。骨架裸露在外，頭北腿南，無隨葬品，可能是一座年代較早的土坑豎穴墓。

從出土的文物看，為遼金時代和青銅時代遺物並存遺址。至於青花瓷片等乃是清代的遺物。說明清代也曾有人在此居住。該遺址同時存在著三個不同時代的文物，這是比較少見的。應加以妥善的保護。

學字井西南古墓群

　　墓群位於所字鎮所字村學字井屯西南約四百米處大布蘇湖東岸的二級台地上。由於植被遭到破壞，多年的雨水沖刷，水土流失嚴重，使得湖岸邊形成了千溝萬壑，土柱林立的景象。就在這些被雨水沖刷的土柱土嶺之上裸露著大量零散的人骨架、馬牙、銅器、石器和陶器殘片。有些人骨被銅鏽染成綠色，分布範圍東西約五十米，南北約一百米。出土的陶器均為手製，多數為紅褐色，少部分呈褐色。質地夾沙，多數含沙量較多，沙粒也比較大。最大的沙粒直徑

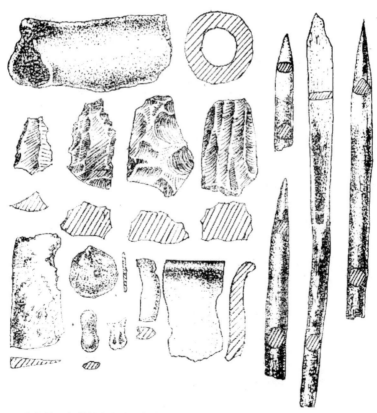

▲ 學字井西南墓葬出土的器物圖片

達〇點三釐米。所有陶片上均無紋飾。出土的陶器口沿為敞口圓唇。墓葬址中還出土一件殘斷的豆柄，夾粗沙質地，呈紅褐色，空心。由於燒製時火候不均，表面上有褐色的斑塊。殘長八點二釐米，一端外徑四點三釐米，內徑三點二釐米，另一端外直徑三點九釐米，內直徑二釐米。

出土的石器共四件，其中弧刃形刮削器兩件，一件為黃白色，另一件茶綠色，燧石加工而成。尖狀器一件，燧石質，灰綠色，尖尾部均殘，殘長一點五釐米，一面較平，另一面起脊。石核一件，呈紅瑪瑙色，高二點三釐米，檯面平整，剝痕清晰，燧石質地。

銅器十二件，圓形銅飾一件，鏽蝕嚴重，直徑一點三釐米，厚〇點一釐米。中間還有一個直徑為〇點一五釐米的圓孔；亞腰形銅飾兩件，一件殘，另一件完整，但鏽蝕嚴重，略呈「8」字形，中部有豎向隔梁，銅刀一件，殘，一側有刃，殘長三釐米，寬一點二五釐米，刀背寬〇點二釐米。其餘八件，由於殘破程度較大，加之鏽蝕嚴重，器形不明。

還出土一件綠松石墜飾，已殘。高一點六釐米，殘寬〇點五釐米，中部厚〇點四釐米，在墜飾的中部穿一圓孔。

墓葬由於破壞嚴重已無法查明形制、結構、葬式、葬俗等情況，推測是無棺無槨的土坑豎穴墓。

從出土的器物看，時間應在青銅時代早期。

漁場古窯址

在余字鄉張字村後張字井屯北五百米處，有一個東西長一千五百米，南北寬五百米的沼澤地，低於周圍地面約五米。早年余成人民公社曾在這裡建立養魚場，並在沼澤北沿台地上建起兩棟房屋，因此群眾都稱這裡為「漁場」。

在漁場房屋南部的坡地和沼澤地北部邊緣上，分布有大量青灰色輪製細泥質陶片。陶片紋飾種類很多，主要有壓印輪齒紋，劃印短道紋等。可辨出器形，均有敞口尖唇罐、圓唇半卷口盆、大圓口罐、平底直腹罐等。也有少量的暗紅色陶器殘片，有的還帶有壓印輪齒紋和乳丁紋。遺物分布範圍東西長約一千米，南北寬約二百米。以漁場場部前更為集中。在場部房舍的東南約一百米處，有四座東西排列的窯坑清晰可見，內有大量陶片和灰燼。建漁場時平過一次，近年來為植樹造林，又用拖拉機耙壓，窯坑跡像已經不甚清楚，但能明顯看出有四個低窪處，土質顏色和周圍不同，在窯坑北部崗地上還採集到燒焦的青磚和遼白瓷片、黃白釉瓷碗的圈足、布紋瓦等遺物。

從上述遺物和跡象可以看出這裡是遼金時期的陶器燒造遺址，為研究這一帶當時人類生產生活狀況提供了寶貴的實物資料。

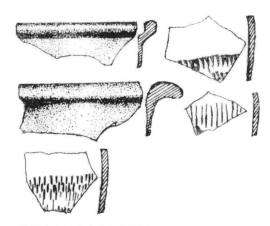

▲ 漁場古窯址出土的陶片圖片

中入字井古窯址

所字鎮中入字村中入字井屯坐落在大布蘇湖東岸，距岸邊約三百米。湖的東岸邊就是當地有名的「狼牙壩」。在屯西北七百米處，「狼牙壩」的西側，地表散布有大量的窯渣、陶器殘片以及殘破不整的瓷器，還有少量的細石器。此外，遺存內還有九個直徑約為十米，高約〇點五米的

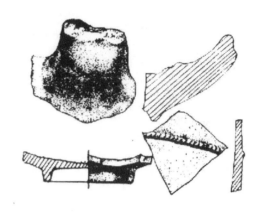

▲ 中入字井古遺址出土的器物圖片

圓土包，土包上有大量的燒土塊、陶瓷器殘片，尤以瓷片居多。推斷這些小土包應是陶瓷窯的舊址。由於沒有進行清理，故窯的形狀、結構不詳。

遺存中出土的陶片為輪製，細泥質地，呈灰色或青灰色。多數表面無紋，少數陶片上飾有壓印梳齒紋、劃印梳齒紋和帶豁口的附加堆紋。

陶器口沿有三種，均屬卷沿式，只有大小不同。瓷片多是碗的圈足和口沿部，施黃白色釉。有些瓷器片上有較大開片紋。

另外，遺存中還出土一件手製的紅褐色夾粗沙質地扁泥條環形陶器耳和四件燧石質的弧刃形刮削器。

據遺跡遺物推斷，屬遼金時期的窯址。少量手製陶器殘部和石器的出土，表明了早在青銅時代，這裡就曾有過人類活動。

嚴字井西北崗遺址

　　嚴字鄉嚴字村嚴字井屯西北一公里處，有一水面寬闊的水泡。遺址就位於水泡東南岸二級台地的耕地之中。遺址東側是大片的樹林，南、北均為耕地。西側是水泡的一級台地，亦被墾為耕地。遺址內散布有大量的陶片、瓷片、鐵器殘部和鏽蝕嚴重、殘破不整、字跡不能辨認的銅錢、銅飾件、布紋瓦殘塊及

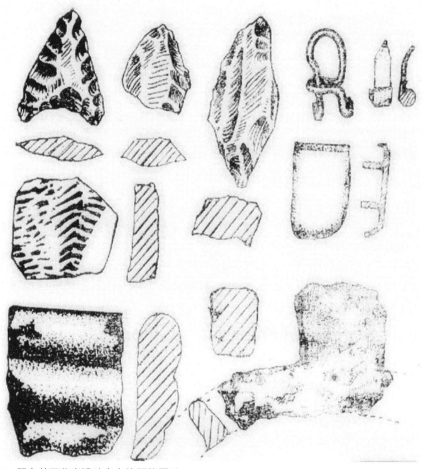

▲ 嚴字井西北崗遺址出土的器物圖片

少量的細石器和馬牙等。分布範圍為東西三百米，南北二百米。

出土的陶片有手製和輪製兩種。輪製陶片數量多，細泥質地，火候高，質地堅硬。陶片的顏色有紅、灰、褐、黃褐色四種。多數素面無紋，少數陶片上飾有梳齒紋，壓印短道紋、壓印小菱形紋和小三角形紋。還有壓印的長、短道相間排列的紋飾。有些陶片上還有小圓孔。

手製陶數量少，質地夾沙，個別的還摻有蚌殼粉。絕大多數素面，少數陶片上飾有刻畫紋和用橫斷面呈月牙形的附加泥條組成的弦紋。

瓷片從釉色上可分為四種：一種施黃白色釉；一種施灰白色釉；一種施醬色釉；還有一種施黃、綠、白三彩的瓷片。施黃白色釉和灰白色釉的瓷片均帶有細碎小開片。有的醬色瓷片上還飾有附加堆紋。

石器僅採集到三件，均為燧石質地。一件是石鏃，黑色，呈三角形、凹底、尾翼較突出，長二點三釐米，底寬一點七釐米。壓琢而成。另一件是石核，赭色，呈楔形，長三點五釐米。還有一件是刮削器，弧刃型，器身大部分地方為黃色，小部分地方呈褐色。

鐵器由於鏽蝕嚴重，大多不能辨認器形。只有一件可以看出是車轄的殘部。

銅器採集到四件。有一件戒指和一件耳環均為殘部。另外兩件，一件是帶卡，另一件是鑲嵌在其他物品上的起裝飾作用的飾件。

從出土的文物分析，遺址應為遼金時期較大型的居住址。少量的手製陶片及青銅器的存在，說明早在青銅時代，就已經有人在此活動了。

學字井遺址

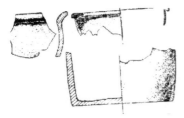

▲ 學字井遺址出土的陶片圖片

遺址位於所字鎮所字村學字井屯，坐落在大布蘇湖的東岸，距岸邊約五百米。屯南五十米處有一東西向的溝壑，長約三百米，寬五十米至六十米不等，深十五米左右。為多年雨水沖刷而成。溝壑的西端與大布蘇湖相通。溝底及溝的兩側，已被墾為耕地或栽上樹木。屯東約六十米處又有一條南北向的溝壑，長約二百米，寬三十米至五十米，深約十米。溝的北端與東西向的溝壑相連，亦為雨水沖刷而成。屯北五百米內是荒草地，以外是耕地。

整個屯內及屯的四周三十米內到處散布有青磚殘塊，醬釉粗瓷片，黃白釉瓷片，陶器殘片以及少量的細石器。在遺址的西南部還有面積為二平方米的紅燒土遺跡。整個遺址範圍東西七百五十米，南北四百米。遺址內出土的陶片，絕大部分為輪製，呈灰色或青灰色，大部分素面無紋，少量的飾有梳齒紋，壓印三角形紋和壓印輪齒紋，還有的飾有繩花狀附加堆紋。

▲ 學字井遺址出土的器物圖片

從陶器殘片推斷，屬盆、罐類器物。遺址內還出土有少量的紅褐色素面夾沙手製陶片和燧石質的弧刃形刮削器。另外還出土一件銅器，已殘破，平面呈長方形，殘長二點一釐米，一端寬〇點六五釐米，另一端寬〇點七釐米，厚〇點一釐米，屬銅釧的殘部。

根據遺物推斷，屬遼金時期較大型的村落遺址。其中少量的手製陶片、細石器和銅器的存在說明早在青銅時代，就已經有人類在此活動了。

操字井南崗遺址

仙字鄉（現為所字鎮）操字井屯南約一點五公里處，有一條東西走向的沙崗。沙崗長約七點五公里，寬一百米至四百米不等，高五米左右。崗頂之上地勢比較平坦，長滿了荒草和野生的榆樹叢。南坡有一條隨著崗勢延伸的林帶，並有少量的耕地混雜其間。崗北及崗的北坡是耕地。崗南是大面積的草原和沼澤地，其間有少量的耕地。

在沙崗西部的南坡，操字井屯正南一點五公里處，地表被季風剝蝕成一個南北長近一百米，東西寬約八十米，深約二米的沙坑。沙坑西側約五米處，有一條寬十米的由操字井屯通往本鄉西物字井屯的南北向鄉道。當地群眾又稱為「趕牛道」。整個大沙坑內，散布有大量的蚌殼、魚骨、禽骨和小動物的骨骸，有一些骨骸能明顯地看出是被火燒過。此外還有大量的陶器殘片和少量的細石器。

陶片均為手製，火候較低，呈黃褐色、灰褐色和赤黃色。質地夾沙，少數陶片上飾有繩紋、弦紋和堆紋。

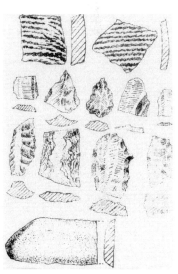

▲ 操字井南崗遺址出土的器物圖片

陶器口沿只有斂口圓唇一種。有的在沿下一釐米處施一道環帶堆紋。遺址內出土的石器，多係打製石器時所剩的殘塊和石葉。成形的石器只有長條雙脊刮削器，弧刃形刮削器和石鑽三種，為燧石和英石壓琢而成。

另外，還出土一件石灰岩質地的鶴嘴鋤殘部。

從出土的文物分析，屬青銅時代的文化遺存。

後潔字井東北崗遺址

贊字鄉潔字村後潔字井屯東北約一千五百米處，有一條大體上呈東西走向的沙崗，長約七百五十米，寬五百米左右，高出地表二米至四米。崗的南北兩側除少量的耕地外，其餘均為草原和沼澤地。崗東北六公里處，是水面盈闊的花敖泡子，崗南一公里有一個水域面積為三平方公里左右的小水泡子。乾安至通榆縣的柏油公路在崗的北半部穿過。崗上大部分地方為耕地，一部分地方植樹木，還有一部分地方未被開墾，長滿荒草。

在沙崗中部的耕地中發現有大量的陶器殘片，散布在耕土層中。分布範圍東西八十米，南北二百五十米。遺址中出土的陶片，以灰色輪製陶片為多，手製的黃褐色陶片所占的比例極小，只有百分之十左右。輪製陶為細泥質地，火候高，大多素

▲ 後潔字井東北崗遺址出土的陶片圖片

面無紋。少量陶片上飾有梳齒紋、壓印輪齒紋和壓印小菱形塊紋。陶片的紋飾有的施飾比較規整，有的則比較凌亂。

手製陶為夾沙質地，火候較低，多數為素面。少量的飾有戳坑紋和用橫斷面呈半圓形的附加泥條組成的弦紋。

另外遺址中還出土兩件手製的陶器口沿殘部。一件為直口圓唇，另一件為微斂口圓唇。屬罐、壺類器物的口沿。

從出土文物的特徵看，這裡應是一處遼金時期較大型的村落遺址。少量手製陶片的存在。應該是青銅時代人類活動的遺跡。

辰字井東南崗古建築遺址

建築遺址位於余字鄉辰字村辰字井屯東南四百米處的一座東西走向的漫崗西部。其東部、西部、北部都是耕地，南部一百米處是一座與查干泡水流相連接的大水泡，因水泡較大，使北沿形成了高出水面五米至六米的台地。在台地邊緣有一條東西向的鄉間大路。建築址東部緊鄰辰字井屯東南崗遺址，佔地範圍東西約二十米，南北約十米。

因建築遺址地勢較高，十幾年前在遺址上打了一眼電機井，並建起一間機井房。現在建築址已經不甚清楚，據現場調查和當地耆老介紹，這座建築物規模較大。現在四周布滿青磚、布紋瓦和少量的獸面瓦當，花紋簷瓦及鴟吻殘部等。青磚火候高，質地堅硬，長三十八釐米，寬十八釐米，厚五點五釐米。布紋瓦有厚薄和大小之分。燒造得很堅實。早年曾在建築址中出土過鐵鐘殘塊、銅錢和石磨。鐵鐘上鑄有文字，可惜現已一片無存，兩石磨出土時有一扇碎裂，另一扇後來也被砸破，現僅存一殘部，約四分之一。

▲ 辰字井東南崗建築遺址出土的器物圖片

根據建築物件和基址內出土的黃白釉瓷片、甕片看，當為遼、金時期的建築物。鐵鐘的出現，能否說明這是一處寺廟建築，尚待進一步考察和研究。

大化農場古建築遺址

建築遺址位於大布蘇湖北岸的二級台地上，東十米是大布蘇化工廠的農場。遺址北和西北兩側為耕地，西十米處是樹林，南是大布蘇湖的一級台地，現為草原和沼澤地。東北五十米處是個大院，北一百五十米是大布蘇鎮（現為大布蘇工業園區）。

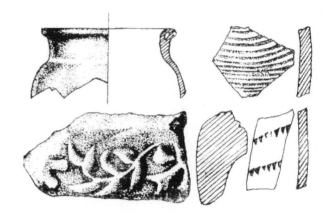

▲ 大化農場古建築遺址出土的器物圖片

遺址內散布有大量的布紋瓦殘片、青磚殘塊、陶片、綠釉粗瓷片等。分布範圍東西五十米，南北四十米。遺址中出土的陶片呈灰色，火候高，細泥質地，輪製。多數陶片上飾有刻畫的長道和壓印的小三角形紋。

另外，還採集到一件敞口圓唇直頸的陶罐口沿，一件飾花紋的簷瓦殘部及一件平直陶器底的殘部。

三王堆遺址

在余字鄉天字村附天字井屯西北五百米處，有一座直徑約為一百米、高出地表約三米的圓形土堆。它位於乾安縣、大安市、前郭爾羅斯自治縣三縣交界地。此崗直徑雖然僅有百米，卻是乾安，大安、前郭三縣的土地。土堆南五百米處的村莊，東半部是附天字井，歸乾安縣管轄，西半部是劉家圍子，歸大安市管轄，東北五百米處是查干湖的西端，歸前郭縣管轄。西北一千米有通（通遼）——讓（讓湖路）線鐵路西南、東北向通過。

這座普通小土包之所以受到人們的重視，遠近聞名，其原因是在清代晚期，乾安、大安、前郭三縣雖然都屬於科爾沁草原，但卻分屬於高麗蘇、加勒吐和扎薩克圖三個王公管轄。以前，由於人煙稀少，這裡幾乎無人問津。隨著滿清「移民實邊」政策的實施，科爾沁草原就成了人們關注的生產活動場所。因此，在三個王公屬地交界處，便不斷發生糾紛。為了解決這些問題，三個王公共同勘查劃定界線，這座土堆便成了草原沼澤中分界的標誌，以土堆上一個人工土堆為中心（上埋有書寫文字的油浸木柱）分別向三個方向開挖一條直溝，三縣的分界線便在這三條用溝標出的射線的延長線上。所以，當時人們把這座土堆稱為「三王堆」。現在三縣的界線大體還是按當年劃定的界線來劃分的。「三王堆」也就成了這一帶的歷史遺跡。在乾安縣與大安、前郭縣的分界線上還有「三王泡」，「三王溝」等地方，它們的由來和三王堆是一樣的。

井字方歷史文化遺跡

　　乾安縣境內，一萬多年前舊石器時期早期的遺存兩處。即所字鎮學字井東南遺址、所字鎮的小命字井西南遺址。從兩處遺址中散布有青磚殘塊、瓷片、陶器殘片以及少量的細石器。

　　乾安縣境內，七千年前新石器時期早期的遺存三處。即蘭字鄉傳字井遺址、水字鎮的大師字井和西玉字井兩處遺址。從三處遺址中出土的文物來看，遺址中均散布有大量的蚌殼、魚骨、小獸骨和陶器殘片等遺物。陶片均為手製，火候低，以黃褐、紅褐、和灰褐為主，質地可分為沙質陶、泥質夾陶和泥質夾沙屬蚌粉陶三種。其中沙質陶的表面一般都帶有紋飾，而其餘兩種質地的殘片上則絕大多數為素面。陶片上的紋飾有刻畫的「之」字紋、幾何紋、波浪紋，壓印的棗核形凹坑紋，淺凹槽幾何紋、弦紋、輪齒紋等，還有附孔。遺址中還發現有平唇、尖唇和圓唇的敞口、直口和斂口器的殘部及內凹陶器底，淺袋或錐狀陶鬲足和陶紡輪的殘部等。這類遺址中的石器和石箭鏃三種，為燧石、石英石和瑪瑙石加工而成。

　　從遺址中出土的「之」字紋陶片來看，與遼寧新樂文化和內蒙古赤峰的紅山文化有一定的連繫，但就其他方面看，又有很大區別。同北部的昂昂溪文化，也沒有明顯的相似之處。這反映出乾安縣境內的新石器時期遺存的文化面貌有著自己的獨特風格。

▲ 新石器時期的石錛

▲ 新石器時期的骨柄玉刀

▲ 卷沿鼓腹陶壺圖片

▲ 敞口長頸陶壺圖片

▲ 雙耳陶缽圖片

▲ 黑釉雙耳瓷壺圖片

乾安縣的青銅時代文化遺存共有三十九處同一時期的墓群。這些遺存均分布在泡泊岸邊的二級台地上或是向陽的崗坡上,遍布全縣各地。這說明在距今兩千到三千年的時間裡,乾安大地上人口比舊石器時期和新石器時期要多了些。這類遺址中,一般都散有魚骨,蚌殼,小獸骨等。這一時期的陶器絕大多數沒有紋飾,只有少數陶片上飾有繩紋、篦點幾何紋、網格紋、圓點幾何紋和附加堆紋。質地有沙質陶、泥質夾沙和細泥夾沙屬蚌粉陶三種,亦為手製,顏色以紅褐色和黃褐色為主,一般說來紅褐色的為沙質陶,黃褐色的為夾沙或屬蚌粉陶。從堅硬程度上看,沙質陶要比其他兩種質地的硬得多,這到底是火候問題還是質料問題,還有待於進一步研究。這一時期的器形有壺、雙耳罐和空心柄豆等。這個時期的骨器也比較發達,有骨錐、骨針、骨鏃等。石器以細石器為主,器形有長條單刮削器,弧刀形喬削器,石鏃,尖狀器等,為石英石,燧石,黑曜石壓琢而成。此外,還有磨盤、磨棒、鶴嘴鋤,舌形石犁,有石鎬和石斧等農業生產工具。這反映出當時的農業生產技術水平同新石器時代相比有了很大程度的提高,但是遺址中大量的魚骨、蚌殼和小獸骨的存在,以及切割獸肉、皮張的各種樣式刮削器的存在,還有石鏃等,都充分說明了狩獵在當

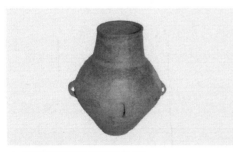
▲ 青銅時期的四繫紅衣陶罐

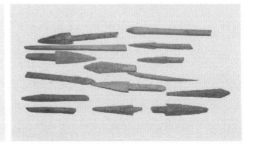
▲ 青銅時期的骨箭頭

時社會經濟中還占著重要的地位。

　　散布在大布蘇湖東岸「狼牙壩」泥林之中的兩處墓群和散布在武家泡東岸二級台地上的一處墓群，有墓葬數十座。這些墓葬為典型的青銅時代墓葬。由於多年的風剝雨蝕，三個墓群均被嚴重破壞。所以葬式、葬俗等情況不明，推斷屬於無槨無棺的土坑豎穴墓。在狼牙壩的墓群中出土有骨錐，小件銅飾物和大量的紅褐色沙質素面陶片，並有馬牙、馬骨，同人骨骼堆放在一起，這是一個值得注意的現象。

　　乾安縣境內的青銅時代遺存的文化面貌，從出土的文物看，同大安市漢書文化有相似之處，如篦點幾何紋陶片，粗繩紋陶片，雞冠狀陶器耳等，都具有明顯的漢書文化特點，但相同之處不是很多。

▲ 遼、金時期的海獸葡萄銅鏡　　▲ 元明時期雙鳳紋銅鏡　　▲ 金代童子蓮花銅鏡

　　從陶器的質地上說，漢書類型的陶質多為細泥夾沙陶，少數是細泥陶，而乾安的青銅文化遺存中的陶器，卻不見細泥陶，而大多數為沙質陶，並且沙粒也比較大。

　　從紋飾上講，漢書類型中的彩陶和狼牙壩墓群中出土的圓點幾何紋陶片雖有相同之處，但也有區別。漢書類型的陶器上多帶有紋飾，這一點，有人把它稱為吉林省西部青銅文化遺存的特殊性。而乾安的各青銅文化遺存中的陶器上卻少有紋飾，以素面陶器居多。

　　再從器形上看，兩者的區別更大。漢書類型中的單耳陶杯，深袋式陶鬲，陶器座，橢圓形一面帶有「×」形凹槽的陶質大網墜等，在乾安的各青銅文化

▲ 遼、金時期的瓦當

▲ 遼、金時期的六耳銅鍋

遺存中均沒有發現。凡此種種，都反映出兩者之間的差別很大，這究竟是時間早晚的原因，還是地域上的差別所致，或是不同民族的文化？由於沒有進行科學的清理發掘，目前尚難定論。

遼、金時期的遺存目前共發現八十二處，其中有二十處遺址中同時並存青銅時代的遺物，遍布全縣各地。眾多的這類遺存說明了當時乾安大地上的人口、經濟和文化等諸方面都很繁盛了。

位於余字鄉境內的一條十五公里長的渠道，是這一時期人們興修水利和大自然進行鬥爭的例證，同時反映出當時的經濟和科技水平比較高。

坐落在乾安縣境內的遼金時期古城共有五座，周長最大者近一千米，小者周長在五百一十米至八百五十米之間，它們是讓字鄉有字井古城，余字鄉為字井古城，贊字鄉羔字井古城、蘭字鄉莫字井古城和道字鄉道字井古城。這些古城均建築在依崗面水之處，有的則是三面環水。選擇這樣的地勢築城，說明了上述古城在當時不僅是經濟文化的中心，而且在軍事上具有重要意義。

陶瓷器是人們生活中不可缺少的日用品。在乾安縣共發現兩處古窯址，一處在余字鄉境內，另一處在所字鄉境內。兩處窯址內，燒土遍地，殘灰和焦塊纍纍。陶瓷器殘片俯拾即是。從窯址中出土的布紋瓦，梳齒紋、壓印短道紋和附加堆紋陶片以及黃白釉瓷片來看，兩處遺址都具有典型的遼金時代特徵。位於余字鄉境內的漁場窯址中陶片比較多，位於所字鄉境內中入字井窯址中瓷片比較多，從這一點看，漁場窯址原來是以燒製陶器為主，中入字井窯址原來是以燒製瓷器為主。

遼金時期的墓葬（群）共發現十一處。可分為三種類型，一種是土坑墓，

▲ 長頸鼓腹陶壺圖片　　▲ 廣口鼓腹陶壺圖片　　▲ 坑點紋陶缽圖片　　▲ 雙耳鼓腹陶壺圖片

一種是甕棺墓，一種是磚室墓。磚室墓的形制，一般都是由墓道、墓門和墓室三部分構成，青磚錯縫砌築。墓道多是由兩道直壁的磚牆構成，墓門位於墓道和墓室的相接處，墓室一般為圓形，內有棺床，上半部起券。

元明兩代的遺跡目前還是個空白。這可能是元、明兩代居住在此地的蒙古族人過著游牧生活，很少留下遺跡的緣故。

清代晚期，清政府取消對東北的封禁令，採取「移民實邊」政策，大批關內移民來此墾殖定居，使這裡有了較迅速的發展。

清代的遺存共發現二十二處，其中包括兩座寺廟址和一處工程址。這類遺存主要分布在乾安縣東北部的余字鄉、讓字鎮和西南部的才字鄉、大布蘇鎮境內。遺址中一般都散布有較多的青花瓷片和灰色細泥質的素面陶片，屬清代晚期的遺物。

坐落在余字鄉天字村附天字井屯西北五百米處的「三王堆」，直徑約一百米，現高約三米，這處用人工堆築起來的大土堆是清代蒙古的三個王公劃分地界的標誌。

乾安縣的寺廟遺址，共發現三處。其中兩處為清代末期遺存，已成為廢墟，地表只存殘磚碎瓦和陶瓷器殘片。還有一處為民國時期的建築，已被破壞。

▲ 清代雙龍戲珠紫砂陶壺　　▲ 遼金時期的敞口鼓腹陶罐

泥林天下甲──乾安泥林國家地質公園

中國乾安泥林記

石林甲天下，泥林天下甲。

風雨雕刻，變幻莫測。日日月月添姿色，春夏秋冬又不同。晴日，壯哉組練從天來，人間有此堂堂陣；雨時，怒濤頃刻捲泥丸，十萬軍馬吼鳴瀑；霧中，四方迷惑共一色，水氣山煙人徘徊；風起，瑤池姐妹弄琴絃，笑撒脂粉漫塵寰；雪飄，神翁仙女齊橫笛，吹落瓊花到世間。二華里寬猛虎，十五華里長龍盤。仙人若知此勝景，何攀崑崙尋層城。

撰文　趙顯和

二〇〇〇年八月八日

泥林景區　在松嫩平原的西部，乾安縣的西南部，大布蘇湖的東岸，隱藏著神祕的大自然創作的藝術品，這就是國內唯一的以潛蝕地質地貌景觀──泥林為主的乾安泥林國家地質公園。

▲ 戴雲龍攝影作品《大美泥林》

▲ 乾安泥林國家地質公園

　　乾安泥林國家地質公園地質地貌豐富，生態類型多樣。有晚更新世古生物化石群，各種地形、地貌、河流等縮微景觀。碧波蕩漾的大布蘇湖，一望無際

▲ 攝影作品《泥林之春》

▲ 董聰攝影作品《黃土高坡》

▲ 張引攝影作品《自由女神》

▲ 王鐵剛攝影作品《金頂佛光》

的蘆葦蕩，都是典型的濕地泥淖沼澤景觀。

　　乾安泥林不僅有壯美的自然風光，還有深邃的民族文化和古老淳樸的風土人情。這個佔地一一二點九平方公里的地質公園能讓人醉於美酒佳餚，戀於民族風情，迷於自然風光，感動於人們的熱情好客。

　　泥林國家地質公園泥林景區位於公園的東部，面積七點五平方公里，是泥林國家地質公園的主要景區。景區內有重力作用地貌，地貌縮微景觀，流水地貌等，是泥林國家地質公園的核心區。它以罕見的地貌特徵聞名於世，被中國科學院、中國工程院院士劉東生命名為「乾安泥林」。

　　泥林景觀構成地質地貌等多種地質遺跡，自然生態良好，人文自然景觀豐富，是綜合性的地質公園。地質專家稱泥林為「假喀斯特」和「類喀斯特」地貌。

　　泥林俗稱狼牙壩，位於吉林省松原市乾安縣西部，距縣城三十五公里，西

▲ 王劍彪攝影作品《風雲際會》

臨大布蘇湖，北靠大布蘇鎮。狼牙壩原名叫「狼牙棒」，因為在古代的時候當地的人們都用一個叫狼牙棒的武器來抵禦外來部落的侵襲，而當時的狼牙壩又像那種武器，所以該地區就叫狼牙棒，後來被人們說著說著就變成了狼牙壩。

「狼牙壩」高出湖面五十米，南北長十五公里，面積為五十八平方公里，溝壑縱橫，疊巒起伏，數以萬計泥柱如林，連峰接嶺，土壁陡峭，形狀各異，陣陣寒氣逼人，大有幽谷深淵之感，猶如置身於原始公園之中。土柱泥林，其

▲ 戴雲龍攝影作品《相將暮歸》

形似鋸齒，狀如狼牙，脈脈相連，橫臥南北，故當地人稱為「狼牙壩」。來此觀光的人說：「南有石林，北有泥林。」

壩溝內流水潺潺，別有一番韻味沁心頭。在這裡可品嚐到冰泉裡的潔白冰塊，感受到北國寒冬的獨特風韻。還有自流泉井，水質清澈，含對人體有益的礦物質，能治多種疾病，可謂天然寶水，天下一絕。它以它獨特的自然風貌，吸引中外考古專家學者多次到此挖掘考證。前幾年還有駝鹿化石曾在「狼牙壩」出土，在白城地區博物館展出。國內外遊客記者也來此觀光，電影攝製組和電視台多次採拍外景。

這裡沒有高大的山區和茂密的森林，但處處都有山崖陡峭，奇峰聳立；泥林下常見小溪隨山勢曲折蜿蜒流淌著清澈的山泉，湧流不斷；泥林土坡上植被

▲ 趙洪宇攝影作品《泥林仲夏》

完整，雜草叢生，喬木生長旺盛，枝葉如蓋，加之泥林環抱，形成多姿多彩的自然風光，夏季滿谷翠綠，山花爛漫，百鳥爭鳴；在泥林深處，你可以盡情觀賞大自然美麗的景緻。

「狼牙壩」歷經數年風雨滄桑，但是，高大泥林景觀在漫長的歷史變遷中仍完好地保存下來，不失其故有的風采。中外考古學家發掘的十三種脊椎動物化石證明，這裡幾萬年前生存著大批猛獁象、披毛犀動物群。

「狼牙壩」奇花異草共生，湖中蘆葦蕩漾，乃是候鳥、野兔、狐狸、野狼、蛇等鳥獸出沒和繁衍棲息的地方。一九九四年三月，大布蘇「狼牙壩」被省政府批准為松原市大布蘇「狼牙壩」自然保護區。

聖泉景區 聖泉景區位於公園的東部，是泥林景區的一部分，它以獨特的

▲ 侯萬峰攝影作品《泥林晨霧》

▲ 趙洪宇攝影作品《泥林春歸》

自流上升泉而聞名，區內泉水清澈，水質甘甜，泉水含有大量的對人體有益的礦物質和微量元素，是江河入海的縮微景觀，在此可以看到江河的上、中、下游以及流入大海的整個過程的縮微景觀。

泥林潛蝕地貌的生成過程，體現了大自然的神奇，它以泥碟形地、泥蝶形窪地、泥落水洞、泥洞、泥溶溝、潛蝕沖溝、泥土橋、泥筍、串珠狀潛蝕漏斗、狼牙壩等地貌發育過程，展示了泥林潛蝕地貌特點。

大布蘇湖風光　大布蘇湖位於乾安縣西南四十公里處，在海拔一百五十米至一百六十米高的乾安高地南部，為封閉的構造斷陷湖。湖盆呈卵圓形輪廓，面積○點八一一八平方公里，其中水域三十七點五公里，鹽鹼地十點○二公里，餘者為蘆葦，沼澤，泥炭等濕地。湖盆陸域最低點為海拔一一九點二米，為松嫩平原最低點，是東北地區極為罕見的鹽湖，鹽鹼物質的儲量達五百七十萬噸。二○一四年三月，CCTV10 科教頻道《地理中國》欄目組來到乾安大布蘇湖採訪，乾安「怪湖」節目在央視播出。

大布蘇湖東岸有明顯的兩級階地。兩級階地標高為一百五十米，階地前沿高差為二十米。這個階地前沿黃土狀土，因被雨水沖刷切割形成了奇特的「狼牙壩」地貌景觀。

▲ 曲天達攝影作品《泥林淺秋》

▲ 攝影作品《自流泉》

　　學者認為，大布蘇湖是霍林河下游遺留下來的湖泊，湖中碧波蕩漾，四周水草茂密，棲息著大量野生動物，是狩獵、放牧的好地方，所以少數民族在這裡聚居和繁衍，後來由於江河改道，中斷水流，沙化加固，靠地表水徑流，從四周鹼地匯入很多鈉、鎂等礦物質，使淡水湖變成濃度較大的鹽鹼湖。

　　大布蘇湖盆的主要濕地沼澤類型有鹽沼、蘆葦沼澤、泥炭沼澤、黃穎莎草——苔草沼澤和角鹼蓬鹽沼、沼澤濕地、泥淖濕地和泥炭濕地等。不同類型的濕地沼澤在大布蘇湖及湖水周圍分布，對其保護的意義在於對研究中國乾旱地區濕地的形成與變遷，特別是對周圍幾大國家級濕地保護區（向海、莫莫格、查干湖）近代濕地生態環境的保護和利用具有十分重要的科學研究意義與價值。

▲ 攝影作品《大布蘇湖》

▲ 攝影作品《大布蘇湖初冬》

▲ 攝影作品《蘆葦蕩》

▲ 於曉威攝影作品《泥林春日》

　　大布蘇湖分布的濕地沼澤是一種特殊的濕地沼澤生態類型。這種濕地沼澤的發育與分布，使之成為鶴類、鷺類、雉雞類、鴨類等棲息、取食、繁殖與隱蔽的優良地，同時還是許多國家重點保護鳥類和東北亞地區候鳥的主要遷徙時取食地與停歇地，成為相對完整的鳥類遷徙通道，鳥類分屬十二目二十七科近二百九十六種。對其深入研究，可為中國東北西部濕地沼澤的生態環境保護和利用提供科學依據。由大氣降水和地下水混合補給的濕地沼澤在國內比較罕見，尤其該地形成的泥淖（「大醬缸」）是一種特殊的微地貌景觀和水文地質現象，進一步研究其形成特徵與分布規律十分必要，這對充實豐富濕地沼澤的形成理論有實際意義。

　　地質公園博物館　乾安縣泥林博物館在大布蘇國家級自然保護區內。原博物館為仿古四合院模式，佔地四千平方米，建築面積一千四百平方米。二〇一〇年在原有的基礎上開始擴建，新增面積六六八八平方米，將逐步增設化石展廳、鳥類展廳、化石坑、地質公園 4D 影院、民俗廳等。

　　大布蘇出土的古化石神奇而獨特，僅在不足一百平方米的洞穴中，就出土了既有在沙漠中生存的駱駝，又有在森林中奔跑的猛虎，還有在草原上生活的

披毛犀、猛獁象等古動物化石共十八種。博物館內展出泥林出土的晚更新世古生物化石十八屬十九種之多，有國內首次發現的原始牛化石，國內罕見的劍齒虎、鬣狗的完整頭骨化石。披毛犀、猛獁象等大型裝架化石以及大布蘇湖中遷徙的各種鳥類標本一百八十六種，約二百九十多件。

　　大布蘇泥林地質公園博物館集中了公園內自然景觀和地質遺跡的精華，融知識性、藝術性、娛樂性於一體，利用圖片、文字、模型、實物、影視及信息系統等多種形式，集中向遊人展示泥林地質地貌景觀和地質遺跡景觀，宣傳普及地質科學知識，並可進行休息娛樂，成為功能獨特的宣傳教育基地。

　　科教知識普及功能　大布蘇泥林地質公園博物館是地質科學知識普及教育的基地。通過通俗易懂的文字和簡潔明了的圖片，向觀者展示神祕的地球在四十六億年的演化中主要的地質作用類型及特點，成因與演化和地質遺跡的產物等廣泛地質科普知識。

　　集中展示功能　大布蘇泥林地質公園中主要地質遺跡按類型進行了分區展示，在大布蘇泥林地質公園博物館的門口，通過圖片和文字解釋的形式，向觀者介紹公園內主要內容的地質內涵、科學解釋及美學價值。

▲ 博物館原貌

▲ 擴建後的地質公園博物館設計圖

▲ 侯萬峰攝影作品《神秘》

▲ 攝影作品《欣欣向榮》

▲ 邵志軍攝影作品《泥林暮雪》

　　陳列功能　大布蘇泥林地質公園博物館主要陳列實物都是從民間蒐集上來的，有地質遺跡、人類文化遺跡、化石遺跡等實物標本，以增加觀者的感性認識。

　　現代化氣息的感知功能　大布蘇泥林地質公園博物館所使用的多媒體系統，能使觀者在館內感知到現代化的氣息。多媒體系統包括觸摸屏式計算機信息查詢系統、光盤資料演示播放系統等，設有專人管理和講解，上崗人員都是持證上崗的專業導遊人員，能讓觀者高興而來滿意而歸。

　　根據大布蘇泥林地質公園博物館的概念和功能要求，還劃分為五個功能區。

▲ 攝影作品《熱愛》

▲ 攝影作品《放牧》

▲ 攝影作品《探索》

▲ 新建的泥林山門

▲ 新建的泥林賓館

　　展示廳　集中展示反映大布蘇泥林地質公園主要特徵的圖片和文字，主要包括：大布蘇泥林地質公園的地理和社會環境概況；主要地質遺跡和地質景觀的介紹；所在區域地質演化歷史；公園的物種與人文景觀、地質景觀分布、瀏覽路線圖等。

　　陳列廳　在陳列廳內放置了大布蘇泥林地質公園的全景立體模型（沙盤）；具有一定價值和科學普及意義的地學研究成果圖件（如地質圖、衛星遙感解譯圖片）和科學文獻相親出版物；主要地質景觀成因的模型或示意圖；公園內或相關的地質遺跡實物標本等。

　　演示廳　大布蘇泥林地質公園博物館利用多媒體技術，充分展示大布蘇泥林地質公園的地質特點，最大限度地向觀者提供相關地質學知識和旅遊信息資料。演示廳還提供：基於 GIS 的地質公園信息系統（含地質遺跡和各景觀的空間數據庫和屬性數據庫、三維動畫演示以及信息查詢系統等）；地質公園光盤的播放演示系統等。

▲ 攝影作品《冰雪之魅》

▲ 攝影作品《湖畔狼牙》

▲ 攝影作品《獨樹一幟》

▲ 王德斌攝影作品《金色牧區》

乾安第一園──乾安公園

乾安公園始建於二〇〇一年，佔地六點五萬平方米。二〇〇七年，縣委、縣政府又投資了一千餘萬元，將公園北側的十一點五萬平方米土地也擴入到原來的公園內，使得現在公園的總體面積達到了十八萬平方米。主要建設項目有佔地一千八百平方米的噴泉廣場、八千平方米的水上樂園、二千平方米的假山瀑布、二千平方米的健身遊戲場及四千平方米的兒童樂園等，綠化面積七點七萬平方米。

隨著公園的基礎設施及園林化建設不斷完善，來公園健身、休閒、娛樂成為廣大市民重要的生活內容，每天都會有數千居民來這裡晨練、觀賞、遊玩。

▲ 乾安公園景點

▲ 乾安公園景點

二〇〇九年，有關部門又對公園進行了精心設計，規劃出健身區、遊玩區、觀賞區等幾大區域，極大地滿足了廣大群眾的不同需求。乾安公園有大小遊覽景點十餘個，音樂噴泉廣場、假山及高山流水、荷花池、游泳池、健身遊戲場、景觀燈、景觀橋、草坪、動植物雕塑、芍藥園、蒼勁挺拔的古榆，把公園點綴得如一幅天然的畫卷。別具一格的建築亭閣和高低起伏的花草樹木交相輝映，五種顏色草裝飾園中雕塑的大象、企鵝、孔雀、斑馬、牛，像披著五彩繽紛的衣裝，栩栩如生。

▲ 乾安公園景點

▲ 戴雲龍攝影作品

▲ 乾安公園景點

金生麗水惠眾生──麗水文化公園

麗水文化公園賦

　　松江側畔，井方之中。兩載椽筆開闔，化污淖而為勝境；一朝佳園落就，領新城而引和風。名得麗水，祈黎民之富庶；格含古韻，順人文之昌隆。增景觀以彰建設之志，絕水患而兼治理之功。聚賞遊樂，常喧盛世簫鼓；閒步幽思，又添淡泊情衷。

　　林木錯落，不失雅緻；亭榭勾連，盡顯風流。長帆雲掛而取勢，煙波軒然而懷柔。眾區相間，深具功能齊備之妙；一島孤懸，立顯品位層出之優。丘壑綿延縱橫，似豪士直抒胸臆；景點交疊掩映，若佳人漫斂嬌羞。樓閣起於島嶼，祥和繞於汀州。五級之第，凌青冥而雄視；千福之域，秉丹心而恭求。一隅群芳掩映，縮泥林奇景；九曲迴廊蜿蜒，達宿夢鴻猷。樂曲作泉湧之珠玉，霓虹化當空之練綢。葦搖蓮動，起曼舞於碧波；魚躍蛙鳴，匯野趣於清流。電掣輪滑，嬉笑童叟。少長咸集，樂而忘憂。亭邊撫琴，臨清風而待歸雁；橋上橫笛，倚黃昏而遣離愁。環秀擁翠時鳴杜宇，荷風霽月驚飛沙鷗。古苑尋芳，恍見當年之素影；漁港凝眸，卻係何處之蓬舟？

　　錦繡平添，輝映經濟之振興；憂思內蘊，更願文化之傳承。岳陽樓上，斷有心憂天下之感；千福閣前，豈無萬民樂睦之情！飛宇出寥廓，碧水映秀靈。每遇歸棹之歡聚，或有折柳之遠行。縱他鄉遙寄，堪憶麗水園中，徐風細細，一水清清。

付立澤

二〇一四年八月十五日

　　乾安縣城區地勢西高東低，每降大雨，坐落在縣政府東南側的「東南泡」及附近居民區是洪水的重災區。縣委、縣政府為了改善該區域環境，決定對

▲ 麗水文化公園一角

「東南泡」區域環境進行綜合治理，建設一座佔地面積二十二萬平方米，集防洪、文化、集會、觀賞、休閒為一體的大型綜合公園——麗水文化公園。

公園內設計一條「龍形」水面放置其中，龍是中國的圖騰，又是吉祥的象徵。龍形水系圍繞的中心廣場呈橢圓形，公園分為「四區一島十二節點」，四個主題功能區分別是：麗水文化展示區、運動健身區、園林景觀區、兒童遊玩區；一島為：位於湖中心的千福閣；十二處景觀節點為：千福閣、音樂噴泉、九曲廊橋、倩影芳蹤、泥林飛瀑、輪滑廣場、兒童樂園、環秀擁翠（月觀、擷英、凝碧）擺渡漁港、「長風破浪」帆船、荷風襲月、荷風橋、平安橋、迎賓橋、步壽橋。在植被布局上，公園東、西兩側以高大和低矮的植物交替栽植，適合人們聚會、休閒等。園內還設置了一條五米寬觀光路，通過這條路可以到達公園的各個角落。公園共設置三個入口，方便遊人進入公園。

「東南泡」區域環境綜合治理工程及一座功能齊備、環境優美、天人合一、光彩奪目的現代與半古典結合的地標性公園將鑲嵌在乾安縣城。

千福閣

四面清風，十里亭台容散澹
千秋福閣，一波瀲灩引煙霞

鑄千福、金生麗水安黎首
蓄蛟龍、鱗潛羽翔澤百湖

一閣攬秀盡賞遼金勝蹟
千字修福直承今古雄風

千字景，聚八面才情，萬民樂睦
四方田，書一園綺願，百業興安

夢飛井地期千福
水蘊百湖聳一樓

▲ 九曲廊橋

崑岡無玉出，一山香稻化為玉
麗水有金生，遍地石油煉作金

天賜千福同日月
地與麗水潤春秋

閒亭風物憑人賦
麗水煙波醉客心

閣近雲山多雅趣
人親風月有新詩

一宇丹青，千秋麗字
百盤水墨，萬古文章
九曲廊橋

▲ 倩影芳蹤

麗水芬芳，看桃紅柳綠閒亭下
長廊幽曲，聽古韻今聲朗月中

清波十里蛙聲脆
廊榭九曲客語稠

麗水映樓秀
廊橋臥影長

十頃煙波，恍若瑤池飛塞北
一湖碧水，儼然仙境勝江南

荷風霽月亭

風扶醉荷紅兩岸
月伴垂柳綠一亭

▲ 環秀擁翠

▲ 步壽橋

倩影芳蹤

皓月遊湖因水醉

長亭遷客為花痴

環秀擁翠

雨沾花柳滿亭翠

風過樓台一水香

憑借春風煙雨勢

移來草木燕鶯飛

鳥語關關水色中

花香陣陣湖光裡

夕陽無限好，福閣權當神閣登

高處不勝寒，詩情聊共豪情壯

明珠輝耀井方城——井方明珠廣場

　　乾安縣井方明珠廣場佔地二點一萬平方米，於二○○九年八月二十日開始建設，十月末竣工。廣場硬化面積一點四萬平方米，綠化面積○點七平方米，廣場內設有十八套體育健身器材，實木廊架二處，景觀拉膜一處，「天人合一」主題白鋼雕塑，主體三根立柱，象徵著乾安經濟的三大支撐點，工業、農業、第三產業的迅猛崛起。三根白鋼柱環抱直徑一點二米的白鋼球，以白鋼球為中心在立柱的前後各伸出四根六米長的白鋼帶，呈環抱狀，象徵著全縣三十萬人民齊心協力，凝心聚力，迎接四面八方的賓朋雲集乾安、投資乾安，與乾安人民一起踐行科學發展觀，奮發向上，大展宏圖，為乾安經濟騰飛、打造富庶和諧新乾安而努力拚搏的堅定信念和決心。廣場附屬設施還有形狀各異的景觀燈、射燈、草坪燈六十盞，立體音響等。

　　井方明珠廣場的設計理念是反映乾安風貌，以人為本，全面滿足廣大市民休閒、健身、娛樂、遊玩的需要。這是以招標方式來建設最優質的工程。二

▲ 井方明珠廣場一角

▲ 井方明珠廣場健身舞隊表演之一

▲ 井方明珠廣場健身舞隊表演之二

▲ 井方明珠廣場健身舞隊表演之三

○○九年十一月初井方明珠廣場已正式向乾城人民開放，一座美麗、壯觀、富有文化底蘊的廣場已經點亮了乾城。

　　隨著人們生活水平的提高，生活觀念的轉變，社區與廣場群眾文化活動參與人數和主體結構不斷擴大和發展。參與健身活動已成為居民業餘文化生活的主要部分。豐富多彩的群眾活動，經常出現在居民社區與城鄉各個廣場。井方明珠廣場常年活動著兩支「明星」隊伍。一支是井方明珠廣場健身舞隊，是乾安鎮廣場健身活動隊伍中的佼佼者，經常參加各種場合的表演和比賽，取得了驕人的成績。該隊曾獲得吉林省社區運動會上全國第三套健身秧歌比賽銀獎，松原市中老年健身展演大會表演金獎，代表松原市參加吉林省老年人健身大會獲全國第二套健身腰鼓比賽銀獎，在松原市農民運動會上獲全國第四套健身秧歌大賽銀獎，並先後獲得乾安縣各種比賽十多個一等獎。另一支是石長友社區秧歌隊，是乾安鎮經常活動在廣場上的秧歌隊中開辦時間長、規模大，形式新穎，最吸引人駐足觀看或參與的秧歌隊。

▲ 井方明珠廣場健身舞隊表演之四

▲ 井方明珠廣場健身舞隊表演之五

▲ 石長友社區秧歌隊

▲ 井方明珠廣場腰鼓隊

寶鼎泐鑄《千字文》──千字文廣場

千字文廣場因乾安縣的地域文化而來，始建於二〇一〇年。廣場總佔地面積為二點二萬平方米，綠化面積〇點六萬平方米，硬化面積一點六萬平方米。廣場內建有浮雕地圖一處。

「千字文廣場」題名石一處，九孔湧泉一處、千字文寶鼎一座；九尊龍柱、遠古動物造型兩個，小品雕塑造型一個，文化牆（隸書陰刻《乾安賦》）一處，這些設計充分體現了乾安的豐富文化底蘊。

為了滿足廣大市民休閒、娛樂的需求，廣場還設有全民健身場地一處，集會、休閒場地一處，石凳三十套，實木廊架一處，景觀燈、草坪燈、射燈共計五十六盞。

▲ 千字文廣場

▲ 千字文廣場

　　千字文寶鼎位於廣場的正中位置，作為廣場的標誌向外界展示乾安的歷史與文化。鼎通高六點六米，底座三點三米，採用鍛造工藝，手工鍛造，將「千字文」依次排列其上，是中國唯一的「千字文」鼎。

　　千字文廣場作為展示乾安形象的窗口，不僅體現了乾安的地域特色，同時也美化了城市容貌，改善了乾安的投資環境，為乾安建設添上了絢麗一筆。

　　這裡不斷有外鄉人，停下腳步，漫步在廣場裡，認真地欣賞這一美景。可以說，乾安這座東北小城已經聞名祖國大江南北。

雲騰致雨潤沃土 —— 雲騰廣場

　　雲騰廣場建設在原第八中學的校址上，廣場佔地面積二點一萬平方米，綠化面積〇點八萬平方米，硬化面積一點三萬平方米，該廣場的建設立足於打造一座休閒、遊玩觀賞、健身、演藝活動等綜合性多功能廣場，目前廣場主體工程已經建設完成。

　　雲騰廣場於二〇一〇年八月動工建設，該廣場共分四個區域，西南側為遊玩觀賞區即園林綠化區，栽植了五角楓、蒙古櫟、火炬樹、樟子松、梧桐、雲杉、稠李、杏樹、紅瑞木、金葉榆、金絲垂柳、柳樹、梓樹、紫葉李、櫻桃、核桃球、銀中楊、黃刺玫、珍珠繡線菊、紅葉李、連翹、榆葉梅等二十多種樹木七百六十六株，種植草坪八三七八平方米；西北側為休閒區，設置三原色景觀拉膜一處；東北為休閒健身區，共安裝體育器材二十八套；東南側為大型演

▲ 雲騰廣場之夜

藝區，其中設置石階座位一百二十延長米及一百一十二個休閒座椅。廣場中心安放一尊標誌性雕塑——五龍騰飛，整尊雕塑以抽象的龍為創作元素，運用巧妙的構思將五條龍緊緊連繫在一起，團結一心，借此比喻乾安縣緊跟時代步伐，發揚與時俱進的時代精神，造福一方百姓。廣場還設置景觀拉膜兩處，廣場燈一百二十八盞，廣場高音立體聲音響八處，魚形巨石一個。雲騰廣場的建成，深受百姓的擁護和讚譽，每天都有成百上千的人們來這裡休閒、娛樂，為全縣人民帶來了實惠。

▲ 雲騰廣場

國學空谷亦傳聲——傳聲廣場

　　傳聲廣場建設在原第九中學校址，佔地面積二萬平方米。該廣場二○一一年建成，旨在關注民生、保障民生、服務民生和改善民生，為縣城人民提供一處休閒、娛樂、遊玩的好去處。

　　廣場設計主要圍繞「教育」這個主題進行創作。廣場的中心景觀由「智者樂水」活動區，「仁者樂山」散步區，「書香門第」休息區三個主體區域組成。

　　「智者樂水」活動區是一處橢圓形的水池，在水池中設計了一座「假山流水」小景觀，一條由傳聲街入口引來的木地板甬路直至水池中，形成了一副有山、有水、有景、有人的自然景象。「仁者樂山」散步區在「智者樂水」活動區的南側，是一處高出地面約四十五釐米，由三條背景牆和四尊代表「忠孝禮義」的小雕塑組成，遊人可以漫步其中，體現出妙不可言的精神寓味。

　　「書香門第」休息區在「智者樂水」活動區的西面，將古代的書簡放大經過藝術處理成為綿延變化動感十足的景牆，在景牆上書刻著老子、孔子、孟子五位名人具有教育意義的名言警句和《弟子規》全文，並伴有相關圖案，達到

▲ 傳聲廣場

圖文並茂，還將《弟子規》的圖文解釋刻成光碟，在廣場循環播放，達到教育的目的。

▲ 傳聲廣場古代文化名人雕塑

▲ 傳聲廣場文化牆

社稷盛興民安定——安定健身廣場

　　安定健身廣場建設在城南中波台管理站院內，是二〇一三年乾安縣民生工程之一，為生活在縣城西南部的市民提供一處健身、休閒、體育綜合活動的多功能廣場。廣場佔地面積〇點八三萬平方米，其中綠化面積〇點三萬平方米，硬化面積〇點五三萬平方米。

　　廣場設計主要圍繞「體育健身」這個主題進行創作。由體育活動區、多功能演藝區、園林綠化區三個區域組成。

　　體育活動區設置了一個籃球場、一個門球場、一個羽毛球場、一個排球

▲ 安定健身廣場效果圖

場、四個乒乓球檯，供廣大體育愛好者使用。多功能演藝區位於廣場中心位置，可供市民集會、跳舞、健身。

園林綠化區位於廣場的西南方向，彩葉植物、特色的綠化景觀設計、形象的奧運「五環」鑲嵌其中，讓人感覺正在置身於奧運會比賽場景之中。

廣場主入口設在北側，有特色的廣場題名、寬敞的鋪裝、八尊運動雕塑和一處背景牆組成。鮮紅的廣場題名字大氣磅礴，八尊運動雕塑好像八位美麗的迎賓美女在歡迎市民來此健身。

安定健身廣場是將功能美與藝術美有機結合，打造出簡潔寬敞、大氣疏朗的現代綜合性體育場館。

年輪深蘊滄桑世——百年古榆

百年古榆又稱龍榆，相傳古時候，在大布蘇湖的東岸，有一座寺廟。院中有一棵老榆樹，枝繁葉茂，每逢早春，榆莢掛滿枝頭，聽聞晨鐘暮鼓，頗有靈氣。有一年，寺院正做法事，西北方向突起狂風，飛沙走石遮天蓋地。轉年春天，在寺廟東南草原上（今命字村南），出現兩株幼榆。獵人們都說，這是上一年寺院做法事時那場狂風颳來了榆莢，落地生根。

二〇一三年七月，乾安縣戲劇創作室主任張海君、創作員張旭偉深入所字鎮命字村採訪，研究有關「神樹」的歷史傳說以及現實影響。九月初，為榆樹亭撰寫《龍榆》碑文：乾安之榆，乃自然造物。原距百餘丈偏震位，對存另株。近旁掘井遇湧泉弗休，惟之汪洋餘生。挺風雷而拔，搏鹽鹼而翠。據今耄翁者說，齡不遜二百年矣。

▲ 百年古榆

壯士英名垂千古 —— 乾安縣烈士陵園

　　乾安縣烈士陵園始建於一九五〇年，位於縣城乾安鎮北角五百米處，佔地二點三二萬平方米。烈士紀念塔高聳在烈士陵園南側，塔基東、西、北三面浮雕為解放軍在月下作戰的場面；塔基南面是碑文，碑文刻載著抗日戰爭、解放戰爭和社會主義革命建設時期為乾安的解放及建設事業犧牲的先烈們的英雄事蹟；塔身正南鑴刻著「烈士紀念塔」五個大字，塔身東面刻著「共產主義是不可抗禦的，星星之火可以燎原」塔身北面「革命先烈永垂不朽」，塔身西面刻著「為革命獻身英名流千古」。塔的北面是六十六位先烈的墓冢和墓碑。

▲ 掃墓祭奠儀式

　　到二〇〇〇年先後進行了三次修繕，其中 一九八四年進行了較大規模的維修改造。

烈士紀念塔碑文

　　乾安縣光復伊始，崔逆作智組織反動武裝，擅作威福蹂躪地方，土匪猖獗，到處搶擄，為害甚烈，人民愁苦，憂心惶惶，歲無寧日，幸我大軍竭力痛剿崔禍匪患，一掃而清。群醜既殄，地方數平。逮我民主政權建立，人民沐解放之澤，享康樂之福，歡欣鼓舞之餘，頓興飲水思源之念，僉曰：非我烈士重義勇如泰山，輕死生若鴻毛，捨命殺敵，以身殉國，曷克臻此？今烈士已矣，

▲ 掃墓祭奠儀式

遺骸散葬各地，曠野孤墳，滿目荒榛，觀此淒涼景象，於心寧忍？爰議醵資，為烈士修建陵園，用示感戴之誠，籍光褒中之典，於時縣長張公錫卿，復體察輿情，感贊儀舉，乃鴻工庀材，剋日興修，卒於一九五〇年八月十五日全日告成，將我軍某部故團政委劉萍，區長王昭然等六十名烈士靈柩悉遷葬於陵園，從茲白楊煥彩，碧草生輝，碑基隆起，石碑巍立，人民即使於歲時致祭，而烈士英靈亦於為永奠矣，恐千代久遠，英名被湮，故謹述本末，勒助貞玟，以冀垂不朽於千秋也。為之記，復為之銘曰：白山巍巍，黑水泱泱，丹忱青史，萬古流芳，功成身去，英名輝煌，豐功偉績，日月同光。

乾安縣人民委員會

一九五七年八月十五日

悲愴歷史示後人──九連事件遺址

二〇〇二年七月一日，在九連事件發生地（乾安縣黨校院內）建造「九連事件遺址」紀念碑一座，碑身正面上款用黑體字鐫刻著「愛國主義教育基地」，碑身正中用新魏體鐫刻著「九連事件遺址」。碑身背面鐫刻著「九連事件簡介」的三百四十五字碑文。

「九連時間簡介」碑文

一九四五年十月，東北人民自治軍吉長部隊五百名指戰員，在劉建民司令員率領下進駐乾安。為了開闢新區，劉建民司令員率領主力部隊繼續前進。留守在乾安的三營九連指戰員，根據毛主席關於「宣傳群眾、組織群眾」的教導，宣傳中國共產黨的方針、政策、廣泛發動群眾，開展革命鬥爭。他們的任

▲ 九連事件遺址碑

▲ 九連事件遺址碑文

務是：一是保衛乾安社會治安；二是收繳敵偽物資；三是改編乾安保衛隊；四是開展民運工作。他們的工作得到了乾安人民的積極支持和熱烈響應。

一九四五年十二月四日，偽縣長崔作智密謀叛亂，串聯偽警察和地主武裝，制定了武裝叛亂的計劃和具體部署。一九四五年十二月五日早六點，包圍了九連住地突然發起進攻，九連在指導員王壽清的帶領下於敵展開肉搏戰，因事出突然我軍又寡不敵眾。在戰鬥中，九連指戰員犧牲十八人，負傷十六人，六十一人被拘押。損失武器裝備有：小炮一門、重機槍兩挺、輕機槍四挺、手槍十三隻、大槍一百二十隻。彈藥、被服和其他物資全部被敵人收繳。

一九四六年一月，中國人民解放軍第七師挺進乾安，消滅了偽警察和反動地主武裝。人民的政權又重新回到了人民的手中。

第五章
——

文化產品

打開乾安的歷史畫卷，揭開大布蘇文化的神祕面紗，文人墨客的書寫描摹，能工巧匠的妙手刻畫，便有了不同的聲音、色彩。他們吟詠著靈魂深處的吶喊，編織著夢想深處的芳華，傳遞著真、善、美的能量，井字方的天空因此流光溢彩、溫馨祥和。

▲《乾安民歌選》封面

文學創作 一九四九年後，少數文學愛好者活動在廣大城鄉，時有作品散見於省、地報紙雜誌。作者大多是機關幹部、教師和文化藝術工作者。一九五八年，在「大躍進」的浪潮中，形成了一股詩歌熱。工人、農民、青年學生、教師、文藝工作者紛紛寫詩，但詩的意境不高，內容多反映「大躍進」、「浮誇風」，語式近乎快板，寥有藝術特色。

文化館為適應「詩歌化」的群眾運動，曾出版五期《乾安民歌選》。

一九六二年至一九六五年，為乾安詩歌創作的繁榮時期，先後出現了田春發、王貴璋等一批青年作者。他們的詩意高韻遠，善於用常見的題材，表現時代的大主題。

一九七二年，創辦群眾創作園地——《大眾文藝》，刊登小說、散文、報告文學、詩歌等。一九七八年至一九八五年，每年都有百餘篇作品在省內外發表。從一九七八年至一九八五年，共出刊《大眾文藝》三十五期，編印了《唱草原》《乾安民眾作品選》等六個作品集，發表作品五百餘篇。一九七八年至一九八五年，許多業餘作者勤奮筆耕，創作出了充滿時代氣息的文學作品，屢見於省、地刊物上。

一九七八年以後，文學創作煥發新的生機。出現了題材、體裁、形式、風格多樣化的局面。乾安縣文化部門一方面組織作者參加省、地講習班，請作家來縣講學，舉辦專題討論會和各種筆會；另一方面著力推動業餘作者的創作實

踐。一九八五年，全縣共有業餘創作組織十五個，業餘作者八十七人。

一九八六年以後，乾安縣的文學創作發展迅速，不但有大批的業餘文學作者，更擁有乾安本土和乾安籍（包括曾在乾安工作過的）作家群體。其中：中國作家協會會員五名，中國民間文藝家協會會員一名，有吉林省作家協會會員九名，吉林省報告文學學會會員十八名。二〇一三年二月二十八日成立乾安作家協會，有會員一百二十名。

一九八六年以來，乾安縣作家和業餘作者，在國家和省內外各類報刊發表了大量各種體裁的文學作品。本土青年作家孫正連的短篇小說《尋找馬桿》於一九九九年在《作家》第十二期頭題發表，後被《小說月報》選載，在省內外文學圈內影響頗大。本土作家徐萬江創作的「鹼系列」和「井字方鄉親系列」小說中的《鹼草垛》《鹼窩棚》《鹼姑》《鹼爺》《三叔》《二大爺》《六奶》等作品在文學圈內也具有一定影響。張海君創作的拉場戲《審鵝》一九九八年三月發表於《戲劇文學》，參加吉林省第十四屆二人轉評獎推廣會暨第四屆戲劇小品比賽中獲編劇一等獎。張海君創作的大型神話吉劇《大布蘇》獲首屆全國戲劇文化獎「編劇金獎」。網絡作家傅玉忱在任縣戲劇創作室主任時被吸收為中國作家協會吉林分會會員，二十世紀八十年代，先後在《長春》《綠野》《協商新報》等報刊上發表小說、報告文學、民間文學、雜文等幾十篇。一九九五年退休後，開始網絡文學創作，二〇〇九年六月，在《小說閱讀網》發表四十五萬字的第一部長篇小說《大地上》，相繼被多個網站轉發；二〇一一年三月，在《小說閱讀網》發表一百萬字的第二部長篇小說《保鏢與特工的諜戰情愛》；一百五十萬字的第三部長篇小說《莊園彪男靚女風雲錄》已經完成初稿。他在創作長篇小說的同時，還創作童話故事多篇。

一九八六年以來，乾安縣的文學創作，可以說已經由「掛果期」步入了「盛果期」。出版發行文學期刊三種二十八期，計四百多萬字。乾安部分作家和業餘作者將自己的作品整理後結集，出版各種體裁的文學作品集有八十餘種。大量文學作品集的出版發行，充分顯示了乾安縣文學創作的實力，充分展

▲ 戴雲龍書法作品

示了乾安縣文學創作發展的前景，昭示著乾安縣文學創作的鼎盛期。

　　藝術創作　　民國期間，繪畫藝術傳入本縣。繪畫藝人走村串戶，為鄉民畫家具、牌匾，為廟宇寺院彩繪各種人物、禽獸、花卉等。新中國成立後，美術

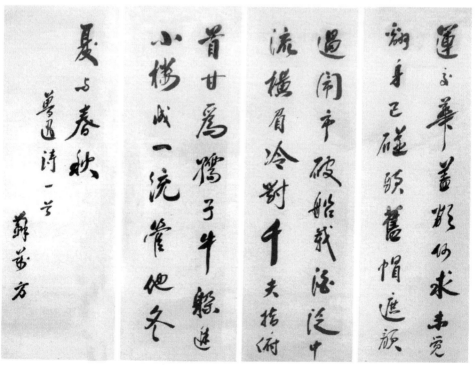

▲ 蘇萬芳書法作品

工作者致力於「丹青」創作，作品屢見報端。

　　一九七八年後，繪畫創作臻於繁榮。一批專業、業餘美術工作者揮毫潑墨，創做出時代氣息濃郁，地方色彩突出的國畫、年畫、連環畫。一些作品受到省、地有關部門的表揚和獎勵。

　　一九八七年四月，張忠文獲吉林省油田管理局美術教師繪畫一等獎。一九八八年，張六在紀念《東西南北》創刊五週年時，為其創作插圖十二幅。一九八九年，任貴的中國畫《參女》在白城地區第二屆美術作品展覽中獲二等獎，在吉林省舉辦的《美在生活中》美術作品展覽中獲三等獎。一九九八年，中國畫《乾安百草》在松原市美術作品展覽中獲一等獎。

　　一九九九年，翟學友的書法作品獲吉

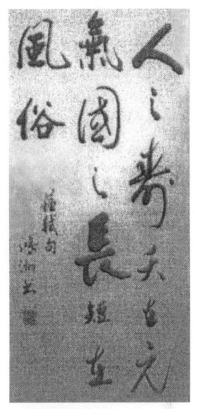

▲ 溫鴻洲書法作品

林省總工會職工畫展一等獎，二〇〇〇年獲中日韓三國藝術大獎賽銀獎，在中日韓三國輪展中被評為國防藝術二等獎，是年，在中國少數民族基金會舉辦的書畫展中，其書法作品被評為一等獎。新中國成立前，書法愛好者多為中、小學教師。新中國成立後書法藝術有所發展。二十世紀六十年代，蘇萬芳的書法風靡一時，愛好書法的青少年爭相臨摹，一時成為風氣。一九七八年後，群眾性書法活動日盛，參加書法活動的有幹部、工人、農民、科技人員、青年學生等。文化部門配合有關單位每年都舉辦各種形式的書法展覽，促進了書法活動的普及和技藝的提高。馬青山的狂草龍飛鳳舞，尤其仿毛體字惟妙惟肖。溫鴻洲自一九七八年後，作品多次在省、地展覽會中展出並獲獎。

　　一九八一年十月，成立乾安縣書法學會，聘請書法名家講學，不定期地組

▲ 龐桂珍畫作《霜天秀色》　　　　　▲ 張寶玉畫作《錦繡中華》

織會員切磋技藝，推動了群眾書法藝術創作的發展和繁榮。

　　一九八五年，出現了書法藝術的熱潮，機關幹部、教師、文學藝術工 作者，競相揮毫潑墨，獲獎作品漸多。書法新秀於松山一舉獲吉林省書畫展二等獎。一九八六年，翟學友獲全國第一屆教師詩詞書法作品一等獎。一九八七年，李嘉訓的書法作品獲白城地區計劃生育書畫展三等獎。一九八八年，周景春的書法作品獲「東風碑林書法大獎賽」佳作獎。一九八九年，張六在白城地區中小學教師美術大獎賽中書法作品獲一等獎。一九九一年，周景春在東北、華北、西北書法美術大展中獲園丁獎。一九九三年，李嘉訓的書法獲松原市美術書法攝影大賽書法一等獎。一九九五年，周景春獲全國青年「神龍杯」書法

大獎賽青年組優秀獎，作品被編入《全國青少年書法篆刻作品大觀》並被《中國青少年書法報》收藏。一九九九年，在松原市首屆文化藝術節書法繪畫攝影展覽中，乾安共選送書法作品二十六件、繪畫作品十三件、攝影作品三十五件，其中十八件作品獲獎。

二十世紀二十年代以來，乾安縣地方志編纂委員會先後編纂兩部《乾安縣志》和四部《乾安年鑑》。首志記述一九二六年至 一九八五年，「大事記」、「建置」、「自然環境」、「人口」、「農業」、「林業」、「工業」、「交通」等共二十九篇、一百四十六章、三百七十二

▲《乾安年鑒》（部分）

節。《乾安縣志》由原中國人民大學校長，時任中國企業家協會會長，解放戰爭時期曾任中共乾安縣委書記的袁寶華撰寫序言。《乾安縣志》（1986 年至 2000 年）於二〇〇八年十二月出版，卷首有彩頁二十三幅，卷末有彩頁一百四十五幅，全書一百一十萬字。被省方志委評為吉林省第四屆社會科學優秀成果獎。全縣先後出版《乾安縣文物志》《乾安縣水利志》、《乾安縣土壤志》《乾安縣工會志》《乾安縣軍事志》等十二部專業志。

二〇一二年五月以來，先後出版《乾安年鑑》（2007 · 2008）、《乾安年鑑》（2009 · 2010）、《乾安年鑑》（2011 · 2012）和《乾安年鑑》（2013 · 2014）。《乾安年鑑》設「特載」、「大事記」、「概況」、「政治」、「地方軍事」、「法制」、「農林牧水」、「公交 · 郵電」、「城建 · 環保」、「財稅 · 金融 · 保險」、「科技 · 教育」、「社會生活」、「人物」、「附錄」和「信息之窗」十九個欄目，有彩頁四十五版，彩色圖片一百九十七幅，全書九百五十千字。

鹽鹼地上盛開的文學之花

二十世紀七十年代末期，一枝植根於八百里瀚海深處大布蘇湖畔的鄉土文學之花，沐浴著改革開放的陽光雨露，破土抽芽，以大布蘇特有的底蘊，特有的風格，深情地、生動地折射著大布蘇湖畔特有的鄉風、鄉音、鄉情，以其獨特的韻律，在鄉土文學的海洋中，湧動著屬於她自己的一朵浪花。「大布蘇」蒙語為「鹽鹼」之意。大布蘇文學真實地記錄這塊鹽鹼地上的人們今天的活動和對明天的追求。

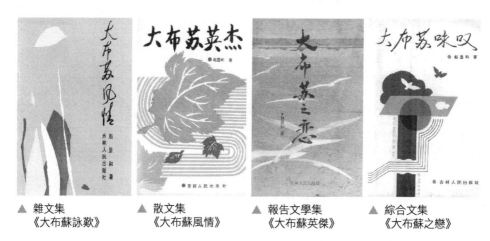

▲ 雜文集　　　　▲ 散文集　　　　▲ 報告文學集　　　▲ 綜合文集
《大布蘇詠歎》　　《大布蘇風情》　　《大布蘇英傑》　　《大布蘇之戀》

大布蘇文學，這朵植根於大布蘇鹽鹼地的鄉土文學之花迎風綻放，碩果纍纍。一九九二年十二月，趙顯和的散文集《大布蘇風情》收錄作者散文作品七十篇，其中《美麗的家鄉》輯三十二篇，《內心的獨白》輯二十二篇，《外邊的世界》輯十六篇。一九九三年六月，趙顯和的雜文集《大布蘇詠歎》收錄作者雜文作品一百篇。一九九五年一月，趙顯和的報告文學集收錄作者報告文學作品二十篇。一九九五年六月，趙顯和的小說集《大布蘇奇緣》收錄作者小說作品六十五篇。一九九八年四月，趙顯和出版散文、雜文、隨筆集《大布蘇之戀》。共收錄作者散文、雜文和隨筆作品一百一十二篇，收錄

▲ 短篇小説集《洪荒》　　　▲ 散文集《堿風》

▲ 長篇小説《靜靜的泥林》　　▲ 長篇小説《呼嘯的大布蘇》

　　文友書信、評論等十七篇。二〇〇一年十月，孫正連的短篇小說集《洪荒》收錄作者《尋找馬桿》《洪荒》等短篇小說作品二十四篇。二〇〇九年十一月，邵志軍出版散文集《堿風》，收錄作者散文七十二篇。

　　二〇〇三年一月，第一套「大布蘇文學叢書」出版，共六冊：有上官纓的散文集《描紅集》；趙顯和的散文集《大布蘇外延》《大布蘇神韻》《大布蘇思

▲ 第一套「大布蘇文學叢書」

忖》；孫正連的散文集《憑弔大布蘇》；杜喜武的散文集《大布蘇情懷》。《描紅集》收錄作者散文作品一百一十九篇。《憑弔大布蘇》收錄作者散文作品七十一篇。《大布蘇情懷》收錄作者散文作品七十九篇。

　　二〇〇三年十二月，趙顯和出版長篇小說《靜靜的泥林》。二〇〇四年十月，出版了長篇小說《呼嘯的大布蘇湖》。二〇〇六年一月，孫正連出版長篇小說《大布蘇湖的祕密》《一九四五年大布蘇考》，同時出版的還有中短篇小說集，收錄了作中短篇小說作品十二篇。二〇一〇年三月，孫正連出版散文集《走進大布蘇》。

▲ 長篇小說《一九四五年大布蘇考》

▲ 長篇小說《大布蘇草原》

▲ 散文集《走進千古大布蘇》

▲ 中短篇小說集《守望大布蘇》

散發著鹽鹼味兒的文藝期刊

《大布蘇》（16 開本）一九九九創刊號（總期第一期）設「特稿」、「干枝梅」、「井方風采」、「馬蓮花」、「自流泉」、「未來作家」和「鬼針草」七個欄目。二〇〇〇年（總期第二期）設「特稿」、「小說」、「散文」、「詩歌」、「報告文學」、「戰爭回憶錄」、「未來作家」和「評論」八個欄目。

▲《大布蘇文學》創刊號

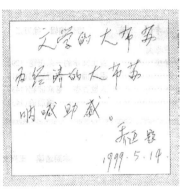

▲ 著名作家喬邁為《大布蘇文學》題詞

▲ 改版後的《大布蘇文學》

《大布蘇文學》年刊（32 開本）二〇〇三年號設「散文」、「詩歌」、「小說」、「影視文學」四個欄目。二〇〇四年號設「小說」、「散文」、「詩」、「評論」四個欄目。

「大布蘇文學，壯麗，晶瑩！」

——王肯　二〇〇二年夏

▲ 自左至右依次為原吉林省作協主席、著名作家王肯,原吉林省作協常務副主席、著名作家朱晶,原吉林省作協副主席、著名作家鄂華為《大布蘇文學》題詞

　　「沒有對家鄉土地的熱愛,就沒有『大布蘇文學』;沒有趙顯和這樣深情而執著的鄉土歌手,也沒有『大布蘇文學』。『大布蘇文學』是遠古與現代的立體交叉,是原野中的心靈花園。一位美國人說:『土地有自己不可抹殺的故事,但必須由真誠的作家來閱讀和重述。』趙顯和及『大布蘇人』即為真誠的朝聖者。」

——朱晶　二〇〇二年八月二十五日

　　「大布蘇是自然的奇觀,也是文學的奇觀」。

——鄂華　二〇〇二年七月

　　《大布蘇文藝》(《大布蘇》)為弘揚大布蘇文化,繁榮乾安文藝創作,培育文藝新人,豐富群眾精神文化生活,推進和諧社會發展,二〇〇七年,乾安縣文聯創辦了文學季刊《大布蘇文藝》,在文學樣式上,力求突出地域性、群眾性和可讀性,除小說、詩歌、散文、故事、戲曲等幾大主體外,更有藝術、

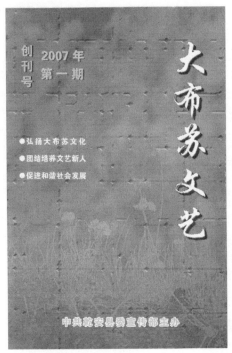

▲《大布蘇文藝》創刊號

書法、攝影、民間工藝等多種藝術形式，成為綜合性的文藝刊物。這樣一種全方位、多角度、涵蓋面廣的刊物，為繁榮乾安縣的文藝事業打下了堅實基礎。《大布蘇文藝》二〇〇九年全面改版，更名為《大布蘇》，現已發行二十八期。常設欄目「散文大觀」刊載散文三百九十一篇；「校園短笛」刊載中學生習作一百四十九篇；「詩詞百家」刊載古體詩、新詩八百六十二首；「故事薈萃」刊載故事作品二十五篇；「小說天地」刊載小說作品五十三篇；「戲曲舞台」刊載二人轉、拉場戲等八篇。

▲《大布蘇》文學季刊第 1-28 期

井方人的縱情吟唱——井方詩詞

　　為了繁榮文化陣地，給廣大詩詞創作者和愛好者提供一個交流切磋的空間，二〇〇五年七月二十九日，乾安縣成立井字方詩社。《井字方詩詞集》創刊號的問世，得到了各級領導和文學界名人的大力支持和幫助。

　　井字方詩社成立以來，堅持以「辦好刊物，弘揚主旋律，傳承文明，促進社會主義文化事業大發展、大繁榮」為目標，連續編撰出版了六輯詩詞集。有近十人在《詩刊》《星星詩刊》《詩歌月刊》《湖南詩人》《微型詩刊》《群島詩刊》《詩沙龍》《北美楓詩刊》《綠風詩 1-5 集刊》等十幾種刊物上發表了詩歌作品，使廣大詩詞愛好者有所學、有所為、有所樂，不斷提升藝術審美個性和作品的認知價值，多出佳品，豐富了人民群眾的精神文化生活。

▲ 作家葉維新（右一）為「井字方詩社」揭牌

▲《井字方詩詞集》1-5 集

　　井字方詩社成員出版《豐碑頌》《十月放歌》等集體詩詞集十冊，出版個人詩詞集十二冊。

　　邵志軍著有詩集《雪夜林邊》《逍遙齋詩草》《流年雜詠》，《雪夜林邊》收錄作者詩詞作品二百六十三首。《逍遙齋詩草》收錄作者詩作

三百四十二首。《流年雜詠》收錄作者詩詞作品二百六十三首。

　　劉華明著有詩集《月光微寒》，收錄作者新體詩作品一百五十五首，由著名詩人張作梗作序《獨自穿越靈魂的邊關》。他的詩歌從心靈出發，以豐富的想像、靈動的語言、多變的意象使詩作呈現出不同尋常的魅力和色彩。

▲ 邵志軍著詩集《流年雜詠》　　▲ 邵志軍著詩集《逍遙齋詩草》　　▲ 劉華明詩集《月光微寒》

▲ 宋德著詩集《宋德詩選》　　▲ 邵志軍著詩集《雪夜林邊》　　▲ 龐德祥詩集《祥子詩詞選》

大布蘇口頭文學的壯美篇章──民間文化集成

　　民間故事、歌謠、諺語蘊藏於民間，浩如煙海，源遠流長，世代相傳。乾安縣為了挖掘民間文化，整理編輯了一系列《乾安民間文化集成》等書卷，把一些流傳在乾安，圍繞「大布蘇湖」、「狼牙棒」所產生的「驢頭太子坐金殿」，裝有金銀財寶的「大鐵車」和「狼牙棒」上的「點將台」，打圍狩獵，下湖「撈寶」等神話傳說彙集成冊。既有謳歌勞動人民勤勞智慧、團結互助、捨己為人的生活故事，又有反對封建壓迫、反抗外強侵略、抨擊愚昧、懲治邪惡的故事等等。一篇篇民間故事像一曲曲可歌可泣的壯麗樂章，這些豐富多彩的生活故事，歌頌了勤勞勇敢的乾安人民，用辛勤的汗水耕耘和澆灌著這片肥沃的土地。故事的整理，主要是把民間口頭文學變成書面文學，將群眾口頭上那些富有強烈生活氣息和濃郁生活情調的語言保留下來，保持故事的語言特色，使故事更優美、人物更形象，藝術更富有感染力。

　　《吉林省民間文學集成‧乾安縣卷》蒐集整理流傳於乾安域內的民間故事三十八篇：包括自然及其變化、動植物及神話，人物、史事、民間工藝等傳

▲《吉林省民間文學集成‧乾安縣卷》　▲《乾安縣民間文化集成‧故事卷》　▲《乾安縣民間文化集成‧綜合卷》

說，幻想、動物、生活、機智人物等故事。寓言四篇，笑話九篇。民間歌謠三十三首：包括儀式歌、情歌、生活歌、歷史傳說歌、兒歌等。民間諺語，包括事理、修養、社交、生活、自然和其他七類五百二十七則。《乾安民間

▲《乾安縣民間文化集成·故事卷》插圖《泥林洞天》

文化集成·故事卷一》蒐集整理流傳於乾安域內的民間故事四十六篇。《乾安民間文化集成·綜合卷》蒐集整理故事《龍榆》《家有活佛》《花敖湖的故事》《一封家書》等二十五篇推崇孝道，鞭撻邪惡，主張人性善良，體現了極具警示性意義的核心價值觀。散文《鹹湖》《通靈者》《蝶夢》等七篇想像奔放又戢翼自如，亦實亦意，耐人尋味。詩歌《詠泥林泉》《坨的聯想》《蠟燭》《久違的故鄉》《農莊夏晚》等十八篇，思緒活躍，生活底蘊豐厚，地域風情濃郁，充分彰顯文學審美取向。

▲《乾安縣民間文化集成·綜合卷》插圖《乾西湖》

凝聚著濃郁鄉土氣息的《吉林方言土語詞典》

▲ 王玉書

《吉林方言土語詞典》由王玉書編著。《吉林方言土語詞典》是中國第一部吉林方言土語方面的專業詞典，收錄具有鮮明吉林區域特色詞語兩萬六千條，百餘萬字。《吉林方言土語詞典》釋義準確，語言簡潔，用例語境突出吉林區域特色，全面展示了吉林方言土語詞彙的基本面貌。《吉林方言土語詞典》既是人們了解吉林方言土語的參考書，也是方言使用者學習方言、規範方言和傳承方言的工具書，填補了吉林方言土語大型工具書的空白。

《吉林方言土語詞典》資料豐富，收詞齊全。在「凡例」中對所收錄的吉林方言土語的範疇做了明確界定，即吉林方言土語詞彙有的是通行於全省各地區的詞語，同時也收錄了一些只通行於本省局部地區的詞語。《吉林方言土語詞典》收錄原則以一般方言詞為主，兼收少量流行域內的帶有濃重吉林方言土語色彩慣用語、歇後語、民間諺語、民謠、動植物俗稱和黑話、行話等，同時還收錄了一些域內風俗習慣有關的文化詞語，較全面地反映出吉林方言土語詞彙面貌。例如：「大」的詞目下收錄三百六十餘條；「不」詞目下收錄四百餘條。《吉林方言土語詞典》立目十分考究，「詞目」用字力求本源。

《吉林方言土語詞典》考釋精當，義項完備。註釋根據權威性辭書《現代漢語詞典》《辭海》進行規範，做到了釋義精準，語言簡練。《詞典》不僅注重收列常用義，而且注意考釋生僻義，做到了義項齊全，分項合理，排列得當。

《吉林方言土語詞典》例句典型、精煉，突出地域特色。詞條中的「例句」是方言土語的具體運用，是方言土語的註釋例證，著作者把其恰到好處地置於具體的語言環境之中，有助於讀者對方言土語的理解。同時，客觀上「例句」還起到了宣傳吉林、推介吉林的作用。

《吉林方言土語詞典》體例合理，編輯科學規範，便於使用。《詞典》收錄詞條多而不濫。所收兩萬六千條詞語保證了使用者基本查找檢索要求。《詞典》「詞目」按漢語拼音字母及音節的順序排列，音節相同的按聲調（四聲）的次序排列，聲、韻、調都相同的按字的筆畫多少及起筆筆形橫（一）、直（｜）、撇（丿）、點（丶）折（一）的順序排列。輕聲音節排在同形的非輕聲音節後面。《詞典》每個詞條依次為漢字、方言讀音、源出、釋義、舉例。

《吉林方言土語詞典》在編撰方式上有所突破和創新。一是將詞義相同，讀音相近，結構相似，用字不同或一詞是另一詞音變形式的詞語、一物多種俗稱和可疊作「ABB」、「AABB」型的詞語不單獨立目，作為「附詞條」處理，既避免重複註釋，又縮減篇幅。二是因為吉林方言土語詞兒化的特點極為突出，著作者將詞條和例句中的兒化用比詞條和例句的字號稍小的漢字標寫，特別便於與普通話區別開來。三是為了方便拼讀，注音的音節不連寫。四是詞條有「一、三、七、八、不」等按在具體語境中的變調標寫。五是註釋和例句中的多音字用括號夾注讀音。六是對於只通行於局部地區的詞語，使用「〈〉」注漢字地

▲《吉林方言土語詞典》

域、漢字名稱，列在釋義部分之前。七是一般音譯的外來語在源出部分用其原地文字標出。

《吉林方言土語詞典》全方位地展示了吉林方言土語詞彙面貌，無論是對吉林方言土語材料的挖掘、整理，還對吉林方言土語詞彙的訓釋、考證，或是詞典的編寫方法、編排體例、創新之處隨處可見。

王玉書出生在吉林省乾安縣的農村，長期在基層工作，經常與廣大人民群眾密切連繫，近距離接觸，熟悉他所生活範圍內和周邊地域方言土語。除了這一先決條件外，還不辭辛苦地到省域各地進行實地考察，收集了大量的方言土語詞彙，了解吉林域內的風土人情。王玉書先後畢業於東北師範大學藝術系和吉林大學政治學系，有深厚的文化功底。十幾年在中學和縣教師進修學校教育教學經歷，使其積累了豐富的知識。幾十年的機關文秘工作實踐，提高了他駕馭文字的能力，特別是十幾年的續志和編纂縣級綜合年鑑的工作，使其「如虎添翼」。王玉書為研究方言土語，業餘時間認認真真閱讀了大量有關漢語方言方面的專著，做到了理論與實踐的有機結合。這部著作是王玉書近半個世紀心血的結晶，為挖掘吉林歷史文化做出了可喜的嘗試和探索。著作者持以嚴肅認真的態度，對《吉林方言土語詞典》的編撰精益求精。《吉林方言土語詞典》的初稿收錄詞目三萬餘條，一百三十餘萬字。為了提高《吉林方言土語詞典》質量，打造精品，在多次聽取各方面專家、學者的意見和建議後，經過十幾次的反覆改校，忍痛割愛，剔除詞目四千三百餘條，近三十萬字。

文與印的珠聯璧合

　　《千字文印譜》（華景太刻印）於二〇
一二年五月出版發行。治印二百五十方，每
方印刻四字。書前有作者撰寫的《千字文與
乾安》，記述「乾安地域名稱的由來」、「村
屯發展與地名的演變」和「傳統文化的傳承
與發展」。書的正面頁鈐印，背面頁為「《千
字文》注音及解讀」。

　　《千字文》是中國舊時的蒙學課本。南
朝梁武帝蕭衍對王羲之的書法十分愛慕、推
崇。為了選出一部字數較多較全的王書範
本，提供給他的子侄們臨摹學習，便命令臣

▲《千字文印譜》封面

子殷鐵石從王羲之的墨跡中描出一千個互不重複的字來，每字一紙。然後交散
騎（官名）周興嗣撰成《千字文》。《千字文》拓取王羲之遺書不同的字一千
個，編為四句韻語，敘述有關自然、社會、歷史、倫理、教育等方面的知識。
隋代即開始流行，後又有多種續編和改編本。

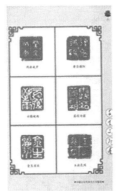
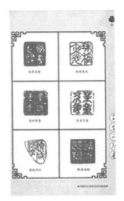
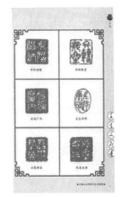

▲《千字文印譜》冊頁

梁武帝令周興嗣編寫《千字文》，對於發展和教育後人起到了很大作用。《千字文》與乾安有著不解之緣，乾安縣二百七十多個村屯的名字源於流傳一千四百餘年的《千字文》。以篆刻藝術展現《千字文》，繼承和發揚中國傳統文化，展現乾安文化氛圍，把篆刻藝術、《千字文》與「乾安元素」三結合是獨樹一幟，華景太蒐集整理《千字文》與乾安相關的史實、史料，構撰成文，是對乾安傳統文化的發掘，是對松原傳統文化的豐富，是對中國傳統文化及藝術的貢獻。

▲《千字文印譜》冊頁

吉劇《桃李逢春》

一九八三年五月，張貴敏創作的吉劇《桃李逢春》，由乾安縣吉劇團搬上舞台，參加吉林省第一屆吉劇會演，榮獲綜合劇目一等獎，劇本被收入《吉劇集成·劇本卷 2》。

故事梗概：

農村開始實行土地承包生產責任制，長期以來習慣了「大幫轟」生產方式的農民們，一時間迷失了方向。共產黨員柳常華經過思想鬥爭，帶領鄉親們走上了共同致富的道路。

▲ 圖書《吉劇集成·劇本卷 2》

主創人員：

編劇：張貴敏，獲編劇一等獎。

導演：劉富英，獲導演一等獎。

作曲：李敏傑，獲編曲二等獎。

舞美：張松林　薛敏海

王麗華：飾柳常華，獲表演一等獎、優秀唱功獎。

劉曉明：飾李來春，獲表演二等獎、優秀唱功獎。

王景芝：飾陶寶珍，獲表演二等獎。

范炳軍：飾陶父，獲表演二等獎。

王成珍：飾陶母，獲表演二等獎。

李連鳳：飾李母，獲表演二等獎。

肖玉彬：飾李父。

演出場數：二百四十場。其中，農村演出二百三十場。

大型滿族新城戲《皇天后土》

二〇〇四年七月，根據乾安縣國營鹿場原黨委書記呂金山同志的模範事蹟，張海君創作七場大型吉劇劇本《鹿鳴金山》。

劇情簡介：故事發生在關東大地的國營滿族烏拉屯鹿場。呂金山被派往國營鹿場任黨委書記，上任頭一天便引起軒然大波——從小一起長大的老鄉麻辣燙特意組織索氏家族一夥族人跳滿族舞蹈歡迎新書記。因被鹿場「亂罰款」並沒收養鹿飼料田而蒙冤成為「上訪專業戶」的那虎也聚集那氏家族的人找新書記告狀。之後，一貫橫行鄉里的「屯高草」老球子趁機發難大打出手。面臨錯綜複雜的關係網，呂金山排解了種種民憂。

二〇〇五年三月，《鹿鳴金山》更名為《皇天后土》，在全國中文（戲劇藝術類）核心期刊、全國研究生教育中文核心期刊、田漢戲劇獎優秀期刊《戲劇文學》第三期上發表，同海內外讀者見面。之後，《皇天后土》被松原市滿族藝術劇院搬上舞台，劇種為大型滿族新城戲。

二〇〇五年十二月，大型滿族新城戲《皇天后土》榮獲吉林省第二十屆創作劇目評比演出劇目一等獎，優秀編劇獎。同月，吉林藝術學院影視戲劇學院副院長劉軍誼以「平民化、個性化、喜劇化的時代頌歌」為題，評論了大型滿族新城戲《皇天后土》，文章發表在《戲劇文學》二〇〇五年第十二期。

二〇〇六年五月，《皇天后土》劇本參選在上海市舉行的第二十屆全國田漢戲劇獎評獎，榮獲劇本獎。

同年九月，《皇天后土》劇本更名為《鹿鳴金山》，入選並參加了中國劇協在北京市門

▲ 新城戲《皇天后土》獲獎證書

▲ 新城戲《皇天后土》演出劇照

頭溝中國劇作家創作基地召開的全國「十部劇本」研討會，創作藝術頗受國家專家和與會者好評。

　　同年十一月，大型戲曲劇本《鹿鳴金山》更名為《鹿鳴烏拉屯》，入選並參加了在浙江省海寧市召開的「二〇〇六年全國戲劇劇本創作研討會」，劇本產生廣泛影響。張海君就主旋律大型劇本的創作思考同著名劇作家、詞作家閻肅先生進行了交流與探討。

　　二〇〇七年五月，大型滿族新城戲《皇天后土》劇本入選並參加了在江蘇省無錫市召開的「二〇〇七年全國戲劇劇本創作研討會」。與會專家、評論家們一致認為該劇本是一部思想性、藝術性、觀賞性高度統一的上乘之作。會議期間，張海君就東北戲劇特點思考同中國戲劇家協會主席、著名京劇表演藝術家尚長榮先生進行了藝術探討。

　　二〇〇七年十月中旬，大型滿族新城戲《皇天后土》入選由中宣部藝術局、國家民委、文化部藝術司、中國少數民族戲劇家學會聯合舉辦的第一屆中國少數民族戲劇會演，榮獲綜合劇目銀獎。張海君隨劇組赴山西省大同市參加了此次戲劇活動，同鄭懷興等國內知名藝術家進行了創作交流與探討。

　　二〇〇八年七月，大型滿族新城戲《皇天后土》，被中組部定為黨員領導幹部遠程教育教材。同年十二月，大型滿族新城戲《皇天后土》榮獲吉林省「第九屆長白山文藝獎」提名獎。

▲《皇天后土》獲杯

拉場戲《審鵝》

　　一九九七年十二月，張海君創作《審鵝》，由乾安縣吉劇團首演，參加松原市第四屆新劇目會演，獲優秀編劇獎、綜合劇目獎。

　　一九九八年二月，《審鵝》劇本在吉林省「第十一屆戲劇文學飛虎獎」評獎中榮獲二等獎（一等獎空缺）。

　　一九九八年三月，《審鵝》劇本發表在《戲劇文學》第三期。

　　一九九八年五月，拉場戲《審鵝》參加了吉林省第十四屆小戲小品會演，榮獲編劇一等獎、綜合劇目二等獎。

▲《審鵝》演出劇照

　　一九九九年，拉場戲《審鵝》被遼寧省音像出版社製成光盤，全國發行。

　　二〇〇二年九月，著名劇作家馮延飛以《成功的操練》（發表於《戲劇文學》二〇〇二年第九期）為題，對拉場戲《審鵝》這樣評述：「張海君很注意戲曲的形式美在於『歌舞載故事』，因而在這不長的拉場戲裡處處可見舞蹈形式……而這些，恰恰是許多戲曲作者所不注意，所不刻意，所沒有達到的。包括我等之流。」

　　二〇一三年十二月十二日，吉劇振興工程工作會議在長春召

開。由省委宣傳部牽頭編撰的吉林省歷史文化資源書系《吉劇集成》首批九卷，在會議上正式啟動發行。其中，劇本卷六收錄了張海君創作的小戲劇本《審鵝》。

主創人員：

編劇：張海君，獲編劇一等獎。

編曲：李敏傑，獲編曲二等獎。

導演：王忠堂、劉曉明獲導演一等獎。

范炳軍，飾縣令，獲表演二等獎。

王景芝，飾店家，獲表演二等獎。

李淑英，飾小蘭，獲表演二等獎。

崔洪亮，飾衙役甲，獲表演三等獎。

蘇景龍，飾衙役乙，獲表演三等獎。

演出場數：三百一十場。其中，農村二百九十場，縣城二十場。

▲ 《審鵝》《吃請》收錄在《吉劇集成·劇本卷6》中

張海軍 同志：
　　在吉林省第十四屆二人轉新劇目評獎推廣會暨第四屆戲劇小品比賽中，您創作的拉場戲《審　鵝》榮獲創作一等獎。
　　特發此証，以資鼓勵。
吉林省文化廳
一九九八年五月三十日

▲ 拉場戲《審鵝》獲獎證書

拉場戲《吃請》

二〇〇〇年十一月，張海君創作拉場戲劇本《吃請》，發表在《戲劇文學》第十一期。

二〇〇〇年五月，拉場戲《吃請》由乾安縣吉劇團首演，參加了吉林省第十五屆小戲小品會演，榮獲綜合劇目一等獎、編劇一等獎，並且選入優秀劇目專場展演。

二〇〇〇年九月，吉林省藝術創作中心第四屆第二次兌現大會在長春召開，時任省文化廳副廳長董偉（現任文化部副部長）出席會議並作重要講話。創作室副主任張海君作為省藝術中心編劇，參加了此次會議。與會領導、專家對拉場戲《吃請》的思想主題給予高度肯定。

▲ 拉場戲《吃請》演出劇照

二〇〇四年五月，拉場戲《吃請》在中國山東省濱州市舉行的第二屆國際小戲藝術節（中國、越南等六個國家參與），榮獲綜合劇目銀獎。這是乾安縣

▲《吃請》獲獎獎牌

唯一一部榮獲國際獎
項的文藝作品。從二
〇〇四至二〇一三
年,《吃請》在吉林
省電視台連續播出。

　　吉林省歷史文化
資源書系《吉劇集
成・劇本卷6》,收
錄了《吃請》劇本。

▲ 張海君在濱州參加第二屆國際小戲藝術節

　　主創人員:

　　編劇:張海君,
獲吉林省第十五屆戲劇小品會演編劇一等獎、第二屆國際小戲藝術節編劇獎。

　　編曲:楊柏森,獲吉林省第十五屆戲劇小品會演編曲一等獎。

　　張海君在濱州參加第二屆國際小戲藝術節

　　導演:孫麗清,獲吉林省第十五屆戲劇小品會演導演一等獎。

　　表演:劉曉明,飾劉根,獲吉林省第十五屆戲劇小品會演表演一等獎、第二屆國際小戲藝術節表演獎。

　　范炳軍,飾村長,獲吉林省第十五屆戲劇小品會演表演一等獎。

　　王景芝,飾長秀,獲吉林省第十五屆戲劇小品會演表演一等獎。

　　演出場數:二百八十場。其中,農村二百七十場,縣城十場。

拉場戲《婆婆舅公和媳婦》和《神鞭》

二〇一三年一月，乾安縣戲劇創作室主任張海君創作的拉場戲《婆婆舅公和媳婦》、創作員張旭偉創作的拉場戲《神鞭》，同時入選第八屆全國戲劇文化獎評獎。《婆婆舅公和媳婦》榮獲小型劇本銀獎，《神鞭》榮獲小型劇本銅獎。

《婆婆媳婦和舅公》劇情簡介：婆婆有八個兒子，卻無安身之所，只好住進弟弟管理的老年公寓。八兒媳婦聽說老年公寓要聘用一名服務員，很想抓住難得的機會找份工作，索性拿了一筐雞蛋來向舅公求情。不料先遇見了婆婆，婆婆誤以為這筐雞蛋是兒媳婦拿來孝敬自己的，於是婆媳發生了一陣爭吵。舅公告訴八兒媳婦，招誰當服務員婆婆說了算，讓她去求婆婆，這讓八兒媳婦很為難。然而，八兒媳婦萬萬沒想到，讓她當服務員的事婆婆早已經和舅公決定了。八兒媳婦終於跪在了婆婆面前，悔恨交加、失聲痛哭，要接婆婆回家。

《神鞭》劇情簡介：大布蘇湖中有一盛有寶物的大鐵車，多少人想方設法都沒能將車拉上岸。住在湖岸上的女東家派長工趕牛下湖拉車。車沒拉出來，牛卻被累死了。女東家正對長工發火，南方蠻子告訴她，生長在院子裡的一棵蘆葦就是能夠趕出鐵車的神鞭，並且說出了取神鞭的日期和時辰。女東家只想自己趕出鐵車獨取寶物，擅自提前拔下蘆葦，沒想到神鞭因此失去了效力。

▲《婆婆舅公和媳婦》獲獎證書

▲《神鞭》獲獎證書

大型戲曲劇本《新官上任》

二〇〇七年十月上旬，張海君創作大型戲
曲劇本《新官上任》，榮獲第五屆中國戲劇文
學獎銅獎，參加了在廣州市舉行的頒獎大會。
接著，參加了「中國劇本中心二〇〇七年理事
（擴大）會議」，張海君榮幸當選為中國劇本
中心理事。之後，作為中國劇作家代表團成
員，隨團赴香港和澳門進行藝術創作交流與採
風活動，受到香港藝術發展局局長梅子等政府
官員、文藝界知名人士的熱情接待。

▲《新官上任》獲獎獎牌

▲ 張海君在頒獎現場與香港藝術發展局局長梅子（中）在一起

細巧入微的乾安剪紙

剪紙於民國初傳入乾安縣。剪紙作為一種傳統的民間藝術，構圖嚴謹，具有濃郁的鄉土氣息和純樸的藝術特色，為人民群眾所喜愛。乾安縣流傳的剪紙工藝，以「龍鳳呈祥」、「五穀豐登」、「國泰民安」等民間題材為主。農村還有「窗花」剪紙。春節期間普遍張貼的「掛錢」，五色紛呈，薈萃了剪紙工藝的精華。一九九一年四月，舉辦大布蘇鎮夙字村剪紙作品展覽，展出剪紙作品六十五件。

乾安剪紙最早源於春節的熏畫、掛錢兒和窗花，有著自己獨特的風格。最初，無論是剪熏畫、窗花，還是摳（刻）掛錢兒，因為條件簡陋，工具簡單，剪法或刻法工藝粗放，線條粗獷。現在乾安剪紙已經轉變為剪法或刻法精細，線條柔細勻稱。構圖設計和造型由單圖到多聯，許多作品能夠表現宏大複雜的場面，人物背景互不遮擋，形成自然美。題材由單一的「喜慶」向生活的多樣化轉變，作品大多具有濃郁的地方特色和生活特徵，摒棄過去的老套。很多剪紙藝人技藝日臻成熟，逐步走向精湛，乾安剪紙技藝高超者不斷湧現，精品比比皆是。

▲ 吳昊剪紙作品《福》

▲ 張豔傑剪紙作品《美女圖》

任雨達的剪紙作品

一九八二年出生在乾安縣大布蘇鎮的任雨達現在從事著教育工作。她從小就酷愛剪紙藝術，多年來，一直學習鑽研剪紙技巧。中學時代她就在剪紙比賽中獲得過優異的成績。作品曾在二〇〇九年乾安縣剪紙大賽中獲得三等獎。

▲ 剪紙作品《荷花鴛鴦》

▲ 剪紙作品《孔雀牡丹》

▲ 剪紙作品《龍騰雲霧》

▲ 剪紙作品《荷香清暑》

商雲峰的剪紙作品

　　商雲峰出生於一九七四年，畢業於松原師範學校，現居乾安縣大布蘇鎮，從小受父親的薰陶喜愛書法、繪畫、剪紙。商雲峰在學校多次參加此類競賽並獲得獎項。一九九三年參加工作，任乾安縣大布蘇鎮希望小學的美術、音樂教師，他培養的美術特長生受到了社會的一致好評。

▲ 剪紙藝人商雲峰

▲ 商雲峰剪紙作品

朱國忠等的剪紙作品

　　自幼喜愛剪紙的朱國忠是乾安縣余字鄉
為字村人，他對民間剪紙藝術非常感興趣，
並決心將剪紙藝術傳承下去。作品《十二生
肖》在乾安縣首屆農民文化藝術節榮獲優秀
民間藝術作品獎，另有作品在乾安縣第五屆
農民文化藝術節榮獲「優秀工藝製作獎」。此
外，楊春豔、張靜、張豔傑等人的剪紙作品
也同樣細緻精美、生動逼真。

▲ 朱國忠的《黨的生日》

▲ 朱國忠的《新春祝福》

▲ 朱國忠的《西遊記》

▲ 楊春豔的《吉慶有餘》

▲ 曹雲貴的《廉》

▲ 張靜的《威虎》

▲ 張靜的《飛鳳》

▲ 張豔傑的《冰舞》

▲ 單金哲的《祖國萬歲》

▲ 張豔傑的《吉祥》

▲ 張加萍的《樂在團圓時》

▲ 溫豔香的《花籃》

西施　貂蟬　王昭君　楊玉環

▲ 張豔傑的《四美圖》

別具巧思的乾安根雕

乾安根雕大多是以本地的楊樹、柳樹、榆樹根為原料，經過篩選、構思、加工而成別具巧思的工藝品。其工藝經過精心選材、去皮清污、構思造型、雕刻成型、打磨、上色等工序而成。

乾安根雕的選材貴在自然。好的根材並不是隨

▲ 根雕藝人李青山

處可見，藝人們在林帶、湖畔甚至老百姓的柴堆，精心挑選天然造型的原料。去皮清污的方法有鮮剝法和浸泡法兩種。

乾安根雕構思造型是根據生活經驗，仔細琢磨、觀察其造型。構思好後加工，裁截掉多餘的根鬚，斷面用火燒加工成自然洞穴，凸面加工成瘤狀，達到自然美的效果。 用粗砂布打磨根料，將傷口痕跡磨平，再用細砂布拋光，使表面光亮可鑒，打磨時注意原有的色澤和紋理，上色古色古香。

乾安根雕構思奇巧，借其形態、紋理、節疤、凹凸、曲線、窟窿等天然殊姿異態，進行虛實結合的大膽設想，以抽象、誇張、朦朧見長。乾安根雕以李青山、龐春生、李慶民為「領軍人物」。

李青山的根雕作品

一九五五年生於乾安的李青山早已過了青春壯年，然而生命不息、藝術不止。他從小就酷愛藝術，尤其對根藝情有獨鍾，常於田間勞作時，從大自然中汲取靈氣，發現素材激發靈感，慨嘆著自然的神奇，開拓出創作的源泉。如今，根藝創作已融入他的生命，就這樣熱愛著，眷戀著。二〇〇二年，在松原市第二屆民間藝術展中，他的作品《吶喊》獲得創意一等獎；二〇〇六年，在乾安縣首屆農民文化藝術節上，作品《長壽島》、《飛天》榮獲優秀民間藝術品一等獎；二〇一〇年，在乾安縣第五屆農民文化藝術節參展的十七件作品均獲「優秀工藝製作」一等獎。

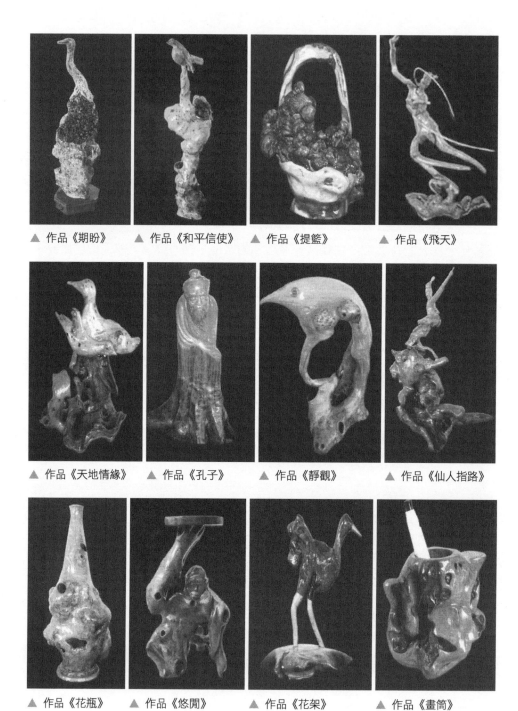

▲ 作品《期盼》　　▲ 作品《和平信使》　　▲ 作品《提籃》　　▲ 作品《飛天》

▲ 作品《天地情緣》　　▲ 作品《孔子》　　▲ 作品《靜觀》　　▲ 作品《仙人指路》

▲ 作品《花瓶》　　▲ 作品《悠閒》　　▲ 作品《花架》　　▲ 作品《畫筒》

李慶民的根雕作品

　　四十五歲的李慶民是土生土長的乾安人，他自幼酷愛美術，一九八八年畢業於乾安縣農技高中。不安於現狀的他一九九五年正式開始了根雕創作，對根藝追求精益求精，多次去外地學習。多年的潛心鑽研和創作，讓他有了頗多的收穫。他的根雕作品形態各異，千姿百態，構思獨特，古樸典雅，使他成為乾安縣根藝創作的領軍人物。

▲ 根雕藝人李慶民

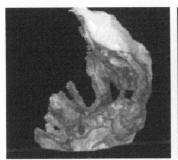

▲ 作品《偷視》

▲ 作品《孔雀》

▲ 作品《麋鹿》

▲ 作品《恐龍》

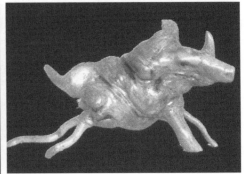

▲ 作品《野豬》

龐春生的根雕作品

▲ 根雕藝人龐春生

龐春生是乾安縣余字鄉一名普普通通的農民，五十一載春秋，練就了他樸實無華的性格，也積澱了對藝術無盡的熱愛。二十世紀八十年代初，他就開始了根雕創作，靈感來源於生活，收穫源自於思索和不斷的追求，多年來作品頗豐。為了積累創作素材，他不僅注意在身邊搜尋根雕原料，還遠赴外地探尋，足跡遍布祖國大江南北。面對根雕原料，他潛心揣摩，精心創作，一件件精美的藝術品便赫然呈現眼前。其作品多以動物、花卉為主。從事根雕創作，龐春生以陶冶情操為目的，豐富業餘生活為樂，這讓他的生活恬淡而平凡。

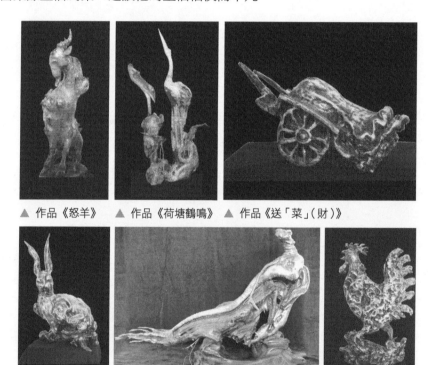

▲ 作品《怒羊》　▲ 作品《荷塘鶴鳴》　▲ 作品《送「菜」(財)》

▲ 作品《警覺》　▲ 作品《參王》　　　　　▲ 作品《報曉》

玲瓏剔透的乾安木雕

翟學進是國營乾安縣大遐畜牧場的職工，一九六三年出生，自幼熱愛美術，頗具天賦。自二〇〇四年開始木雕創作，先後製作百餘件手工藝製品。二〇〇九年加入吉林省工藝美術協會。

▲ 創作中的翟學進

他的作品精美、細緻、玲瓏剔透，每一個細節都顯得無可挑剔。作品多次在各地獲獎。代表作有《麒麟送子》、《聖水觀音》、《笑口常開》等。

▲ 作品《笑口常開》

▲ 作品《麒麟送子》

▲ 作品《大展宏圖》

▲ 作品《龍騰盛世》

▲ 作品《富貴永載》

匠心獨運的易開罐浮雕

　　張連寶的易開罐浮雕作品曾得到過很多獎項，二〇〇八年三月，易開罐浮雕畫作品《八駿圖》在松原市工藝美術作品展中獲二等獎；二〇〇九年，作品《梅蘭竹菊》獲哈達山酒杯賽特等獎；同年十月，在乾安縣慶祝新中國成立六十周年活動中，作品《長壽高節》獲特別獎；二〇一〇年九月，作品毛主席詩詞《沁園春·雪》在松原市工藝美術作品展中獲一等獎；二〇一一年十一月，作品《龍行天下》獲松原市第二屆哈達山文藝三等獎；二〇一四年八月，作品《山水四條屏》在松原首屆工藝作品展中獲金獎。

▲《碧橋清暑》　　▲《巡山暮歸》　　▲《對景思鄉》　　▲《江城秋訪》

　　張連寶自幼酷愛美術。一九九五年正月，在傳統習俗「送燈」時，他用易開罐做燈時發現，易開罐裏面是銀色的，光滑、好看，就覺得這個東西應該能幹點啥。於是在工作之餘，他開始了對易開罐的研究。他把易開罐先做成了

畫、剪成了字、裝上了框，感覺效果還不錯。就這樣，他興趣越來越濃，一邊擺弄一邊研究，做出了一些小作品，受到了大家的好評。多年來，他專注於易開罐浮雕創作，內容涉獵花鳥魚蟲、人物、風景、藝術字等各個類別，作品栩栩如生，日臻精美。《梅蘭竹菊》《松鷹》等作品還獲得了吉林省版權局的專利。

　　創作《山水四條屏》，花費了張連寶很多時間和精力。山水畫的遠近關係，還得用自然不著色的易開罐，很難做。經過一年的反覆研究，他把鐵的、鋁的易開罐結合在一起，終於找出了遠近透視關係。功夫不負有心人。張連寶的苦功，使作品《山水四條屏》獲松原首屆工藝美術作品展金獎。

　　如今，乾安縣很多單位都收藏有張連寶的易開罐浮雕作品，美國、韓國、加拿大、以色列等國也都有張連寶的易開罐浮雕作品。他用易開罐創作浮雕畫的事，曾多次在《吉林日報》《松原日報》《松原晨訊》等報紙刊發；吉林電視台、松原電視臺和乾安電視臺也曾多次對他進行報導。張連寶的易開罐浮雕畫，走進了個人收藏所，也走出了國門，在創造價值的同時，充實了心靈，豐富了退休生活，也為乾安文化產業的發展繁榮注入了活力。

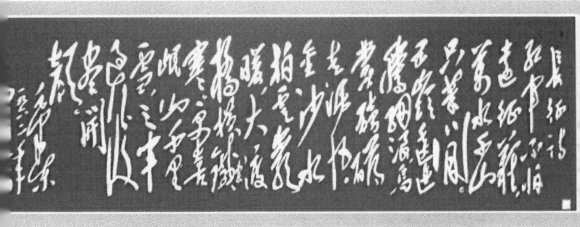

▲ 毛澤東《長征》

▲ 浮雕作品《鶴樂圖》

▲ 浮雕作品《春韻》

▲ 浮雕作品《中國龍》

▲ 浮雕作品《三友》

獨具特色的樹葉貼畫

溫淑琴是一名優秀的小學教師，字暖風。她從事教學工作三十餘年，由於酷愛大自然，對美術情有獨鍾，在教學之餘開始了葉貼畫的研究創作，作品多次參加省、市級大賽並獲獎。現為吉林省民間藝術家協會會員。

▲ 樹葉貼畫藝人溫淑琴

她的葉貼畫作品選用各種形狀、顏色的樹葉，經巧妙構思，精心製作，以花鳥等動植物為主要題材，精美而不失典雅，創意獨特。一九九六年，在全國首屆環保文學、美術、書法大賽中作品《聆聽》獲三等獎，作品發表在《跨世紀書畫精品懷歷》，並由中國大方書畫廊收藏。

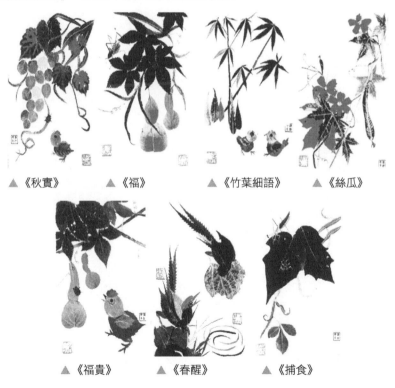

▲《秋實》　　▲《福》　　▲《竹葉細語》　　▲《絲瓜》

▲《福貴》　　▲《春醒》　　▲《捕食》

栩栩如生的羽毛畫

▲ 羽毛畫藝人姜興華

二〇〇三年畢業於吉林特產學院野生動物系養殖專業的姜興華，是個標準的八十後，彪悍的東北小夥子卻有著一顆細膩的藝術之心。他一九九五年從師學習標本製作技術，有部分作品陳於吉林特產學院和北華大學博物館。他擅長鳥類標本製作，基於對技術和藝術效果的不斷追求，相繼研究學習獸類標本，骨骼標本，昆蟲及琥珀標本、根雕技藝、沙盤布景的製作。

▲ 羽毛畫作品

▲ 姜興華羽毛作品

百尺長卷刺繡《中華民族魂》

刺繡作品長卷《中華民族魂》，長約三十三米，作品以長城為背景，以「長城是一條巨龍，盤臥在母親懷裡，象徵中華五千年文化，五十六個民族兄弟姐妹生活在長城腳下，手拉手、肩並肩，共同建設美好家園」為主題思想。刺繡的人物形象栩栩如生，各具特色，為中華民族的和諧團結繪出彩色的一筆。此幅長卷在一九九五年九月四日北京召開的第四次世界婦女大會上吉林廳展出，作品以其高尚的創意，精美的工藝受到了廣泛的關注和好評，昭示了中國民間女子的不凡和才藝。

▲ 百尺長卷刺繡作者張淑芳

作者張淑芳一九六六年出生於吉林省乾安縣所字鎮仙字村，是一名普通的農民，她自幼在祖母的薰陶下，對剪紙、刺繡、布貼畫產生了濃厚興趣，經過多年的勤奮努力，作品走向成熟並多次獲獎。一九八七年，她的刺繡作品《仕女圖》在白城地區美術協會作品展中獲三等獎。一九九五年，為聯合國第四次世界婦女大會所做的繡品《中華民族魂》在北京展出，為中國婦女爭了光。一九九七年，刺繡作品《回到鄉親的懷抱》《大團結萬歲》在乾安縣「慶祝香港回歸」作品展中獲一等獎。同年，她本人被吉林省文化廳評為省級民間藝術

▲《中華民族魂》

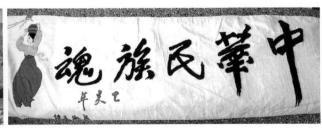

▲《中華民族魂》局部

▲ 《中華民族魂》局部

家，被松原市文化局評為市級民間藝術家。

　　二〇一三年，張淑芳又在乾安縣工美協會舉辦的培訓班上學會了玉米葉貼畫，心靈手巧的她經過細心琢磨，短短的時間裡就創作了多幅精彩、美妙的作品，有的還被人買去當禮品。農閒時，創作這些手工藝作品，讓她感到很充實，而她也將繼續努力，製作出更多純天然系列的藝術品。如今，乾安縣許多工藝美術愛好者都掌握了玉米葉貼畫的製作技巧，把農村一直用來燒火的東西，神奇地變成了一幅幅精美的藝術品，猶如一束束火焰在乾安大地上燃燒、起舞。

▲ 張淑芳和她的玉米葉貼畫

▲ 《壽星》

五百米中國工筆人物畫長卷《社會》

　　中國畫工筆人物《社會》，巨幅長卷五百米，高一點二米。作畫時間長達十五年之久。此畫以工筆精細的手法描繪了從紅軍長征到改革開放，中國所走過的光輝偉大而曲折的道路。如爬雪山，過草地，抗日戰爭，中華人民共和國成立，粉碎「四人幫」，香港和澳門回歸等國家重大歷史事件，工農商學兵，天文，地理，三百六十行無所不有，人物形象刻畫得栩栩如生，真正達到了千人千面，萬人萬相的藝術效果，社會生活氣息特別濃厚，充分反映了中國勞動人民戰天鬥地、可歌可泣的火熱生活場面，是一幅不可多得的歷史長卷。

▲《社會》局部

作者王鳳成一九六三年出生於吉林省乾安縣，從小就酷愛美術，視藝術為自己的的生命。曾就讀於中央美術學院國畫系工筆人物專業，他的國畫工筆人物作品在國際美術大展上榮獲「金牌」，並赴日本、韓國、馬來西亞等國巡迴展出，受到國際友人的高度讚揚。工筆人物畫作品《草原晨曲》入選中央數字電視書畫頻道「迎新春書畫作品展播」，於二〇一一年二月十九日在央視書畫頻道播出。作品入選《當代中國書畫名家精品大典》和《中國當代實力派書畫名家優秀作品集》……同時又被授予「中國當代實力派書畫藝術家」、「首屆當代百名最佳畫家」等稱號。作品先後被翰墨書畫院和東坡書畫院永久收藏。

▲ 工筆人物畫長卷《社會》

方寸螢屏展井方炫美樂章

「天地玄黃，宇宙洪荒。日月盈昃，辰宿列張……」朗朗上口的國學啟蒙教育讀物《千字文》，千百年來孕育培養了眾多先賢，同時也造就了一個方圓三六一六點六平方公里，三十萬人口的北國小縣——乾安縣。乾安縣是全國僅有的一個村鎮地名稱謂使用《千字文》依序擇字取名的縣。國際區域性環境組織經《亞太人文與生態價值評估體系》評估，「中國乾安千字井」人文地名與區劃景觀入選「亞太最值保留的人文歷史財富」藍皮書名錄，並評價乾安縣全境為「中國最奇特的鄉村地名文化博覽園」。

乾安電視台的專題節目《井方在線》原名《井字方》，是一檔綜合性板塊式雜誌欄目。欄目創辦於一九九五年，歷經二十年的不斷努力、發展創新，人員雖幾經變化，但節目始終立足並放眼乾安「井方」大地，一心為百姓服務，頗得觀眾喜愛。《井方在線》節目，是一檔力圖通過鏡頭全方位立體展示乾安經濟、文化發展與百姓生活變遷的一檔大型綜合節目。目前，節目每週播出一期，首播時間為「乾安綜合頻道」每週六十九點三十五分，週三同一時間重播。

▲《井方線上》播音

▲《井方線上》錄製現場

二〇一〇年，井方在線欄目進行改版。節目提出的口號是「以百姓的視角記錄井方變遷，用我們的螢屏點亮您關注的目光」。改版後的節目定位更貼近民生，內容涵蓋更加豐富，服務範圍更加廣泛。改版後，節目收視人群增加，欄目播出內容經常成為人們熱議的話題。

欄目緊跟乾安城鄉發展的腳步，緊隨時代節拍，在所設欄目中始終堅持把鏡頭對準城鄉發展各行各業中的先進事蹟與人物楷模，弘揚主旋律。《視野》《井方人》節目中一個個不同時期的勞模、致富能手煥發著青春與活力，傳達出積極向上的高亢聲音，傳遞著正能量；各行各業日新月異的變化，如同一個個微電影展示著變化無處不在。他們組合起來構成了乾安城鄉二十年發展的壯麗立體畫卷。

在《井方在線》節目中，始終把社會的熱點難點問題作為關注對象，關注

社會熱點，把握時代脈搏。積極關注環保、醫療改革、食品安全、城市改造、社會安定等具有時代性和階段性話題，通過對相關部門與相關單位的採訪，通過對一些熱點難點問題的提出、分析與說明，「望聞問切」，架起政府職能部門與群眾溝通的橋梁與紐帶。先後開辦的《城市廣角》《公安專遞》《綠色行動》等欄目，有效地宣傳了國家的相關政策法規，傳遞了市民的訴求，為構建和諧社會起到了應有的作用。

▲ 《井方線上》錄製現場

▲ 主創人員擬定《井方線上》編導方案

　　關注熱點難點問題，更關注百姓日常生活。《井方在線》二十年的創辦過程中，始終把服務民生當作主要宗旨和理念。《農廣天地》《美味飲食》《理財有道》《大拍檔》等欄目，從積極服務人們生產、生活、宣傳地域文化飲食特色的角度出發，應節應季為人們做出實用性強、預見性及時的指導，積極打造老百姓自己的螢屏。

　　二〇一一年《井方在線》代表乾安電視台參加二〇一〇年度吉林省廣播電視優秀欄目評選中，榮獲三等獎，同時被松原市委宣傳部評為「松原新聞優秀欄目」三等獎。策劃錄製的訪談類特別節目「清華學子暢談學習經驗」和兩年的「賀新春過新年」節目，取得了良好的社會效果。

▲ 乾安電視臺記者現場採訪

　　《井方在線》欄目組不懈的努力工作：用手中的筆、肩上的攝像機、手中的話筒記錄下井方大地滄桑巨變，在方寸螢屏中更好地展現三十萬井方人奏響的絢麗動聽的樂章。乾安廣電弘揚敢為天下先的創新精神，發揮品牌、人才、資源優勢，以體制創新為支撐，以管理創新為手段，以人才隊伍建設為基礎，用智慧和汗水，在跨越發展的征途上，續寫廣電創新發展的新篇章。

▲ 乾安電視臺工作人員與演員們在一起

第六章 ——

文化風俗

一種深藏在人民的行為、語言和心理中的基本力量，一種來自於人民，傳承於
人民的生活文化，從古老的年代流傳至今，深植於民間，貼近百姓的身心和生
活。多少孩童時代的記憶已經模糊，多少精彩的底片被時光慢慢沖淡，多少老
輩人的風俗習慣幾近消失，而那個年代塵封的往事、那些散發著鹽鹹味兒的風
土人情，讓乾安人打心坎裡感到溫暖。

▍習俗禮儀

漢族服裝 「中華民國」時期，男女都穿長袍，男人有的外加馬褂，夏季穿長衫。工人和農民勞動時穿短衣。東北淪陷時期，逐漸時興短衣，冬季外出加大衣，婦女時興穿旗袍。衣料，富人用綢緞，平民用棉布，窮人用「更生布」（用舊棉絮紡織成的粗布）。二十世紀四十年代初期，日本的「大合縐」、「湖縐」、「線綈」等麻織品，開始用做婦女服裝面料。偽政府官員穿綠色毛料「協和服」，軍官和警官著呢料軍警裝。軍政人員戴綠色「戰鬥帽」。平民百姓男人無頭飾，春秋戴氈帽，夏季戴草帽，冬季戴皮帽。女人未婚梳辮子或留短髮，已婚的梳髮髻。富人女性戴耳環、手鐲，金、銀、銅質不一。百姓多穿家做布鞋，富人穿皮鞋。農民冬季穿烏拉，戴狗皮帽子，富人戴貂殼或狐狸皮帽子，穿皮襖；窮人夏季穿牛舔鼻子鞋或打赤腳。

解放初，成年男子開始著中山裝（也叫幹部服）或制服，多數穿對襟明扣小褂，顏色多為藍、灰、白、青四種。婦女仍穿旗袍，參加工作的婦女幹部也著藍、灰色中山裝，同男裝基本相同。新中國成立後，逐漸淘汰旗袍，成年婦

▲ 靰鞡

▲ 狗皮帽子與皮襖

女著短衣。服裝面料多為棉布，有土布、斜紋布、花旗布、華達呢等。花色、款式極為單一。不戴首飾。男人頭戴藍、青、灰色制帽者居多，冬季戴皮帽；女人扎紗巾，冬季戴圍巾。鞋子有布鞋、膠鞋、皮鞋等。二十世紀五十年代中期，隨著經濟的發展，服裝也進行了改革。提倡男女有別，婦女可以穿花衣、裙子、旗袍。提倡少年兒童穿鮮豔服裝。男子可穿西服。一九六三年以後，夏季時興穿塑料涼鞋。「文革」時期，掃「四舊」殃及服裝，認為講究穿戴是資產階級思想意識。「紅衛兵」清一色草綠色衣褲，腰繫皮帶，佩戴紅袖標。服裝又趨於統一。

一九八〇年後，男女服裝改進很快。城鎮的男職工春、夏、秋多穿西裝，冬季穿棉衣，外套中山服。婦女和兒童服裝花色多樣，款式新穎。婦女時興戴戒指、手鐲、耳飾、項鏈等。已婚婦女多燙髮，講究髮式，毛呢衣料、皮鞋和高跟鞋逐漸普及。棉帽多為羊剪絨製作。

進入二十世紀八十年代後期，漢族服式發展很快，出口轉內銷產品深受百姓歡迎。時尚喇叭褲、筒褲。布料逐漸向紗、絹、絨、的確良、毛達呢、毛的確良、毛嗶嘰等優質布料發展。花色繁多，樣式新穎，男式有中山服、青年服、西裝、夾克等。女式有短裙、長裙或西服。二十世紀九十年代後，男式時尚西裝，款式由單排釦子變成雙排釦子，中青年時尚緊身服式。歐式、港式等流行樣式深受女士的青睞。

春秋季節男士多為西裝，短夾克，筒褲。女士多為色彩各異的純毛衫，長及腳脖的風衣或純毛套裙、皮裙等。夏季男士多為西褲、休閒褲、休閒半截袖或高檔襯衫。女士多為各色連衣裙，緊身短裙，無袖長、短裙等。冬季除中老年人外，青年不穿棉衣棉褲，男士大多穿羽絨服、休閒大衣、皮衣等，一般不戴帽子。女士多為內穿毛衣、毛褲、毛裙，外罩各類絨呢大衣、皮大衣，腳穿長、短皮靴。進入二十世紀九十年代後，各中小學開始著學校統一製作的服裝，並佩戴胸卡，小學生還要戴紅領巾和隊標。兒童服裝更是多姿多彩，面料優質，款式新穎。品種繁多的童裝、童鞋、童帽深受孩子們的喜歡。

朝鮮族民族服裝　上衣短緊，褲子肥大，便於生產和生活。男子和老年婦女多著白色和黑色衣服，年輕婦女喜著豔麗衣裙。

　　蒙古族服飾　新中國成立前，蒙古族男女農牧民按傳統習慣著裝多為長袍，用長腰帶束緊。衣袍寬大，解開腰帶可拖地，「畫以為衣，夜以為被」，適宜於草原生活。服裝質地多皮襖，布質的衣服多為赤紫色或黃色。隨著社會的發展，生產力的提高，棉布、絲綢顏色的增多，男青年多數穿天藍色或淺灰色長袍，女青年一般穿淺綠色或粉紅色長袍，老年人穿赤紫色或黃色的長袍。成年男子一般在腰帶前掛鼻煙壺，在腰間掛煙囊，右腰間掛食具（餐刀和筷子）。為了騎馬不易脫鐙和用腿驅馬時不磨腿肚，蒙民男女多數腳穿皮製或布製筒靴子。婦女穿的靴子有長筒靴和短筒靴兩種，靴靿一般都刺繡各種花紋和雲卷。中老年男子梳髮辮盤在頭頂，冬天加戴卷耳皮帽。青年婦女用長巾紮頭，中老年婦女梳髮髻。結婚後的婦女，頭髮從前往後分開梳成髮辮，一般都有別簪插花，不戴帽子。蒙古族婦女不纏足，但穿耳孔，掛各種式樣的耳飾，戴手鐲。新中國成立後，少數蒙古族老年人仍習慣穿長袍，五十歲以上的婦女中，也有穿帶大襟的短上衣，戴手鐲和耳飾的。男女青壯年在出席盛大集會、重要節日和外出參觀時，穿蒙古長袍，平時衣著基本和漢族相同。

▲　包年（黏）豆包

漢族飲食　新中國成立前，漢族長期以高粱、玉米、穀子為主食。新中國成立後，農民分到了土地，開始常年有糧吃，主食玉米麵、高粱米、小米、黃米（或黃米麵），逢年節吃少許大米、白麵，多為自產自食，也有少量品種互易。春節前，農民有淘黃米、磨成麵，蒸年（黏）豆包的習慣。副食主要是蔬菜，有白菜、蘿蔔、辣椒、豆角、南瓜、馬鈴薯、茄子、芹菜、黃瓜等。夏季吃鮮，冬季吃乾。白菜、馬鈴薯、蘿蔔實行冬儲，多數人家秋末醃酸菜，以備冬天食用。

肉食以豬肉為主，多數農民自育肥豬，冬至後，春節前自己宰殺，謂「殺年豬」。屆時宴請親友。豬肉除冷凍貯存供春節期間食用外，腔子油和肥肉則生煉成葷油為常年油水。節日吃少量牛羊肉，平時買肉吃者極少。農民養雞、鴨、鵝，賣蛋購置油鹽，除清明、端午節，或招待客人外，很少自食。

一九七八年以後，農業生產實行聯產計酬或包產到戶，糧食產量倍增，農民收入增多，平時也吃細糧。副食肉蛋增加，節日或宴客有雞、魚、肉。冬季也可吃到新鮮蔬菜。城鎮有半數以上居民主食白麵、大米，肉食不斷。菜餚做法也開始講究。招待賓客和喜慶宴席日趨豐盛。

漢族人飲酒，以白酒為主。新中國成立前，平民百姓只節日宴客飲用，婚喪宴席必有酒。老年人有嗜酒常飲者。飲果酒、啤酒者均為富人。新中國成立後，特別是二十世紀八十年代以後，飲用果酒、啤酒者逐年增多。漢族人一般無飲茶習慣，但有以茶待客的習俗，多用紅茶。

▲ 酒壺與酒盅

▲ 沏茶之壺

隨著人民生活水平的不斷提高，漢族喜食的大米、白麵已成為家常便飯。粗糧細做，品種繁多，如玉米做成玉米餅、大煎餅、大豆可做成大豆腐、小豆腐、豆漿、豆腐皮、豆腐乾、豆腐腦、豆醬、豆芽等食品，深受群眾的喜愛。由於塑料大棚暖窖逐年增多和南菜北運，在寒冷的冬季也可吃到黃瓜、豆角、辣椒、韭菜、柿子等新鮮蔬菜。漢族人喜吃豬肉，但豬肉燉粉條的食法已不多見，多加工成各種風味的美味佳餚，並輔以牛、羊、雞、鵝、魚肉。同時，狗肉、驢肉、鴿肉等也成為人們餐桌上的美食。麵食主要有麵條、餃子、包子、饅頭、花捲、豆沙包、麵包、麻花、油條及各種餅類。

飲用烈性白酒的人群在逐漸減少，大多數有飲酒習慣的人，已改飲用低度白酒、果酒、啤酒或可樂等飲料。

蒙古族飲食 蒙古族人民在民國時期的游牧生活時，以牛、羊肉，炒米為主要食品，並喜食牛奶及奶製品。手把肉，蒙古語稱「布胡里得那」，是蒙古族飲食中的上等佳餚，一般都在八九月份吃。這個季節羊毛長齊，羊肉肥嫩，食用可增加營養並祛暑。炒米，蒙古語稱「胡賓巴達」是把稷子洗淨先蒸後炒，去皮，淨糠而成。多用奶茶浸泡，搭配奶製品和肉類食品食用，可乾食，也可加少許鹽水泡食。如今有人用炒米拌奶油和白糖，涼後切成塊食用，香甜可口。

蒙古族人喜歡飲茶，有「寧可一日無食，不可一日無茶」之說。飲茶前，先將磚茶搗碎，用沸水沏飲，或把茶放在鍋內煮好後，貯存在保溫瓶裡，隨時飲用。在牧區或半牧區的蒙古族人喜歡飲奶茶，奶茶的做法是：先將磚茶搗碎，放入鮮奶，沸騰時不斷用勺攪動，至茶乳交融後，除去殘茶，將奶茶盛於壺內或連鍋放在溫火上，放少許食鹽飲用。蒙古族人民多嗜酒，有的人酒量很大，有的人喜歡喝馬奶酒或高度數的白酒。蒙古族人民由牧業轉為農業為主後，主食為玉米、小米、高粱米、黃米、大米、麵粉；副食品中，以蔬菜為主，肉食為輔，與漢族人民無大差別。

滿族飲食 滿族還保留入關前的飲食習慣，主食多半以小米、大黃米、豬

▲ 二十世紀五十年代的倉房

▲ 二十世紀六十年代的住房（現代加瓦、抹灰裙）

油為主，副食種類不多，烹調比較簡單，主要有燒、烤、煮、燉、涮等方法。縣內的涮羊肉、火鍋等菜起源於滿族人。滿族人喜歡種植黏性作物和製做黏麵食，豆麵餑餑、炸糕等。滿族的肉食以豬肉為主，如醬豬肉、滷豬肉、燻肉、燒肉，逢年過節還要做白肉血腸、紅燒豬肉、片肘花等。

　　朝鮮族飲食　朝鮮族的特殊食品是「打糕」。在蔬菜中，喜食辣椒，肉食中，喜食狗肉。朝鮮鹹菜，品種多，醃製精細，味道鮮美。

▲ 二十世紀七十年代的住房

住房　新中國成立前，乾安縣漢族平民住宅皆為土平房。一幢兩間、三間居多，也有五間的，牆壁為土築的，用柱腳支起梁柁，然後架上檁子，有五條的、七條的和九條的，赤貧者上三條檁，上面用蘆葦或秫秸鋪箔，覆鹼土，以防風遮雨。門窗糊紙，窗戶留洞，塞棉絮團，一有動靜，拽開窺視。三間房有的一頭開門，進門一間為廚房，有的中間開門為廚房。臥室有的搭對面炕，有的一面搭炕。房屋質量成色主要看木料，松木為上，楊榆木次之，樺木較差。

富人蓋磚平房，結構與土平房基本相同，只是做工加細，天棚窗戶糊白磨照紙，下扇全上玻璃，採光較好。貧民也有住「馬架」的，土牆木架，極其簡陋，甚至不避風雨。

新中國成立後，許多農民把舊房翻新，也有的蓋了新房，但結構、樣式、質量無大變化，只是面積略有增加。窗戶全嵌上玻璃，即所謂「三間房，紙糊牆，玻璃窗，亮堂堂」。

二十世紀八十年代初，農村有的富裕戶蓋上了磚掛面或全磚的房屋。一九

▲ 二十世紀八十年代的住房

八三年以後，蓋磚房的逐漸增多，取名「北京平」，兩間或兩間半的居多，結構也發生了變化，一般設走廊、客房、臥室、廚房，廚房位置由明轉暗。城鎮居民新蓋房一色是磚房，也出現了少數磚混結構和磚瓦結構的房屋，內部裝修也日趨講究。地面水磨石，廚房鑲瓷磚的為數很多。

進入二十世紀八十年代後期，漢族住房發生了巨大的變化，一部分城鎮居民住起集中供暖的集資樓和商品樓，特別是進入九十年代，統建樓房增多，多為五至六層。多數城鎮居民遷進樓房，以床代炕。每戶面積不等，分臥室、客廳、廚房、衛生間、陽台等，多數家庭裝飾簡單、大方，少數收入高的家庭裝潢講究豪華、高檔。隨著農民生活水平的提高，農村住房也發生了很大的變化，大多數鄉鎮的居民都建起磚瓦結構、獨門獨院的房屋。

民國時期，曾一度為蒙古族集聚區。蒙古族人在過游牧生活時，住蒙古包。蒙古包有移動式和固定式兩種。移動式的蒙古包為「逐水草而居」的牧民所用；固定式的蒙古包多為半農半牧人家或游牧人員的家眷所用。

蒙古包中央有一大火盆，上吊鐵環，把鍋或壺掛在環上，燃料大部分是牛糞和木柴，炊煙受包形限制直接從包頂留的天窗冒出。與門相對的正面包壁上掛著佛像、佛龕，佛像下是供桌，桌上經常點燃奶油（麻油）燈、香燭，擺放些供品。供桌裡放些日常食用品、餐具等。門的左右側設有低矮的木製床鋪，上鋪毛氈，左床住男人，右床住女人。若來客人，都讓在左邊的床位上就座。蒙古族定居以後，除王公貴族住磚瓦結構房屋外，一般平民多住土房或馬架子，房內結構及設置除「卍字炕」獨具特色外，大體和漢族人一樣。蒙古族家庭都有一個搭在西窗下的順山炕和南北炕相連，俗稱「卍字炕」。蒙古族住宅西牆設的西窗，不僅可使室內光線充足，更主要是為了敬祖。分東西兩屋的住宅，西屋為長輩居室，亦表尊敬。

出行　民國時期，客運條件極差。開始僅有笨重的大鐵車和簡陋的爬犁；稍後出現了花軲轆車；再後，有了比較輕便的鋼軸車。少量的馬車，僅供富人乘坐。勞苦大眾只能徒步。

東北淪陷時期，膠輪車開始使用。汽車、自行車罕見，均為有錢人家「專用品」。

新中國建立後，交通方面變化顯著。汽車多了，代替了馬車，自行車遍及全境。

一九五〇年，全縣有兩輛客運公共汽車，五十個座位。一九六一年增至四輛。一九八一年，全縣有公共汽車和機關、工廠大小客運汽車二十八輛。一九八五年，全縣有公共汽車和機關、工廠大小客運汽車四十五輛。其中，公共客運汽車二十七輛，年客運量九十二萬四千人次。個體客運汽車八輛，年客運量達二十七萬七千四百人次。遠通前郭旗、開通、長嶺、白城、長春等地，近達全縣各鄉鎮，僅公共汽車每天客運量就達三千二百九十多人次。

一九六六年十二月，通讓鐵路通車，縱貫北部縣境，與平齊線、濱州線銜接，去哈爾濱、瀋陽、北京等地極為便利。人們外出遠程乘火車、汽車，近程騎自行車、摩托車。形成了以縣城、水字鎮及大布蘇鎮為中心的交通網。火車、汽車四通八達。

一九八五年，全縣有自行車六千七百一十五台，農村平均每三至四人一台，城鎮平均兩人一台，摩托車增加，全縣有八百七十五台，人均占有量居全省諸縣之首。

婚嫁 新中國成立前，婚姻制度不合理。一是「父母之命，媒妁之言」的封建包辦婚姻。一是「門當戶對」的憑財勢和權力聯姻的買賣婚姻。

民國初期，訂婚男女不能見面，經媒人撮合，雙方家長一經同意，就定下相親的日子，叫「相門戶」。屆時男方拿著衣物、首飾、錢款由媒人引導，一行數人到女家，謂之「過小禮」。「過大禮」是在臨結婚前，須把雙方商定的衣物、錢款全都過齊，女家方允結婚。

婚禮要操辦三天。第一天「響棚」，請吹鼓手、廚師和撈頭忙的，準備菜餚，扎轎車子，撒請帖。第二天「走轎」，到女家去娶親，新郎先到祖墳祭奠，後披紅騎馬走在前頭，隨行者均為青年男子，或六人或八人，騎馬陪同新

郎前往迎娶，名曰「對子馬」。前面鳴鑼開道，後有三輛大車相隨，到女家後，設席款待，留住一宿。第三天「正日」，新娘身著一套紅衣，足著繡花鞋，頭梳疙瘩鬏，罩上蒙頭紅，由新娘的哥哥或表哥抱上轎車，轎的左前方有個年歲小的男孩「壓轎」，還有一位「伴娘」陪坐。迎親車要起大早，轎到男方家，新娘由伴娘與娶親婆左右相攙下轎，一幫姑娘來到轎車前，先讓新娘抓一把「福錢」，再給新娘兜把斧子，踩高粱口袋。同時遞給新娘、新郎每人一個「保命壺」，兩壺之間有紅絨線牽繫，新郎在前，新娘在後，紅繩牽定，步履紅氈。走到「天地桌」前，雙雙拜天地。進門前，一幫青年手抓五穀向兩新人劈頭打來，叫「沖熬」。入新房，雙雙面南在炕上「坐福」。坐完「福」新郎下炕拜小席。稍後，男方設宴款待送親的賓客，席後賓客歸，新娘開始「上拜」，吹鼓手高奏禮樂，兩新人跪在紅氈上，尊長依次坐在座位上受新人禮拜。受拜者要賞給新人錢。客散賓歸，洞房花燭高照，新郎新娘飲合杯酒、吃長壽麵。

民國後期，迎娶之習漸衰，送親之風日盛。女方聚親朋摯友，乘車輿送新娘於男家，酒席宴罷，即日返歸，曰「打當日」。新婚夫婦有的三天「回門」，當日即歸，有的七天「回門」，八天而返。新中國成立前，無論是窮者，還是富者，均必恪守婚嫁程式。只是富者較之貧者儀式舉行得隆重，場面顯得紅火，酒宴辦得豐盛罷了。

新中國成立後，陳規舊習失去了約束力量，青年男女要求婚姻自主，成為不可阻擋的潮流。

二十世紀五十年代，婦女從封建桎梏中解放出來，頂起「半邊天」，政治上與男子平等。在勞動生產與革命鬥爭中，男女交往再無拘束。命運的結合出自愛情，相愛中的男女，到政府有關部門登記，領上結婚證，就為法定夫妻。女子出嫁以索取財物為恥，不求繁縟奢華。

二十世紀六十年代，男女結合過程一般是：先由介紹人牽線，雙方同意後，擇定日期到男家相親。訂婚後領取結婚證就可結婚。

「文革」期間，古老風俗一概被斥為「四舊」而蕩然無存。男婚女嫁，草草舉行一個儀式，新郎新娘只向毛主席像敬個禮，就算完事。

二十世紀八十年代，婚戀日趨「開放」，青年男女花前月下海誓山盟，樹蔭溪畔談情說愛，已司空見慣。自由戀愛，美滿結合，成為現實。

結婚禮儀基本沿用舊習，但已從簡，獨有鬧洞房之俗與昔迥然不同。是夜，新郎新娘入洞房後，同輩長者（婦女）手持盛滿五穀的「喜瓶」，邊撒糧食邊念喜嗑：「撒五穀，生金銀（人），天造地設好婚姻；心兒齊，手兒勤，發家致富日月新。」

一九八六年到二十世紀九十年代中期，隨著生活水平的提高，漢族婚禮開始講究排場，婚禮場面不斷增大，普遍用汽車、轎車迎娶新娘，在飯店及家裡擺宴席。結婚用品有電視機、洗衣機、收錄機。一九九五年以後，婚禮場面更加壯觀，婚後生活用品向著高檔電器發展，大屏幕彩色電視機、影碟機、攝像機、電冰箱等家電走進普通百姓家庭。婚禮當天，男方家雇迎親車多則幾十輛，少則十幾輛，迎娶新娘，女方家有二十至三十人送親。婚禮儀式一般在男方家選定的飯店舉行，設專人主持。主要議程有：主持人宣布新郎新娘入席，並奏婚禮進行曲，介紹兩位新人的情況，新郎新娘互戴紅花，互戴戒指，喝交杯酒，向雙方長輩及來賓行禮，以表謝意。婚禮結束後，親朋好友在飯店就餐。女方家來客為上賓，坐在前面最佳位子。席間，新郎、新娘要向來賓及親友敬酒。婚後三天，新婚夫婦攜帶禮品回門看望女方雙親。

生育　婦女從受孕到生產的過程被看作是一個非常的社會成員，她在社會中出現要遵守各種各樣的禁忌和禮儀。較常見的孕婦禁忌有：不許吃公雞、螃蟹、兔肉等不利於孕婦和胎兒的食品，

▲ 育兒悠車

不許到婚禮的場合接見新娘。懷孕期間，特別是臨近生產的時候，娘家會贈送嬰兒用品給女兒。

自古以來生育是添人進口、傳宗接代的人生大事。故此有「洗三」、「滿月」和「抓周」等習俗。

「洗三」即嬰兒出生之後第三天舉行的慶賀儀式，也叫作「三朝」。在北方給嬰兒實行「洗三」時多用艾葉、花椒等，由老年婦女為嬰兒擦身，認為這樣做可以去掉胎氣。有的地方邊洗還要邊唱喜歌，預祝他長大成人之後能夠讀書做官，出人頭地。「洗三」也謂之「喜三」，擺喜宴，全家人及其親朋好友慶賀，嬰兒滿月之前，親友須攜禮物「下奶」，主要是雞蛋、麻花、魚、肉、掛麵、紅糖等。也有的送衣物。此間，須有家中長輩權威者為嬰兒起乳名（又稱小名，以同後起的學名即「大號」相對應）。嬰兒滿月前，生人不得進入母嬰臥室，家裡也嚴禁往外借東西，忌「帶奶」（嬰兒奶水被「帶」走）。嬰兒百日稱「過百歲」，一般宴請親友，被請者送賀禮，禮物多為衣物、玩具、嬰兒食品等。

二十世紀八十年代後，人們生活普遍富裕起來，生育禮儀作為喜慶的一項重要內容漸趨紅火。主家生子，一般三日內設宴招待親友，親友隨禮金以示祝賀，而以糖、蛋、掛麵「下奶」者漸少。同樣，滿月、百日慶典也均以喜宴方式舉行，祝賀禮物也漸被一定數額的禮金所取代。

「滿月」產婦在生產後的一個月內不能做事，不能出門，叫作「坐月子」，這期間嬰兒不能被抱出戶。到了一個月，嬰兒已經可以適應了離開母親的環境，所以在嬰兒滿月的時候他的父親就會為他舉行慶賀儀式，許多親友都來參加宴會，並且由舅舅主持剃掉胎髮，然後抱著他走街串巷見見街坊鄰居，據說這樣可以使嬰兒將來不怕生人。

「躲臊窩子」即嬰兒出生滿月後，由產婦的娘家人將產婦和嬰兒一起接回娘家住些日子的習俗。

「抓周」除了宴請的賓客之外，這一天特別舉行檢驗小孩子天賦和卜測未

來前途的「抓周」儀式。孩子的身邊擺放著各種物品，任由孩子抓取，以判斷孩子未來的志趣。

壽誕　境內各民族一般都有「男不做三十，女不做四十」的俗規。做生日祝壽，一般在五十歲以後，稱作大壽。五十特別是六十歲以上整壽都有不同程度的喜慶活動，謂之「過大壽」。所請客人一般以家庭成員和近親為主，主食多為麵條和餃子。兒孫、至親等送長壽麵、壽桃。文士之家多送壽聯、壽幛，壽聯一般為「福如東海，壽比南山」之類，壽幛均為滿幅大壽字，有的上下款題祝語。有的人家則舉辦宴席，甚至數日前籌辦，撒請帖，約請朋友，其規模不亞於婚禮。特別是「逢十」整壽，更要「大慶」。舊時，一般壽宴開始之前，兒孫們依序行叩首禮，宴席上依序為「壽星」敬酒祝福。主人家設宴招待賓客，飲壽酒、吃長壽麵等。

二十世紀七十、八十年代以後，各民族生日禮儀漸趨一致。家庭成員過生日一般都以生日蛋糕代替傳統壽桃壽麵，分切生日蛋糕時唱《生日歌》。長輩慶壽一般也不再行叩首禮。近年來，多數人家為長者祝壽已由家中排宴改在飯店舉行。並請司儀，聘歌手，依序而行。參加喜宴的親友隨壽禮，多為現金。

六十六歲生日被稱為「大順壽」。舊時在父母六十六歲生日時，已出嫁的女兒要回娘家祝壽，用六兩麵和六兩肉，包六十六個小餃子和兩個大餃子，小餃子要過生日的人一次性吃光，大餃子由過生日的人扔高處一個，扔地下一個，謂之「敬天敬地」。近年因生活提高又出現了「順發壽」（六十八歲）、「起發壽」（七十八歲）、「發發壽」（八十八歲）等。

祭祖　在舊年年末除夕起始，民戶均在北牆懸掛祖聯（俗稱家堂），前陳香楮供果之類，子孫焚香頂禮，行一跪四叩禮，迄至年後初六日始撤供，免除祭禮。至於清明、中元之祭掃，只在墓地焚化紙錢拜奠而已。

祭神　舊曆年除夕，家家院內設天地牌位，屋內供灶神及諸佛神像，每日早晚焚香拜禮。

祭灶　農曆的臘月二十三是中國民間的小年，祭灶是小年的主要活動之

一。臘月二十三，灶王爺上天，預示著春節即將到來。傳說中，灶官（灶王爺）是負責管理各家灶火的天神，一年中他都在各家的廚房裡，監視一家老小。二十三這天晚間，他騎馬升天，去向玉皇大帝匯報這一家人一年來的善惡。玉皇大帝會根據灶王爺的匯報，決定這一家人來年的吉凶禍福。由於灶王爺的匯報關係重大，在他上天之前，老百姓要搞一個祭拜儀式，俗稱「送灶」或「辭灶」。祭灶又名辭灶或送灶，是一項在中國民間流傳極廣的民俗活動，一般在小年這天的黃昏舉行，以麻糖、糖瓜、餃子等飲食做供品，祈求灶君保佑全家的平安。

　　祭廟　祭廟由縣公署舉辦，每年二月、八月上丁日設三牲祭品，行隆重之典禮。武廟由官署主辦，在每年春分、秋分後第一戊日，在關帝廟設香供舉行。至於財神廟、娘娘廟等諸神廟，其祭祀雖亦定期舉行，不過商民倡辦，焚香設供不外求福免災之意。

▲ 祭灶

▌傳統節日習俗

春節　農曆正月初一為春節，是中華民族最隆重的節日。一進臘月，人們便殺豬宰雞。做黏餑餑，備春節合家聚餐之用。節前大清掃，屋內外煥然一新。臘月三十（小盡二十九），家家戶戶貼春聯，春聯上方還配有彩色「掛錢」。有的人家還在門窗上倒貼「福」字，以示福到（倒）來。貼對聯的同時，屋內亦被年畫裝飾一新。人人穿新衣，青年男女衣著更是豔麗多彩。

▲ 殺豬

▲ 宰雞

新中國成立前，臘月三十（小盡二十九）晚，待星星出全時，家家提燈籠到十字路口接「神」，並召祖先「亡」靈回家過年。戶戶供奉「祖宗」（懸掛式家譜），「祖宗」均為關內楊柳青年畫社所畫，兩邊配以對聯，常見的對聯有「祖豆千秋永，本支百世長」、「祖宗德父母恩當敬當孝，自己土聖賢書可耕可讀」、「金爐不斷千年火，玉盞長明萬歲燈」等等。設香案，擺供碗，發紙後，由長至幼依次給「祖宗」叩頭。一般人家正月初二或初三送「神」，也有初六送神的。春節晚輩給長輩拜年，施跪拜禮，小孩子磕頭要給賞錢，曰

▲ 秧歌拜年

「壓歲錢」。春節守歲風俗世代相傳，至今尚存。除夕合家不眠，靜候半夜子時來臨。屆時，新年伊始，院內燈火通明，煙花繽紛，鞭炮震天，全家人圍聚一起，吃水餃，飲佳釀，歡聲笑語，共度新春。設置之初，由於村落稀少，再加之沒有日曆和掛曆，所以常有村屯因不知有沒有臘月三十而過錯年，直到外村秧歌隊來拜年才知道鬧出了笑話。

扭秧歌是久沿不衰的娛樂活動。新中國成立前，多為地主籌辦，以此示富鄉里，抬高身價。各路秧歌隊每一相遇，以各種隊形變換爭奇鬥勝。俗有「卷白菜心、掛斗、撲蝴蝶」等套路，在隊形變幻中，勝者揚眉吐氣，敗者自嘆弗如。也有為此雙方動手相毆不歡而散者。秧歌隊拜年對象為一屯中財主、富戶。

新中國成立初期，秧歌隊多為村裡統一籌辦，給本村及鄰村軍烈屬拜年。人民公社化後，以大隊為單位組成秧歌隊，給公社、大隊幹部軍烈屬拜年。「文化大革命」期間，扭秧歌被「忠」字舞取而代之。拜年對象為「造反派」頭頭和「出身清白、立場堅定」幹部。秧歌隊中，扮成的青蛇、白蛇、豬八戒、孫悟空等各類戲劇人物統被斥為「四舊」而禁演。大秧歌失去了傳統色彩。生產責任制實行後，個體組辦的秧歌隊應運而生。拜年對象不僅侷限於各級幹部和軍烈屬家，常常挨戶拜年，各家各戶都酬以香菸或現金。雖增加了經濟負擔，但過去沒有秧歌隊登門拜年的平民百姓還是高興的。

秧歌是乾安縣民間流傳久遠的歌舞藝術形式。每逢新春佳節，群眾便自發

▲ 秧歌隊活動

組合秧歌隊，走街串巷，熱鬧異常，沿而成習。形式以高蹺為主，間有地秧歌、旱船、龍燈等。傳統秧歌皆為男人，多扮戲出，如「水漫金山」、「西天取經」、「小老媽開嘮」、「瞎子逛燈」等。二十世紀五十年代以後，秧歌在形式和內容上都有了改進，春節秧歌中，也有龍燈、獅舞、跑驢、旱船等。二十世紀八十年代以來，乾安縣的秧歌隊活動常年不衰，參加者多為老年人，在夕陽紅透的黃昏，一隊隊秧歌，伴隨著歡快的嗩吶和鑼鼓聲，皓首舞婆娑，耄耋唱新歌，別有一番情趣。

如今乾安縣城內已經有秧歌隊十餘伙，在每年的正月初一至初三，都要走上街頭向全縣人民拜年，為節日的乾安增添了祥和喜慶的氛圍。

元宵節　正月十五日為元宵節，用黃米麵或蕎麵製作各種形狀的燈。入夜各家上墳送燈，家家高挑花燈，燃放煙花，秧歌隊舉著各式彩燈上街表演。一

些村屯和人家用柴油拌穀糠，在院內和街道上撒成條或堆。點燃後，院內、村路上一條條、一簇簇火光通明，頗具一番韻味。

一九七八年後，縣裡每年都在中心廣場和幾條主要街道舉

▲ 元宵燈展

辦三天元宵燈會。入夜，明月流輝，華燈溢彩，城內居民合家出遊，周圍十里八村農民乘車前來趕燈會。此時，天上星月交映，地上彩燈爭豔，老年人佇立在古香古色的燈籠旁，沉浸在往昔的回憶中，年輕人喧鬧在由聲、光、電組成的各種現代化氣息濃郁的華燈旁，嚮往著美好的明天，兒女簇擁著老人在壽星燈下合影，戀人在牛郎織女燈前拍照。一時間，遠古與現代交織，白髮與童顏同樂，天上人間爭相鬥豔，人間天上歡歌笑語。燈會成為全縣人民共慶豐年的傳統節日。

龍鳳日　正月二十五日為龍鳳日，是日舉辦填倉活動。早上，在院裡用穀糠或草灰撒出方、圓等代表糧倉的圖案，意為「糧食豐收了，大囤滿，小囤流」。

▲ 元宵燈展

▲ 乾安縣風電辦的花燈《一帆風順》

　　二月二，龍抬頭　這天，漢族和滿族家家吃豬頭。早上早起，用柴灰從水缸一直撒到井台，叫作「引龍」，還在院內撒成方、圓形灰圈。是日，各家用細秫稭和花布紮「龍尾」，給小孩戴肩頭上，祈禱一年風調雨順。

　　清明節　值清明節，氣溫由寒轉暖，草木萌生，古有「踏青、祭墓添土」之俗。解放後，每年清明節，各機關、團體和學校都舉行祭掃烈士墓活動，緬懷先烈，寄託哀思，以勵後人。

　　廟會　新中國成立前，農曆初八、十八、二十八均有廟會，是城鄉一年中

的盛會。屆時，來自各地燒香還願，祈福求財的善男信女絡繹不絕，兼有買賣攤販、群眾文藝團體「趕廟」演出和做生意。規模最盛大的是縣城內三聖寺廟會，會期內香客雲集。「許願」、「還願」、「叩頭」等名目很多。

▲ 燎豬頭

端午節　農曆五月初五為端午節，俗稱五月節。人們歡度端午節時，農村都要殺豬，預備菜餚。早上人們早起，到野外散步，俗稱「走百步」，用露水洗臉，據說可以使人神清目爽。家家屋簷下插艾蒿，門上插的杏樹枝上繫彩紙做的葫蘆。人們身上佩各色香荷包。小孩頸、手和腳都繫五色線，是為驅蟲避邪。端午節主要食品是粽子，還煮雞、鴨、鵝蛋，並且將農曆五月初一所下雞、鴨、鵝蛋畫上記號，據說為兒童煮食免生肚子疼的病。

中秋節　農曆八月十五為中秋節。中秋適值夏後冬前，天上月圓，人間團敘，入夜，皓月當空，清輝流瀉，家家陸續開始「供月」。院內擺供桌、香案，桌上放置月餅、西瓜等時令瓜果。合家席地圍坐，品嚐佳釀，夜闌人未盡，飲酒賞中秋，暢敘慶豐收和一家團聚之意。新中國成立後，大部分人摒棄了這些活動，但到這天，家家都要買月餅自食，親友間月餅仍為互相饋贈之佳品。

小年　農曆臘月二十三為小年。民間傳說為「灶王爺」上天之日。在這天晚上，人們以灶糖為供品祭灶，絷紙馬或紙狗同灶王一起焚燒，祈求灶王「上天言好事，下界保平安」。新中國成立後，已不再供灶王爺，但有相當數量的

人家還保留過小年的習慣。

　　蒙古族的傳統節日習俗　蒙古族最重要節日為過年。臘月三十（小盡二十九）夜午時，全家圍坐一起喝酒，吃手把肉。循俗，這頓飯宜多吃多喝，酒、肉剩越多越好，預示新的一年生活富餘。傍晚，把準備好的祭品投入火堆，祭祀祖先。除夕夜晚，老少歡聚一堂，或請藝人說書，或請歌手演唱，或玩紙牌，直至斗轉參橫。天將黎明，院內點火堆，放鞭炮。之後，回屋放炕桌，長者端坐正位，晚輩給長輩敬酒、磕頭，長輩講些祝福的話，賞給「壓歲錢」，接著全家吃餃子。

▲ 百姓家供奉的灶王

　　初一清晨，男女老少穿上新衣服，成幫結夥的青少年，挨門挨戶地給長輩磕頭拜年，年輕夫婦拜年時，要敬酒，獻哈達，平輩拜年，互相問好請安。

新舊地名源考

舊時地名考略　春秋戰國時期，屬境就有少數民族游牧、居住和繁衍。清為「蒙荒之禁地」，末期，「封禁」名存實亡。民國初年，乾安為哲里木盟郭爾羅斯前旗屬地。蒙王債台高築，默許來自山東和農安等地的「偷墾者」納稅開荒，吉林省長張作相及手下軍官、省府要員和名紳顯貴蜂擁而至，以軟硬兼施的手段，「跑馬占荒」、招工開墾，建立村落。是時，村落按下列幾種情況而得名。

源於姓氏　趙家圍子（平字井）、譚家圍子（後得字井）、姜家圍子（動字井）、苗家圍子（姑字井）、齊家圍子（水字井）、霍家圍子（大師字井）、田家圍子（麗字井）、楊家圍子（操字井）、黃家窩鋪（競字井）、褚家圍子（大父字井）、張家窩鋪（叔字井）、甄家窩鋪（調字井）、梁家窩鋪（朝字井）、陸家窩鋪（傳字井）、夏家窩鋪（君字井）、衣老爺窩鋪（東玉字井）、袁家店（大西字井）、孟家店（瑟字井）、二馬合戈（1912 年由大賚縣的馬鐵匠和農安縣伏龍泉的馬銀匠二人合夥在此立屯，故此當地人就把此屯稱二馬合戈）。

源於人名　王財窩鋪（能字井）、張良窩鋪（天字井）、任立公窩鋪（盈字井）、魏鳳煥窩鋪（父字井）、王洪烈窩鋪（唐字井）、姜小思圍子（調字井）、王登山屯（母字井）、嘎拉得窩鋪（「嘎拉得」為蒙古族人名，操字井）、二紀百溝子（「二紀百」為蒙古族人名，學字井）。

源於人的綽號　少爺窩鋪（前入字井）、大傻窩鋪（稱字井）、王半斗屯（後盈字井）、趙老得圍子（往字井）、張老慶圍子（西南陽字井）、大老王窩鋪（滿字井）。

源於商號　福德全燒鍋（正陽字井）、福德全窩鋪（前麗字井）。

源於官職　團長圍子（鱗字井）、師長圍子（才字井）、省長圍子（彩字井）。

源於地物　雙榆樹（命字井）、三棵樹（定字井）、小古城（為字井）、六方地（東君字井）、雙榆樹屯（前潛字井）、聖水泉（大垂字井）。

　　源於地形地貌　後山彎（西玉字井）、西偏臉子（辭字井）、大坨子（大西字井）、大嶺（知字井）、望海溝子（中人字井）、刀把屯（後潛字井）、二龍山（前階字井）、陶家窪子（後鞠字井）、東偏臉子（前寸字井）、深井子（存字井）、後山屯（前唱字井）、井台溝子（後入字井）、蘇駘溝子（西物字井）、閻王崗（轉字井）、德拉伯坨子（地字井）、白銀花（「白銀花」蒙古語富裕的坨子，松字井）、號力保（「號力保」蒙古語兩個相連的泡子，靈字井）。

　　源於住戶數目　五家戶（官字井）、三家子（乃字井）、八家戶（柰字井）、四家子（後建字井）、十家戶（滿字井）。

　　源於房舍數目　十二撮（蘭字井）、七撮（東谷字井）、十撮（西谷字井）、八撮（正字井）、八間房（安字井）、五撮（猶字井）、三撮房（滿字井）、十一撮（雅字井）

　　源於當地物產　大布蘇（「大布蘇」蒙語為「鹽鹼」，夙字井）、蒺藜營子（西唱字井）、甜草張（後物字井）、歐羅馬（「歐羅馬」即「歐李」，俗稱「歐歐」，左字井）、哈拉海坨子（「哈拉海」蒙古語為「蕁麻」，陽字井）。

　　源於鄰近的屯（廟）和方位　張窯廟（屯東南原有一座漢族道教之觀，從字井）、前山彎（人字井）、前大布蘇（夙字井）、前甜草張（前物字井）、前十一撮（堅字井）、後蘑菇吐（白字井）、後大布蘇（大及字井）、後七撮（東谷字井）、後十撮（西谷字井）、西三家子（拱字井）、腰山彎（菜字井）。

　　源於建屯人原祖籍地　張山東子窩鋪（後草字井）、鐵嶺戶（猶字井）。

　　源於當地有代表性的事或物　牛窩棚（丙字井）、大夥房（猶字井）、鹼鍋（辰字井）、老牛圈（後麗字井）、牧羊場（推字井）、二吉革吐（「二吉革吐」蒙古語為毛驢多，松字井）。

新地名的由來

　　一九二六年四月，經吉林省長張作相與郭爾羅斯前旗蒙王、哲里木盟盟長齊默特色木丕勒商定，勘放郭爾羅斯前旗西部蒙荒，設官治理。同年十一月，全荒丈竣。按中國古代「井田制」的格局，把全縣土地劃成一個個方塊，每一方塊均成「口」字形，每一「口」字又和周圍「口」字四面相通，「口」字延伸成「井」字形。每一方塊稱為井方。全縣共劃整井二百七十四個，每個井方又劃出小方三十六個，每方面積四十五垧，丈量時，沿邊界留下了無法成方的土地，稱為「破井」，計有三十五個。

　　一九二六年六月十九日，勘放總局發放第一號佈告，明確規定，用《千字文》為每一井方定名，按照「從上至下，從左至右」的書寫習慣排列村名。在縣圖中：從東北向西南，由《千字文》的開頭「天地元黃」開始，一字一句往下排列，每個井方一個字，此字便作這個井方的名頭，井方的「井」字便作名尾，所有井方一律稱為「×字井」。廢置原村落名稱。

　　《千字文》的每一個字並非全部錄用，而是從《千字文》的第一句「天地元黃」起，到一百一十九句「既集墳典」止，計四百七十六字中選用遂心之字定村名。

　　一九二七年六月，建立縣城。按井方名稱排列，在「伐」字的井方內，這樣初期就定為「長伐縣」，「伐」字有戰爭、干戈之意，遂未採用此名。

　　一九二八年四月，按乾安縣在吉林省西北部與八卦中的「乾」卦方位相吻合，而用「乾」字。是時，匪患猖獗，統治者乞靈於地名的吉祥，企求長治久安，便又用了一個「安」字，定名為乾安，寓意為吉林省西北平安。成立設治局，屬吉林省吉長道。

　　由於受鹼泡子、沙崗、土質和水質、水源等自然條件的限制和影響，有一部分土地難以開墾。雖對每個整井和部分面積較大的破井定了名，但沒全建村落。

「紅色」地名的演變

　　乾安命名「紅色」地名有二個時期，一是人民公社化時期。一九五八年九月，將全縣十二個鄉（鎮）合併成政社合一的七個人民公社為：衛星人民公社（乾安鎮）、前進人民公社（余字）、上遊人民公社（所字）、火箭人民公社（道字）、紅旗人民公社（蘭字）、東風人民公社（讓字）。二是「文革」時期，先後兩次將全縣生產大隊（行政村）大多名冠有革命色彩，其中，有三十六個生產大隊（行政村）革命色彩比較濃重：紅色（瑟字）、巨變（退字）、團結（美字）、勝利（當字）、紅岩（嚴字）、先鋒（仙字）、豐滿（神字）、堅強（堅字）、政權（正字）、藍圖（蘭字）、創新（溫字）、平安（及平）、得勝（得字）、紅旗（白字）、朝陽（朝字）、克勤（克字）、躍進（念字）、愛國（奈字）、創業（草字）、錘煉（垂字）、興隆（龍字）、前進（周字）、東昇（地字）、曙光（暑字）、迎新（盈字）、月明（來字）、金星（金字）、宏業（夜字）、安定（西陶）、為國（位字）、河山（河字）、巨升（巨字）、昌盛（藏字）、有餘（有字）、光明（鳴字）、興旺（王字）。一九八三年八月十六日，乾安縣人民政府將全縣九十二個生產大隊（行政村）更名，恢復按《千字文》的命名。

乾城舊時商工老字號

據滿洲帝國大同學院一九三五年六月編纂的日文版《滿洲國地方事情大系‧吉林省乾安縣》和乾安縣公署總務科文書股一九三七年十一月編纂的漢文版《康德三年度乾安縣一般狀況》記載：一九二八年四月乾安縣城修竣，縣城時有住戶一千一百五十六戶，商工戶一百零七戶，占住戶總數的百分之九點三，比上一年增加一倍還多。這些商工戶均係小本經營，雖然規模較小，但門類比較齊全，它涉及民生的方方面面。

這些商工戶大多都有一個儒雅、雋永的商號和工業名稱，商號和工業名稱大多採用「發福」、「興盛」、「祥瑞」、「和（合）順」字眼，這不僅代表乾安人具有比較厚重的文化底蘊和文化內涵，而且也反映當時乾安縣城商工業發展初級階段的繁盛。這些老字號雖然不像二十世紀六十、七十年代那些具有「革命」意義的「工農兵飯店」、「大眾飯店」、「紅旗旅社」、「東風旅社」、「東方紅照相館」全國到處都有雷同，也不像二十世紀八十年代以後個體商工戶西化了牌匾那樣朦朦朧朧。

雜貨店 興隆合、玉成興、公興永、聚源豐、福順發、瑞祥魁、順成興、德增合、永和祥、永記號、榮增泰、福盛祥、康德元；

下雜貨店 志升永、萬泰福、永源增、永興盛、裕升合、天順祥、長盛東；

鮮貨京貨店 洪升合、玉盛合、吉升永；

藥材店 長發和、和發興、義順魁、福興合、復興堂、天祐堂、永福堂；

果品店 （經營乾鮮果品）震興長、裕昌源、永盛興、福盛合、福慶隆、福德元、福盛源；

五金業 振興、金福盛、全盛合；

肉　鋪 三合興；

旅　館 復興店、雙合店；

飯　莊　會宴春、玉升園；

理髮店　慶余軒、德盛軒、全盛軒、賓雅軒；

製米麵工業　（經營碾米磨麵，即糧食加工廠）福增長、寶聚豐、有昌德、玉豐源；

製油業　（經營大豆、蓖麻等油料加工）玉盛興、福緣永、裕興源；

製酒業　永源合、德升湧；

製醬業　（經營大醬、醬油、醋等製造）萬順長；

木器製造業　春發盛、永發盛、榮升木局；

金　店　（經營金銀器和金銀首飾製作）福興德、成聚興、萃玉鑫；

染　業　福和湧；

印刷業　福和印刷局、啟新印書局；

成衣局　乾峰永、東興順、德增永；

皮革製造業　福興永、久盛合；

鐵器製造業　萬聚豐、福盛泉、長發爐。

老字號是民族傳統品牌的一個特殊稱謂。它們有著久遠的歷史，優質的產品和服務，精湛的技藝，世代的傳承以及深厚的文化內涵。在乾安的發展歷史上，曾經出過一個又一個的老字號，每一個老字號都可以講出讓人讚歎不已、感人至深的故事。老字號創造了財富，老字號凝聚了人氣，老字號譜寫了歷史。老字號，與城鎮的工業和商業文明相伴而生，共衰共榮。曾經的老字號的多少，折射出當年的繁華與否；歷經風雨滄桑、千錘百煉的老字號，則是以其作為城鎮歷史變遷的見證人、城鎮文化與民俗的融合者，城鎮久遠信息的負載體。

翻開乾安老字號的歷史，我們可以體會到在歷史的人潮中，乾安的先人用聰明才智和頑強毅力所開創的事業，體會到濃濃的地域風情。可以說，每一個老字號都記載了一段先人艱難創業的歷史，每一個老字號都傳承了乾安的發展歷史。乾安老字號是乾安人的驕傲，也是歷史留給後人的一筆資源和寶貴財富。

美麗傳說選粹

神奇的大布蘇傳說

唐朝，武則天當政，聽說關東水草豐美，物產富饒，人民生活富裕，就把一個「寶貝」兒子封到那裡為王。

新來的王子耗資修建宮殿，整天吃喝玩樂，害苦了老百姓。特別是這個王子還有個怪癖，每十天就得找人剃頭和修面。可是，不知道什麼緣故，給王子剃頭的人，只見往宮裡進，卻不見從宮裡出。過了三五年光景，民間會剃頭的找不到了。最後，只好輪流應官差，一家一戶的派了。

這一天，進宮剃頭的官差輪到了王城外一個叫大布蘇的小夥子頭上。大布蘇幼年喪父，家裡只有六十多歲的老母，娘倆相依為命。眼瞅著大布蘇要到王宮應差，老母親心肝欲裂，她已經沒有眼淚了，想了想，從她那乾癟的乳房裡擠出點奶水，和了麵，給兒子烙幾張餅備路上吃。

大布蘇把媽媽烙的餅小心地包好揣在懷裡，向媽媽拜了三拜，磕了三個響

▲ 張忠文、郝蘊玖繪畫作品《神奇的大布蘇傳說》

頭，就往宮中走去。

守門的禁衛把他引到了宮殿，大布蘇抬頭看去，心裡「咯噔」一下子，啊！原來虎皮椅子上坐的王子長著人身驢腦袋。長長的驢臉，兩個大耳朵直呼扇，滿臉長毛。大布蘇明白了，怪不得進王宮剃頭的人有去無回呢？原來驢頭王子，怕把他的醜惡面貌傳揚出去，就採取了殺人滅口的辦法。

大布蘇在門口站了一會兒，收拾收拾用具，準備給驢頭王子剃頭。大布蘇來到驢頭王子跟前，這傢伙一勁兒地緊鼻子，東聞西嗅，發覺有股香味從大布蘇身上散發出來，就粗聲甕氣地說：「喂，野小子，身上帶啥好吃的了，給孤家嘗嘗！」大布蘇想了想，就把老母親烙的大餅掏出來。驢頭王子見了，一把搶了過去，張開大嘴吞食起來，不一會兒就吃光了。他用眼睛盯著大布蘇問：「這餅是誰做的，怎麼這麼香啊！」大布蘇如實奉告。於是驢頭王子就和大布蘇套近乎說：「我既然吃了你媽媽的奶水和麵烙的餅，那咱倆就是一奶同胞了。看在兄弟的情分上我免你一死，不過你得答應我兩件事。」「兩件什麼事呀？」大布蘇趕忙問道。「頭一件，你回去不能把我的面貌告訴別人，第二件就是天天送這樣的烙餅。」驢頭王子不假思索地說。大布蘇聽了，又好氣又好笑，便問：「你既然身為王子，為什麼不能叫天下人知道你的面貌呢？」驢頭王子搖著頭：「不可，不可！倘要上界知道我在這裡，就會天崩地裂，大難臨頭！」大布蘇想了想就點頭答應了，驢頭王子便放他出了王宮。他剛到王城鬧市，就高聲喊：「王宮裡住的是驢頭王子，驢頭王子在這裡呀！」隨著大布蘇的喊聲，天上飛來一片片烏雲，在王城上空凝聚。驟然間，「轟隆」一個響雷，垣傾宮圮，宮殿下沉，一切都消失了，只有清涼的水咕嘟咕嘟往外冒……人們為了紀念這位為民除害的英雄，就把這個湖起名為「大布蘇」。

大布蘇湖裏的神燈

傳說大布蘇湖，很早以前原是一位蒙古大王居住的地方。這個蒙古大王老來得子，王妃生下一個驢頭太子。為了給太子剃頭，又不暴露太子的真面目，

蒙古大王不知殺了多少無辜的剃頭匠。他的所作所為激怒了玉皇大帝，下旨讓土地爺把這個王城陷進地下，變成湖泊，周圍變成土嶺。附近的人們叫它——狼牙棒。現在，人們管它叫泥林，和石林相媲美。過去人們不懂科學，都說大布蘇湖是天塌地陷造成的，現在人們都說它是地震造成的。

有一年，一個拉駱駝的南方蠻子路過這裡，他一眼就看出湖中有寶，於是他投宿在南沿包員外家。春來秋去，一住就是三年。一天，他和員外在一起喝酒，閒談中包員外問他：「老劉啊，三年來我看你整天到湖邊轉悠，也不知你到底轉悠什麼？」他哈哈大笑說：「你們哪，兩眼看不見，不瞞你說，寶貝就在你們眼皮底下明擺著！」

「你說什麼？有寶貝，在哪裡？我們怎麼沒看見？」

「你們不細心觀察，當然看不見。老實說，我來這裡三年了，可是我沒有白來，找到了價值萬貫的寶貝。」說著他湊到包員外身邊，對著耳朵嘀嘀咕咕地說，「我發現這湖中長著兩根又粗又紅的蘆葦。大年三十那天晚上子時，你把它割下來用火點著一根，走進狼牙棒，就能發現一個寶庫，裡面全是金銀財寶，珍珠瑪瑙，沒人管沒人問，等你回來的時候，把剩下的那根蘆葦點著，保你安全返回家中。」

包員外半信半疑：「老劉哇，這是你發財的機會，為什麼自己不去拿，反而把這個祕密告訴我，難道你不怕我獨吞了嗎？」

劉蠻子又是哈哈大笑說：「包員外，此話差矣，我在你家連來帶去一住就是三年，你沒有把我當外人，你吃啥我跟著吃啥，當然我也不能把你當成外人了。常言說的好，路遙知馬力，日久見人心。我相信你是個好人。再說我是南方人，怕冷怕凍，所以我把這事託付於你，感到放心，等你把寶物拿回來，不忘了老弟就行……」沒過幾天，劉蠻子拉著駱駝回南方去了。臨走的時候，他再三囑咐包員外：「我在酒桌上說的話，你可要牢記在心，千萬別出差錯！」

劉蠻子走後，包員外心神不定，天天想夜夜盼，終於盼來了大年三十。到了晚上，他挾著鐮刀，手提燈籠，提前出發了，直奔湖中心蘆葦蕩走去。在湖

中心的蘆葦蕩，他走兩個來回，才尋找到那兩根並排長著的紅色蘆葦。他高興極了，心裡暗暗佩服南蠻子的眼力。心想：這劉蠻子沒有說謊，等財寶到手，一定分給他一半。他坐在紅蘆葦旁邊，等著發年紙的時間到來。他左等右等，突然聽到遠方傳來發年紙的鞭炮聲，他從地上一躍站起，拿起鐮刀把兩根紅蘆葦割下來。扔掉鐮刀，吹滅燈籠，然後點著一根蘆葦，拿著另一根蘆葦，向東南方向狼牙棒走去。你別小看這根紅蘆葦，點著後特別明亮，能照出十步開外，看東西一清二楚。當他接近狼牙棒的時候，發現前邊真的有一座高大建築物，他欣喜萬分，心想：這座高大的建築物，一定是寶庫。他加快腳步，疾走如飛，在距離寶庫二十米遠的時候，蘆葦突然滅了，他大吃一驚，真糟糕！這兩根蘆葦可能割早了，不然怎麼會沒等進到寶庫就滅了呢？他趕緊點起另一根紅蘆葦，往前剛一邁步，突然發現寶庫門大開，門兩邊有兩條巨蛇，張開血盆大口，要吞掉他似的。他掉頭就跑，心想：好險啊！差點成了蛇的口中餐！他頭也不回一氣跑到家門口，燈光滅了，手中的蘆葦不見了。他回到屋裡，害怕又後悔，怕的是自己差點被蛇吞掉，撿回一條命；悔的是白跑一夜，沒法向劉蠻子交代。

第二年春天，劉蠻子拉著駱駝又來到包員外家，一進屋就冷冰冰地說：「老包哇，老包，你讓我說什麼好呢！拜託你的事是不是全泡湯了？一無所得，白跑一趟，你知道為什麼白跑嗎？因為你沒有按我說的時間去做，紅葦子你割早了！」

包員外臉紅脖子粗地說：「不，我割紅蘆葦的時候，聽到附近村子裡發年紙放鞭炮的聲音，怎麼能說割早了呢！」

「老包哇，你說的沒錯！你是聽到放鞭炮的聲音，可是，時間不准哪，有的人家搶先，不到十點就發年紙放鞭炮，根本不到子時，我說的時間是十一點到子夜一點為子時，所以說你割早了，紅蘆葦沒長成，沒等進到寶庫蘆葦就滅了，我說的對不對？」

「別說了，就是不割早，進了寶庫，恐怕我也不能活著回來！」

「為什麼？」

「那寶庫門兩旁有兩條巨蛇，張開血盆大口，不把我吞了才怪呢！」

「老包哇，你又弄錯了，冬天，在你們北方蛇已經冬眠了，哪來的蛇呀！那準是寶庫兩邊牆上的寶畫，你要是得到手，都是價值連城的寶貝！」

「我怎麼知道是真是假！」

「怪咱們哥倆沒有那個財命，不過我還要告訴你一個好消息，據我所知，你割的那兩根紅蘆葦，現在已經變成兩盞神燈，你要是不相信的話，晚上你站在高處往湖裡看，天天都能看見兩盞神燈。」

到了晚上，包員外站在高處往湖裡看，果然看見兩盞神燈。後來一傳倆，倆傳仨，很快就傳遍了湖畔周圍各個村屯，大人小孩都看見了這兩盞神燈。

劉蠻子在包員外家一直待到秋才走。他走後，湖裡的兩盞神燈少了一盞。包員外這才恍然大悟，對家裡人說：「那盞神燈，準是被劉蠻子偷走了。」剩下的那一盞神燈，一直到十九世紀五十年代末才消失。

神奇的城牙子

科爾沁草原上的大布蘇湖，以盛產火鹼聞名於世。這裡的民間故事也與它的特產緊密相連。

富饒的大布蘇湖每到入冬，表面結一層厚厚的冰，車與行人踩而不塌。冰下，生長著一尺多長的鹼牙子。鑿開冰便可以用耙子撈取那白花花的鹼牙子。鹼牙子上鍋熬出水分便是純正的火鹼。

說起來，那是很早很早以前的事，在大布蘇湖岸邊的熬鹼人中，有一位名叫鹼娃的小夥子，長的濃眉大眼，身強力壯。他聰明能幹，很受眾熬鹼人的擁戴。熬鹼有啥大事要與官府交涉時，總是推他出頭露面。

那一年，鹼牙子非常好，人們打撈的興頭很高，起早貪黑的幹。

有一天，天還沒亮，鹼娃走出熬鹼窩棚，迎著刺骨的寒風來到湖面上。他在選擇打鹼地點時，發現有一塊冰面鮮明透亮。他彎腰細看，發現冰層裡有微

微的紅色在緩緩波動。鹼娃懷著一顆好奇心決定在此開冰。他按照前輩人的習慣，雙腿跪地，默默祈禱，而後向剛剛出山的太陽磕三個響頭，這是請求神靈保佑，碰個好運氣，多撈鹼、撈好鹼。鹼娃祈禱完畢，揮動鐵鎬刨起冰來，很快便刨出一個水槽。他彎腰往冰下看，啊！這裡從來沒見過這麼好的鹼牙子。當他繼續往下打撈時，那伸入冰中的耙子像生了根，提不出、拽不動。他放開手，那耙子也不下沉。他正在納悶，只見一道紅光從耙子下面升起來，刺的他直眨眼。他憋住一口氣，雙手握住耙子猛勁往上提，「咚」的一聲響，耙子提上來了，隨著耙子提出水的是一塊透明的似象牙一般的鹼牙子，還鮮紅透亮放紅光。鹼娃又驚又喜，顧不得勞累，忙蹲在冰上，雙手捧起這塊神奇的鹼牙子。怪了，這出自冰下的鹼牙子居然不涼，反而暖融融的。這時，打鹼人成幫結夥的來到湖面上，大家聽到這新鮮事，都圍攏過來，鹼娃把這塊鹼牙子傳給眾打鹼人看。看到這神奇的鹼牙子，眾人議論開了。有的說，這是湖裡的鹼神，動不得的，動了它怕是要大難臨頭的。又有的人說，得了這鹼神是大喜大吉的徵兆，鹼娃要升官發財了。眾人意見不一，紛紛亂嚷，有的人勸鹼娃拿到街上去賣了它，能得到一筆好錢，此後就不用挨凍受餓地熬鹼了；有的人勸他放回湖裡，得罪了鹼神咱們都打不成鹼

▲ 張忠文、郝蘊玖繪畫作品《熬城圖》

了，要是打不出鹼大家這些人到哪裡去謀生啊！好心的鹼娃不想一人獨享榮華富貴而看著眾位打鹼人絕了生活的路。他毅然雙手捧起那塊紅光閃閃的鹼牙子，跪在冰上，輕輕地把它放入水中。可是，那鹼牙子不沉，鹼娃用手使勁往下按，它還是不沉，而且，那紅光越發鮮亮，還「嘁嘁」有聲。看到這種情景，眾打鹼人一呼聲地跪在鹼娃身邊，磕頭祈禱。鹼娃又用雙手往水下按那鹼牙子，仍然不沉。鹼娃放開手，對眾打鹼人說，「它不願在水裡，我們也不該強把它沉入水裡，它要到這個世界上來，就讓它來吧！」眾打鹼人沒話說，只好讓鹼娃把它帶回打鹼窩棚。

鹼娃雙手捧著神奇的鹼牙子，回到他居住的窩棚裡。把那塊神奇的鹼牙子正正噹噹的放在他那唯一的一個小木箱上，頓時，他的窩棚紅光裊裊，溫暖如春。從此，鹼娃的左鄰右舍常到他的窩棚裡來看新奇。

有一天，一位打鹼的人不慎腳下一滑，落入冰涼的水中。當人們把他撈上來時，那人已經凍得不省人事了。眾人把他抬回窩棚，有的說快用火烤。鹼娃想到那塊神奇的鹼牙子很溫暖，急忙跑回自己的窩棚把它捧來。他把那鹼牙子揣入落水人的懷裡，不一會兒，落水人睜開了眼睛。又過一會兒，落水人身上解凍了。過了一個時辰，落水人坐起來了。落水人雙手捧著那塊神奇的鹼牙子千恩萬謝地跪在炕上給鹼牙子和鹼娃磕起頭來。

從此，人們傳開了，都說鹼娃得了一塊寶。

鹼娃得寶的事，很快傳到王爺耳朵裡。王爺怒了，這一方土地是我的，那湖自然也是我的，這湖裡出的寶貝更應該是我的了。窮小子怎敢給打撈上來？他當即派家丁到鹼娃窩棚傳令：快快交上來，王爺不怪罪，要是不交或者損壞，就別怪王爺不客氣！王爺的皮鞭、馬棒可是從來不吃素的。王爺還說，如果不交，就不准任何人再到湖上打鹼。聽這話，鹼娃動心了，因為自己得件寶，讓眾人斷了掙錢的路，他不忍心。他答應交出鹼牙子。

鹼娃在王爺家丁的看護下，捧著鹼牙子來到王府。王爺高坐於太師椅上，眾家丁列隊站立兩廂。膽小的人經不住這陣勢的威懾，對王爺的言語只有承諾

的話，壓根不敢反駁。聰明的鹼娃心裡早有準備，並不懼怕。王爺見了紅光閃閃的鹼牙子，垂涎三尺。他傳令家丁呈上來給他看，鹼娃護住鹼牙子說：「王爺看可以，但得有個條件。」王爺問：「什麼條件？」鹼娃說：「要對等的條件。」聽這話王爺大笑：「你要什麼吧？要錢還是要房子？要不——」王爺斜眼看站立在他身邊的眾丫鬟：「給你個丫頭也行。怎麼樣，這條件不低吧！」鹼娃說：「金錢房子我不要，丫頭也不要，我只要一條！」王爺問：「哪一條？」鹼娃說：「把我們打鹼人與你的分成由原定的對半改為三七分，打鹼人分七你分三。」聽這話，王爺叫起來：「什麼什麼？鹼娃，你好大膽，想減少我的收入？不行！」說著，他怒視眾家丁：「還不給我奪過寶貝！」眾家丁一擁而上，把鹼娃圍在當中。眾家丁奮力奪取神奇的鹼牙子，鹼娃全力保護。這時，那鹼牙子放出刺眼的光，刺得眾家丁眼花繚亂，愣是奪不去。王爺見了，更覺得這鹼牙子是件寶，恐怕眾人爭奪落到地上摔壞，忙制止眾家丁住手。王爺說：「鹼娃，今天看在這寶貝的份上，王爺我賞臉，答應你的條件，你交上來吧！」說著，叫家丁上前取鹼牙子。鹼娃說：「空口無憑，要立下文書。」王爺奪寶心切，令人拿紙和筆當場寫下文書。寫好後，王爺說：「這回該交了吧！」鹼娃說：「不！王爺你得召集全體打鹼人當眾宣讀文書，文書兌了現我才能交寶。」王爺聽了此話，黑臉沉下來，大眼珠子滴溜兒轉，無計可施。這時，大管家走到王爺身邊，俯首帖耳嘀咕一陣。他退到一旁後，王爺對鹼娃說：「鹼娃，本王今天開恩，依你了。」聽這話，鹼娃又高興又吃驚。高興的是他的條件實現後打鹼人可以多收入了；吃驚的是，王爺今天怎麼這麼好說話，提啥條件答應啥條件。據鹼娃所知，這在王爺辦的事情中還是頭一回。王爺會不會要什麼花招呢？鹼娃暗暗思忖。他在心裡告誡自己要多長個心眼，不能上王爺的當。

條件講妥了，明日王爺到湖邊當眾宣布文書，鹼娃當眾交寶。

第二天，王爺騎著高頭大馬來到湖邊。由大管家召集眾打鹼人，宣布了鹼娃與王爺簽訂的文書。宣布後，文書交給鹼娃，鹼娃戀戀不捨地交出神奇的鹼

牙子。王爺在馬上接過寶，仔細看了看，高興的仰頭大笑。

王爺帶著家丁走了。

眾打鹼人把鹼娃抬了起來，好一陣歡笑。

王爺把神奇的鹼牙子捧回王府，令人做了個精美的玻璃罩，把鹼牙子裝在裡面，放在他的臥室裡，晝夜觀賞那閃閃的紅光，享受那鹼牙子的溫暖。

王爺為自己輕而易舉得到神奇的寶貝心花怒放。他為炫耀自己的寶貝，令大管家邀請周圍各旗王爺到這裡來觀賞珍寶。各旗王爺聽到消息都急切地趕來，一觀寶二慶賀。此一舉，王爺收到了足夠半年享用的禮品。因為有了這無價之寶，王爺的身價也提高了百倍。自然成了眾王爺的首領。

時過月餘，王爺在打鹼人身上的收入大為減少，於是他心神不安起來。他傳令管家照原定收繳打鹼人的捐稅。鹼娃來找王爺，質問他為啥變了卦？有文書在，黑字白紙憑啥改了？王爺大笑說：「地是我的地，湖是我的湖，就得我說了算。傻小子，我壓根也沒想長久執行那文書！」說著他拿起案上的文書，撕得粉碎扔到鹼娃面前。鹼娃氣的高聲叫：「王爺！你不講理！」王爺大笑：「啥理？權在誰的手，理就在誰的手！你一個窮小子竟敢到我的府上來講什麼理！來人，給我把這個不識時務的窮小子亂棍打出去！」

鹼娃被家丁亂棍打出王府門外。他站在那裡不肯走，他喚蒼天、他呼大地，他的聲音震動著王爺的深宅大院。那塊被王爺裝在玻璃罩裡的鹼牙子，聽到鹼娃悽慘的呼喚，它流淚了——神奇的鹼牙子在一滴接一滴的流水。那閃閃的紅光開始暗淡了，溫度也下降了。

王爺發現了寶貝的變化，心急如焚。他召集府內大小頭人商量保護神寶的辦法，怎奈絞盡腦汁想出些辦法來，一個個又都失敗了。眼看那寶貝一天天變小，紅光一天天變暗，溫度一天天下降，王爺的心涼了。

這時，那些觀賞珍寶的各旗王爺把消息傳到皇帝那裡去了。皇帝下了聖旨，召王爺進京獻寶。這下子王爺慌了。不獻吧怕皇帝怪罪，獻吧，那寶貝眼看要化沒了。這時，大管家獻計說：「好言把鹼娃請來，答應恢復文書上的條

件，讓他把寶貝恢復到原樣。」王爺沒別的辦法，只好照大管家說的辦。

鹼娃被請到王府來，他見到神奇的鹼牙子已經化得像鵝蛋那麼大了，紅光沒了，溫度也沒了。他雙手捧著它落起淚來。當鹼娃的淚水滴落到鹼牙子上時，鹼牙子竟隨之長大起來，紅光有了，溫度也有了。王爺一高興，忙上前去抓，當王爺將它抓在手時，那鹼牙子又在變小，變暗，變涼。王爺更慌了，他傳給大管家，還是如此。他們怕這鹼牙子化沒了不好向皇帝交代，只好把它交給鹼娃。王爺要鹼娃隨他進京獻寶，鹼娃說進京獻寶可以，但是必須把大布蘇湖的熬鹼權交給打鹼人，免收打鹼人的捐稅。無計可施的王爺只好同意鹼娃的請求。一切落實之後，鹼娃隨王爺上了路。這一路上，王爺為保安全，讓大管家捧著寶貝。鹼娃一邊走一邊念：「化了化了。」當他們的大隊人馬到了京城時，那神奇的鹼牙子已經化到雞蛋般大小了。王爺怪罪大管家心不誠，令家丁斬了他。

眼看寶貝不成為寶貝了，王爺不敢進獻，又不敢返回，他只好求救於鹼娃了。鹼娃告訴王爺，只管放心獻寶，到那時寶貝會恢復如初的。王爺無可奈何，親自守護鹼牙子一夜沒闔眼。第二天，他讓鹼娃作了祈禱之後，雙手捧著去進殿。當王爺把雞蛋般大小的一塊石頭舉在眼前時，他自己已經嚇昏了。明明是一塊神奇的鹼牙子，怎麼變成了石頭？

王爺犯了欺君之罪，當場被劊子手拉出午門之外斬首示眾了。

當王爺的人頭在百尺竿頭示眾時，鹼娃已經出了城。他又回到打鹼人當中去了。

撈寶的傳說

在乾安縣境內，有一個聞名中外的大布蘇湖。相傳在很久很久以前，大布蘇湖北岸有個不大的村莊，在村頭的一間牛棚裡，住著一個十五歲的少年王半拉子，爹娘臨死前，除了一頭掉了牙的老黃牛，什麼家產也沒給他留下。這頭牛從王半拉子爺爺小時起就在他家，王半拉子像對待自己的親人那樣對待它，

▲ 孫正連攝影作品《城坨》

從不讓它幹重活兒。到了冬季，王半拉子每天外出討飯，討回的東西自己都捨不得吃，也要拌上草喂牛，晚上他就偎在牛懷裡避風，有時腳凍得受不住了，就插進牛剛拉出的糞裡取暖。在一個大風雪的夜晚，王半拉子討飯回來，和往常一樣把要來的飯倒進牛槽裡。可是，老黃牛一口不動，只是眼淚汪汪地望著他。他以為牛著了涼，就脫下身上的破棉襖披在牛背上。忽然，他聽到有人輕輕地叫「王半拉子，王半拉子」，四下望望卻不見人影。「王半拉子」那個聲音還在叫，他一扭頭，原來是從老黃牛嘴裡發出的聲音。他感到非常驚奇和害怕，兩條腿不由自主地向後退去。只見老黃牛兩隻凸出的大眼睛一眨，幾滴淚珠吧嗒吧嗒掉在地上。「孩子，不要怕。我在這大布蘇湖已經度過了九十九個嚴冬，如今，我該走了。」「不！你不能走！」王半拉子一聽，顧不上害怕了，他捨不得這頭朝夕相伴的老黃牛啊！上前抱住牛脖子，用衣襟擦著牛的眼睛，問道：「你……你要到哪裡去呢？」「到我的老家。」老黃牛用舌頭舔了舔王半拉子的手背，接下去說：「你是個好孩子，臨走前，我要告訴你一件事情，來報答你對我的恩情。在大布蘇的湖心裡，有一輛禹王治水用過的大鐵車，上面放著一隻聚寶盆，盆裡裝滿了各式各樣的珍寶。我走之後，你披上我留下的牛皮，就能接近鐵車，拿到珍寶，也就不會再受窮了。」「是嗎？」王半拉子半信半疑，「那大鐵車得什麼時候能出現呢？」「就在今年臘月的三十晚上。不過，人只能接近一次，而且時間很短。」王半拉子用力抱住牛脖子，誠懇地說：「我一個人發財又有什麼用呢？能不能把鐵車拉上岸，將所有的珍寶分給窮人，讓大家都過上好日子呢？」

「好孩子！」老黃牛把尾巴轉過來，在王半拉子的肩頭拍了拍，讚許地

說，「你想的對，可是，那樣做難處大呀！」「我不怕，只要能讓大家過上好日子，就是死了我也心甘情願！」「好吧。」老黃牛又用尾巴拍了拍他的肩頭，「臘月三十晚上，要用白花筋擰成九十九副牛套，套上九十九條黑牛，再由九十九個老闆趕車，就能

▲ 孫正連攝影作品《熬城和產成品城坨》

把鐵車拉出來。只是白花筋十分難找呀，孩子。」

「白花筋？我頭一次聽到這個名字，哪兒有呢？」「一直向南走⋯⋯」老黃牛的話沒說完，突然一陣風將燈刮滅，等再點著燈時，老黃牛不見了，只是地上放著一張完整的牛皮。王半拉子傷心地痛哭一場，衝著牛皮磕了兩個響頭，便走出牛棚，把這件事告訴了窮苦鄉親。人們聽了他的敘述都很高興，大家屈指一算，離臘月三十只有十天了，得趕快準備呀！於是，眾人分頭去找黑牛，王半拉子自告奮勇尋白花筋去了。

時間很快就過去了。到了臘月三十這天，人們把九十九條黑牛都找齊了，就等著王半拉子拿回牛套來。可是等呀，盼呀，眼瞅著太陽東起西落，王半拉子也沒有影。到了半夜子時三刻，只聽得「轟」的一聲，寶貝真的出現了。聚寶盆在大鐵車上金光閃閃，把一百多里的湖面照得和白天一樣亮，把人們的眼睛都快晃花了。人們又蹦又跳，高興勁就甭提啦！但王半拉子還是沒有回來，這可怎麼辦呢？人群中一位白髮蒼蒼的老人焦急地跺著腳，不小心被一個草墩絆了一跤，他忍著疼爬起來，心裡倒有了主意。他用力薅下一把乾草，對大家說：「不是說做牛套用什麼筋嗎？你們看，這草不就叫奓拉筋嗎？乾脆咱們就用它擰牛套吧。」「行！」許多人響應，也有的主張等王半拉子回來，可是性急的人們等不了啦，他們說幹就幹，不大一會就把九十九副牛套擰了出來。九

十九個老闆都趕牛下了湖，一個身強力壯的披上牛皮，踩著冰面快步跑到湖心，把牛套掛在大鐵車上，隨後那個白髮老人就吆喝起牛來，可是儘管九十九頭黑牛都弓腰用力，大鐵車卻紋絲不動。白髮老人又把牛分成三伙，這樣力量就更集中了。一聲令下，九十九個老闆奮力吆喝，大鐵車晃動起來了。

再說王半拉子離開村子後，向南翻了九十九座山，過了九十九條河，終於找到了白花筋，擰好了九十九副牛套扛在肩上，顧不得吃飯睡覺，就急忙趕了回來。他來到湖邊，見人們已經開始拉車了，又見冰面晃動起來，情知不好，就一面大聲喊著「快停下！」一面向湖心跑去。可是，不等人們發現他，九十九副牽拉筋牛套就「崩」地全部拉斷了，隨即聽到山搖地動的一聲巨響，冰面崩裂了，湖水像海潮一樣湧上來，大鐵車、聚寶盆和那九十九條黑牛眨眼間都無影無蹤了，那九十九個老闆也被水淹住，眼看就要沉沒了。王半拉子不會水，但覺得身上有什麼在用力托他，低頭一看，原來是白花筋牛套。於是，他毫不猶豫地從自己身上把牛套一副副扯下來，丟給水中的老闆們，當他把最後二副丟給白髮老人時，自己便沉進了湖底。

當九十九個老闆在白花筋的救護下安全回到岸上時，天就亮了，湖面已經恢復平靜，又重新結滿了厚厚的冰。人們悲痛萬分，邊哭邊呼喚著王半拉子的名字。白髮老人滿面羞愧，衝著湖心跪立半晌，然後對大家說：「鄉親們，我們的好孩子為了咱們搭上了生命，難道大家不能把他的屍首和他生前要送給咱的寶貝撈出來嗎？」「能！」眾人忍著悲痛齊聲回答，紛紛跑回村去，取冰釧、鐵耙、大鎬和耙子，頂著寒風，破開冰面，夜以繼日地打撈起來。撈啊撈啊，一個冬天過去了，兩個冬天過去了，寶貝和王半拉子的屍首都沒有撈到，卻撈出來一堆堆一垛垛白花花的東西——人們在生產和生活中必不可少的天然鹼。

從此，大布蘇湖就以盛產天然鹼出名了。人們都說王半拉子成了湖神，這撈不盡的鹼就是他送給大家的寶貝。至今，一些老年人還說，每到農曆臘月三十的晚上，都能看到湖心亮著兩盞燈：王半拉子穿著小白襖，趕著大鐵車在燈

下行走，把聚寶盆裡的寶貝一件件丟進湖裡。那在前面拉車的就是當年他家的老黃牛。

自流泉

在大布蘇泡的東岸，有一眼泉水，無論冬夏，一直「咕嘟、咕嘟」地流著，當地的人們都叫它自流泉。提起來還有一段傳說呢。

以前，在大布蘇泡的東岸，住著一戶姓王的老兩口，靠著蒔弄房前屋後的那點荒地度日。有一年，老伴生了個兒子，老倆口樂得整天合不攏嘴，給孩子起名叫三娃。轉眼三娃就十五歲了。這一年天老爺直到七月十三也沒掉一個雨點兒，直旱得井乾了，地裂了，連大布蘇泡都見了底，人們渴得走路打晃兒啦。這一天，突然遠處「咔咔」打起了響雷，接著天空就像鍋底一樣，烏雲密布，閃電一個接一個。王家三口人已經七天沒喝一口水啦，三娃他爹眼巴巴地望著天邊，有氣無力地說：「轉圈下雨當間晴，老天真要渴死我們嗎？」說著，就渴昏了過去。三娃望望昏迷不醒的二老，又望望遠處電閃雷鳴的地方，心想，怎麼能到下雨的地方舀一些水，救活自己的父母呢？於是，就端起一個泥盆奔向下雨的地方取水去了。

三娃跑哇，跑哇，太陽落下又升起，升起又落下，還是沒有跑到下雨的地方，真是望山跑死馬，轉眼跑了七天七夜，三娃突然眼前發黑，一頭栽倒在地上了。不知過了多少時間，一陣涼風把他吹醒。睜眼一望，前面有一條小河，清涼的河水嘩嘩地流著。三娃高興極了，一下子從地上爬起來，撲到小河邊，真想俯下身去痛痛快快地喝個夠！可一想家中的老父老母正在等水解救，便急忙舀了滿滿一盆水轉身向家跑去。

三娃端著水，小心翼翼地往家跑著，他渴得兩眼竄花，嗓子冒煙，也捨不得喝一口水，心中只有一個念頭，一定把水端回去。他跑啊，跑啊，已經到了大布蘇泡沿，看到自己家的房頂啦，突然，他聽到一個微弱的聲音：「小哥哥……小哥哥……」他放慢腳步，向四下張望，周圍沒有一個人影，以為自己

是聽錯了，因為這裡方圓幾十里只有他們一家人，哪會有人叫他呢？他剛要走，那個聲音叫得更真切了。他急忙放下泥盆，四周找了一遍，發現聲音是從一個大深溝裡發出來，往下一望，深溝裡趴著一隻大蛤蟆，眼淚汪汪望著三娃，說：「小哥哥，快救救我

▲ 自流泉

吧！」三娃看看大蛤蟆那可憐巴巴的樣子，就說：「大蛤蟆，你遇到了什麼難處？讓我怎麼救你呢？」大蛤蟆說：「小哥哥，我已在這裡生活了一百年，這個溝從來沒有斷過水，今天不行了，我的千千萬萬個子孫都被旱死了，我也快要不行了，小哥哥能不能給我點水喝呢？就喝一口……」

三娃急忙找來一根大蘆葦，伸下溝去，讓大蛤蟆咬住把它拉上來，然後端來清水對它說：「你喝吧。」大蛤蟆趴在盆沿上，只一口，就把水全都喝乾了。怎麼辦？三娃望著自己的家，想起渴得發昏的兩位老人，便二話沒說轉身又跑向原來的地方端水。

三娃再次忍饑挨餓，跑哇，跑哇，又跑了七天七夜，終於又端回一盆清水。當他跑進屋的時候，爹娘只剩一口氣了。他急忙把水一口一口給兩位老人餵下去，老人很快甦醒過來。爹娘得救了，幼小的三娃卻由於又渴又累，閉上眼睛死去了……

三天過後，大布蘇泡一帶下了一場透雨。三娃爹娘忍著悲痛補種了一些蕎麥。兩月過後，正當蕎麥要成熟的時候，天老爺又翻了臉，接連下了七場暴雨。地裡的蕎麥被雨水淹沒了，王家的房屋被雨水泡得眼瞅就要塌了。三娃的爹娘想想死去的兒子，望望這水茫茫的一片，不覺抱頭痛哭。就在這時，屋外的水慢慢地退了下去，轉眼間竟滴水不剩了。三娃爹娘喜出望外，推門一看，門前不遠處有只大蛤蟆。只見它閉著眼睛，雙手捂著鼓得老高老高的肚子。老

兩口急忙上前，可是，大蛤蟆卻慢慢墜入了地下……

七天以後，在大蛤蟆墜入地下的那塊地方，湧出了一股清泉，從那以後，當三娃家的田地裡旱了的時候，清泉水便自動流入田裡，若是田地裡的雨水充足，清泉水會彎彎曲曲地流入大布蘇泡中。三娃爹娘藉助這口清泉據說活了有千年。

李存孝與大鐵車

唐末，王彥章擁兵自重，割據一方，自立為王。朝廷屢遣精兵強將征討，不得平息。只好封沙坨國李晉山的侄兒——李存孝為大將軍，率兵會敵。

王彥章身長九尺，虎背熊腰，膂力過人，手使一條八百斤黑鐵棍，凶神惡煞。李存孝雖身材瘦小，卻力大無窮，高擎一千二百斤大鐵棍，恰似霸王重生。兩軍相接，擺開陣勢。只見二馬齊蹬，似蛟龍出海；雙棍並舉，如巨蟒盤山，不到三個回合，只聽「咔嚓」一聲，王彥章虎口震裂，鮮血直流，鐵棍脫手飛至空中，落到二十丈遠的地方。陣前士兵驚得目瞪口呆。王彥章趕緊跳出圈外，李存孝並不追起，擎住鐵棍朗聲道：「王彥章，我棒下不死無名之鬼，趁人徒手開棍，算得什麼好漢！」遂命士兵把失落的鐵棍拾到王彥章跟前。王彥章接在手中一看，棍竟彎彎曲曲的，心中不禁打個寒戰，訥訥地說：「今日咱倆鳴金息鼓，明日再戰。」「此話怎講？」李存孝高聲追問。「待我回營直好兵器，再戰不遲。」李存孝哈哈大笑：「不必，拿來我看！」士兵把王彥章的鐵棍抬到存孝面前，只見他拿在手中輕輕一捋，棍便直直溜溜的，還長出了三尺。「神力，神力！抓鐵如泥。」士兵們喝采聲迴蕩山谷。王彥章嚇得目瞪口呆，心中暗忖：這李存孝乃李元霸轉世，武藝絕倫，無法力敵，只得智取。

第二天交戰，王彥章虛晃一棍，假裝敗陣，落荒而走。存孝窮追不捨，眼看追上了。王彥章勒馬轉身，回頭連擲三鏢。存孝舉棍迎擋，只聽三聲脆響，金鏢應聲落地。王彥章心慌意亂，坐騎六神無主。李存孝氣打心中來，怒向膽邊生，催馬舉棍，瞄準王彥章腦袋，來個泰山壓頂。只見鮮血噴湧，肉屑橫

飛，猶如萬朵桃花開。

李存孝平亂有功，皇上封官賜祿。可存孝淡泊功名，辭官回故里。後來，奸臣向朝廷奏本：「李存孝武藝蓋世無雙，名聲威懾四海，而今視高官厚祿如敝屣，必心懷異志，欲謀反，亂天下，不早除之，後患無窮。」皇上聽信讒言，下令捉拿李存孝，用五車分屍酷刑處之。脖縛鎖鏈繫車一台，兩手、兩腳分繫車四台。每車套大犍牛二十頭，一起喊號催趕。李存孝手腳一併，脖頸一挺，車竟紋絲不動。直至力氣耗盡，方被拉成五塊。

裂死李存孝的五台大鐵車，陷於大布蘇湖中，很多人想把它拉出來，可是終無辦法。後來，有個南蠻向富人當家的獻計：「把湖正中最高極粗的一棵葦子，於年三十晚子時割下來做鞭子趕車，車便自動走出來。」南蠻的話被一個長工聽到了，除夕之夜，三星尚未平西，他就把那棵葦子割下來。果然靈驗，葦子一揚，五台大車自行走動，剛到湖邊，趕車的葦子突然斷了十多截，鐵車忽然間自動退回原位，且愈陷愈深。翌年，南蠻舊地重遊，看了看湖中的大鐵車，心裡十分難過，對當家的說：「那棵葦子割早了，車就趕不出來。我還告訴你最後一個辦法」。「什麼辦法？」當家的趕緊問。「你準備一百頭黑犍牛，車就能拉出來。」當家的派人四處買牛，剛買齊，有的牛便死了，總也湊不到一百頭，鐵車就沒拉成。

湖畔上了年紀的人，親眼看過鐵鎖鏈和鐵車轅子。現在大鐵車連同李存孝的忠骨早以深埋湖底。可是李存孝和大鐵車的故事卻世代相傳。

夜明珠

傳說陰曆五月三十的子夜，在大布蘇泡中心有一顆明珠躍出水面，黑沉沉的泡子頓時光芒四射，年年如此……

那還是很早很早以前的事呢。那時候大布蘇泡一帶並不是一片坑窪不平的鹽鹼地，而是一望無際的大草原，大布蘇泡水並不是鹹的；而是清澈可見底的淡水。也不知哪一年，一個姓李的財主發現了這塊寶地，便把他家雇的小羊倌

趕到這一帶來放牧。為了監視小羊倌，李大財主的侄子李大壞水也一同來到這裡。

小羊館當年才十五歲，已經放五年羊了，他自幼喪了父母，無依無靠，長得又小又瘦，十分可憐。李大壞水當年二十出頭，這小子好吃懶做，長得傻大黑粗，一肚子壞水。剛來的那陣子，小羊倌簡直被草原的景象迷住了。可好景不長，沒過幾天，李大壞水打上了小羊倌的壞主意，他成天躺在窩棚裡睡大覺不算，每天的三頓飯還得由小羊倌來做，每頓飯必須得有鮮蘑做菜，鮮蘑當然由小羊倌去採。小羊倌無可奈何，只好默默忍受。

不久，李大壞水吃鮮蘑吃得膩煩了，他又逼小羊倌為他去套野兔和野雞，小羊倌稍有不從，他揮拳便打。身單力薄的小羊倌哪裡是李大壞水的對手，他含淚去套那些無辜的野兔和野雞。不幾天，窩棚外的兔皮和野雞羽毛便堆了一

▲ 夜明珠

大堆。頓頓野兔野雞使李大壞水漸漸吃膩了，他想再換換口味，可是一時又想不起來草原上還有什麼好吃的食物，便只好作罷。

一天，李大壞水懶洋洋的來到大布蘇泡邊曬太陽，躺著躺著，竟打起呼嚕。忽然，一陣擊水聲將李大壞水驚醒了。睜眼一看，一條尺把長的紅鯉魚在水面上打著水漂，李大壞水爬起來凶狠地向紅鯉魚撲去。紅鯉魚一頭扎進水裡，水上留下了一道道波紋。李大壞水沒逮著紅鯉魚十分懊喪，在水裡繼續等待，可他又怕被水淹死，便掙扎著跳上泡沿兒，他貪婪地盯著泡水，心裡卻打著鬼主意。

當天黃昏，小羊倌趕著羊群還沒來到窩棚，李大壞水便迎上去。一把奪下小羊倌手中的鞭子，惡狠狠地說：「今晚不許你睡覺，去泡子給我釣魚，要是釣不回來，我就讓你嘗一嘗這鞭子的厲害！」說著他揚起了鞭子，孤苦伶仃的小羊倌恐懼地盯著李大壞水手中的鞭子，他又一次屈服了。

小羊倌悲傷地來到大布蘇泡沿，他哪有心思釣魚呀！望著漆黑的夜空，想起了自己苦命的身世和遭遇，鼻子一酸淚水成串地流了下來，滴進了泡子。太陽出來了。小羊倌擦擦眼睛，收起魚桿，慢慢地回到了窩棚。李大壞水一看小羊倌兩手空空，操起鞭子便抽，疼得小羊倌在地上翻滾，李大壞水一直抽到沒有了力氣才住了手。

第二天晚間，李大壞水又把小羊倌逼到泡子沿上為他釣魚。小羊倌撫摸著皮開肉綻的身子，不覺放聲痛哭，哭著、哭著，手中的魚桿突然一動，他便收起魚桿，竟釣上來了一條尺把長的大魚，藉著星光一看，是一條紅鯉魚。小羊倌一想，這條紅鯉魚即將填進李大壞水的肚子裡，便自言自語道：「紅鯉魚呀，紅鯉魚，你可別怪我心狠，是那該死的李大壞水逼我來的，是他要吃你的肉，咱倆是同病相連啊！」說也奇怪，紅鯉魚竟開口說話：「你若不想害我，今日救我一命，明日我一定報答你。」小羊倌答應了紅鯉魚的請求，接著，他將自己的遭遇哭訴了一遍。紅鯉魚聽了十分同情，陪著掉了眼淚。哭著，哭著，紅鯉魚對小羊倌說：「為了報答你的恩情，我將我的家傳珍寶——夜明珠

送給你。有了它，你就不用再去放羊，不必再過苦日子了。你可千萬要記住，明天，也就是陰曆五月三十子夜，在泡子的中心，我將夜明珠托出，你一定在子夜時分將它取回，過了時間，夜明珠就會自動飛回龍宮的珠寶箱裡。」說完，紅鯉魚飛身躍進水中，小羊倌驚呆了，他不敢相信這一切。突然，身後有人猛地一推，小羊倌一頭栽進了水中，他掙扎露出水面一看，原來是李大壞水。他用力撲打著來到泡沿兒，李大壞水抬起一腳又把他踢進了水中。小羊倌在水中拚命掙扎了幾下，終於沉了下去。見羊倌再沒露頭，李大壞水嘿嘿冷笑了兩聲，回窩棚去了。

第二天晚間，李大壞水老早地來到了泡沿兒，他坐在那裡暗自慶幸。原來他昨天晚間怕小羊倌在泡子沿兒睡覺，所以小羊倌前腳走，他後腳便跟了上來……李大壞水等啊等，有些不耐煩了，伸伸懶腰，打打呵欠，頭一歪，打上了呼嚕，也不知過了多久，李大壞水猛地睜開眼睛。啊！大布蘇泡面上金光燦爛，一片輝煌，泡子中心有一顆明珠閃爍著金光。「夜明珠！」李大壞水狂叫一聲，猛地撲進了水中，他用盡了吃奶的力氣撲打著，向夜明珠奔去。夜明珠越來越近了，就在李大壞水伸手去抓的一瞬間，夜明珠卻消失了，大布蘇泡立刻變成了漆黑一團，李大壞水在黑暗中掙扎了一會，漸漸地沉了下去。

從那以後，每年陰曆五月三十的子夜，這顆夜明珠就會躍出水面，放射出萬道金光。人們都說，夜明珠一直在等待著小羊倌去取它。後來，有個好信兒的人在某一年的陰曆五月三十這天來到了大布蘇泡沿兒，一直待到子夜。據說，他還真看到了這顆光芒四射的夜明珠。

乾枝梅

在很早很早以前，離大布蘇湖不遠的地方有個王家村，這村有個姓王的大財主。王大財主愛財如命，可他有個女兒叫臘梅，卻心地善良，長得也好。臘梅姑娘偷偷地愛上了給她家放羊的羊倌李二柱。他倆經常到草原幽會，兩個人有嘮不完的話，訴不完的情，後來兩人插草為香，海誓山盟，暗定終身，白頭

偕老。

俗語說：沒有不透風的牆，臘梅和二柱相好韻事被王大財主知道了。王大財主氣個半死，馬上派人把李二柱抓來，不由分說，五花大綁吊在梁柁上拷打，王大財主一邊打一邊罵：「你這個窮種是癩蛤蟆想吃天鵝肉，就

▲ 乾枝梅

你這個窮光蛋想要娶我女兒，真他媽地做夢！」李二柱是個硬漢，任憑鞭抽棒打就是一聲不吭，王財主的皮鞭蘸涼水「唰」的一鞭子，二柱身上就起一道長長的血痕；一木棒下去，二柱痛得一激靈。躲在樓上的臘梅姑娘從窗戶眼裡看得真真切切。她心疼二柱哥，她恨爹爹心狠手毒，決心救二柱逃出虎口。

這一天，王大財主晚上喝了一壺悶酒睡著了。管家打手們看東家睡了都找地方偷懶去了。這時候，臘梅姑娘悄手悄腳地來到拷打二柱的地方，給二柱鬆了綁，兩個人抱頭抽泣，不敢大聲哭，怕把打手們驚醒。依照臘梅的主意，兩個人雙雙逃走，遠走他鄉，可是李二柱說：「人有臉樹有皮，你爹是個大財主，我非治這口氣不可。他瞧不起我這個窮人，我一定要發大財後正大光明、三媒六證娶你過門。」臘梅姑娘問：「怎麼能發財呢？」二柱說：「大布蘇湖出寶，誰有福誰就能在那裡得寶發財。」

臘梅說：「再過三個月就是七月初七，是天上牛郎織女相會的日子，不管你能不能得寶發財，那一天你可要回來接我。」二柱點頭稱是，於是臘梅姑娘偷偷將二柱送出門外，灑淚相別。

李二柱連夜來到大布蘇湖，他顧不得害怕，顧不得冷暖，開始找寶。

一天、二天、三天過去了，一個月、兩個月過去了，眼看三個月的時間到了。他盼著七月七，又怕到七月七。他想著七月七能和臘梅團聚。怕到七月七，找不到寶貝，怎麼見臘梅，他不能空手而歸。回去可怎麼娶臘梅，怎麼對

王大財主說呢？二柱心煩意亂徬徨在湖旁，心想：難道我李二柱是個沒福人，我就不能發財和臘梅姑娘成婚？他抬起頭來，眼望蒼天，蒼天無語，低頭看看大地，大地無聲，他心裡難過，靠在泥林上，迷迷糊糊地睡著了……

他好像覺得自己往大布蘇湖中間走去，突然在湖中發現大鐵車，你說怪不怪？這大車就在眼前，你往前走，它也往前挪，你不走，它就在你眼前。卻不料跌了一跤，待到爬起來，大鐵車沒有了，自己卻好像在湖旁一個村莊裡，他聽到身後有「呼打」「呼打」的拉風箱聲，他轉過身來，只見一個白髮老人正坐在一個灶門前添柴生火。這老人銀鬚皓首，一臉正氣，盤腿正坐，手拉風箱，一手往灶裡添柴，而老人身前身後卻是一些四四方方的金塊和銀塊，金塊在陽光下閃閃發光，銀塊白得耀眼；老人添柴時，對這些金塊漫不注意地用手扒拉到一旁去，他抬眼看了一下李二柱說：「拿吧、拿吧，拿多少都行，拿一塊就夠你娶媳婦了。」

李二柱奇怪地看著這位老人，為啥有這些金塊銀塊，他還在幹活呢？於是，他上前問道：「老人家，你是燒火煮飯嗎？」老人抬起頭來說：「我呀，已經多年不食人間煙火了，我這是在熬寶哇。」「熬寶？」李二柱奇怪地問：「是金銀財寶嗎？」老人說：「金銀財寶不如這個，金銀財寶只能為少數人所有，可我這個寶哇，可以叫天下窮人都有飯吃有衣穿。」李二柱心裡一熱，他想，天下窮人太多了，吃不飽穿不暖，多麼苦啊！要把這位老人熬寶術學會了該多好哇。於是，他問：「你這是什麼寶貝，怎麼熬法呢？」白髮老人站起來，揭開鍋蓋說：「這鍋裡熬的是大布蘇湖裡的水，開鍋後就結成了一個白色的硬塊，這叫鹼。把塊打開，中間還有水，這水是醬紅色，再用鍋熬，先出鹽，後出硝。這鹽、鹼、硝是人間過日子必不可少的寶物。」

二柱聽了忙給老人作揖說：「老人家，你把這個辦法教給我吧，我一定讓天下窮人都學會這些辦法，讓天下人間多一些鹽、鹼、硝，讓窮人都有謀生的門路。」白髮老人仰頭大笑：「好個心地善良的小夥子，來，我這就教你。」說著老人把熬鹼的辦法從頭至尾詳詳細細講給二柱聽。最後，老人拿起一口小

鐵鍋和兩塊有棱有角的紅石頭說：「二柱，這是打火石，兩石相撞就可生火，用它引火就能熬鹼，你要用它為窮人謀生路。」說著，一眨眼就不見了。

「老人家，老人家！」二柱拚命呼喊，連忙起身追趕，誰想一用力，兩眼睜開卻是做了一個夢。你說怪不怪？在他身旁真有一口小鍋，他的手中真的拿著兩塊紅色石頭，他用力打去，真的能打起火來。他高興地爬起來，用小鍋在大布蘇湖中舀滿了水，然後生火熬鹼，半天的功夫真的熬出了鹼來。李二柱高興得直蹦高。然後他收起鐵鍋和打火石，決定回去找臘梅姑娘。

就在二柱夢中得寶之時，臘梅姑娘想起已經是七月七日，可是二柱哥一走仨月人不見信不回，是生是死，是福是禍？她牽腸掛肚，撕心裂肺地難受。她想，在這個家裡找不到自己心愛的人，二柱哥既然去大布蘇湖了，我就去那裡找他，然後我們就在大布蘇湖邊安家落戶過一輩子吧！

一個財主的姑娘，不是自己想到哪裡去就能到哪裡去的。身前身後的丫鬟、老媽子，說是侍候，其實就是看著你。所以白天臘梅沒敢動身，到了晚上夜深人靜，臘梅悄悄手躡腳起來偷偷開了後角門逃了出來。天黑路不平，臘梅姑娘跌跌撞撞，一路上不知摔了多少跟頭，身上沾了多少泥水，快天亮了，才來到大布蘇湖旁，她拐進蘆葦蕩中，找呀找，尋呀尋，卻始終不見李二柱的蹤影，她衝著湖中高喊：「二柱哥，二柱哥……」這喊聲驚動了湖中的群雁，群雁看著臘梅傷心的樣子，一邊起飛一邊幫著喊：「哥（咯）兒哥（咯）兒嘎（哪）兒嘎（哪）兒？」大雁飛走了，剩下臘梅孤單一人仍在湖旁找啊找，找她的二柱哥。她奔跑，她哭喊，三天三夜過去了，她來到泥林跟前，再也沒有力量跑也沒有力量喊了，她躺倒在泥林中……

再說李二柱背著鹼鍋，剛回到王家村，一個好心人就攔住他說：「你快走吧，臘梅姑娘頭三天晚上就跑去找你了，王大財主正在家大發狠言要把你倆抓住點天燈呢。」二柱不怕點天燈，只恨自己來晚一步，他急忙抽身往大布蘇湖跑去。他穿過蘆葦蕩，來到泥林前，一眼看到奄奄一息的臘梅姑娘，正雙目圓睜地盼望著自己的到來，只是幾天的飢餓，臘梅已經不能說話了，二柱急忙伏

下身抱起自己的心上人，傷心呼喚著：「臘梅，臘梅呀，我找到大布蘇湖的寶貝了。」臘梅姑娘眼動了幾動，嘴巴張了幾張，可惜她什麼也說不出來了。二柱放下臘梅，把他背上的小鍋解下來，把鍋裡熬成的鹼舉到臘梅姑娘眼前，又把鹼送到臘梅姑娘嘴邊讓她嘗一嘗，臘梅姑娘嘴唇動了動，好像品嚐到了鹼的滋味，忽然她眼中湧出淚珠，淚珠滾落到她身旁的一株不知名的黃色野花上，這黃色小花立刻變成了白色，頓時大布蘇湖旁的小黃花全都變白了，並且發出了一股清香氣息。李二柱忙摘了幾朵白花插在臘梅姑娘的頭上。這時臘梅姑娘卻慢慢地合上了眼睛，垂下了頭，伏在二柱的胸前靜靜地離去了。二柱傷心地哭了，用手挖坑掩埋了臘梅姑娘，在墳前守了一天一夜，然後在湖旁的村屯傳授白髮老人教他熬鹼、熬鹽、熬硝的辦法。從此，在大布蘇湖熬鹼鹽硝的做法一直延續到今天。

第二年的七月七，李二柱又來到臘梅姑娘墳前，只見墳前墳後全部開滿了小白花。這花的枝葉乾枯了，小白花卻依然頑強地開放著。人們說，這表明二柱和臘梅姑娘的愛情就像小白花那樣潔白純淨；也有人說，這小白花就是臘梅姑娘的英靈變的，她為了自己婚姻的幸福就像這種乾枯枝莖的小白花那樣富有生命力，頑強不息。

因為這潔白的小花是臘梅姑娘淚珠染白的，花瓣又像梅花，後人給這種小花起名叫干枝梅，這干枝梅長遍大布蘇湖旁的荒原上，一年四季常開不敗……

九條金牛

很久很久以前，大布蘇湖裡有九條金牛，在湖裡待了九年。

岸邊住著一個姓金的老漢，每天起早貪黑，成年累月以打鹼為業。一天，村裡的大財主劉德路過湖邊，忽然發現湖中金光閃閃，仔細一看，只見九條金牛在湖中戲耍，金光閃閃。這下子可把大財主眼饞壞啦。他伸著脖子咧著嘴繞著湖轉啊、看啊、想啊，一心想得到這九條金牛，一直轉到天黑，太陽落山了，金牛也全都不見了，他才悻悻地回家。

第二天，他就讓手下的人準備了船來到湖邊，乘船向湖心划去。一會兒金牛在東邊出現，一會兒又出現在西邊，一會兒在前邊，一會兒又出現在後邊。他們在湖裡追啊，看啊，可就是始終接近不了金牛，只好又悻悻地回家了。

晚上，劉德和老婆一起商量得到金牛的辦法，苦思冥想，忽然他老婆心頭一亮，說道：「當家的，讓老金頭爺倆去找，他們天天都在湖裡，一定能知道九條金牛的祕密。」

「對，就這麼辦。」劉德一拍大腿說道。

第二天一早，劉德的管家和兩個打手氣勢洶洶地出現在金家，看這架式，老金頭戰戰兢兢，不知是什麼災禍降臨頭上，管家裝模作樣地說道：「老金頭，你在湖裡打鱖，縣官老爺說今年要加倍交稅。是我們東家說情，好歹才沒有加稅。我們東家對你這樣好，你可應當好好報答啊！」「我，我身無分文，怎麼報答呢？」「其實也很簡單，我們東家在湖裡發現了九條金牛，你們爺倆只要把這九條金牛趕出來，送給我們東家就行。」金老漢一聽傻眼了，但也明知不去不行，便答道：「就讓我試試吧。」

一天、兩天過去了，說也怪，金老漢爺倆每天從早到晚找遍了湖，也未見一條金牛的影子。貪心的劉德認為一定是老金頭不肯出力，就讓管家把他抓來狠狠地打。老金頭又氣又恨，那麼大的年紀哪經受住這樣拷打，當天晚上就嚥氣了。

大財主劉德又逼老金頭的兒子金牛去湖中尋找。找了好幾天又不見蹤影。劉德以為金牛也在搗鬼，成心和他過不去，就又狠狠地拷打金牛，直把他打得皮開肉綻。這時奇蹟出現了，湖水越漲越快，淹沒了村莊，淹沒了大財主劉德高大的莊園，九條金牛馱著金牛的全家，一直送到安全的地方。

據說，這九條金牛後來還有人見過。

孝女的傳說

清朝庚子年間，山東境內連年大旱，飢民餓殍遍野。為了活命，無以數計

的人往北闖關東。岳二叔一家也背井離鄉，最後落腳在大布蘇湖畔。

　　三十出頭的岳二叔生得人高馬大，更秉承了祖先吃苦耐勞的品行。二叔和二嬸起早貪黑舍下力氣，幾年忙下來，置了田、拴了騾馬。日子眼瞅著就紅火起來了。二叔不覺暗自慶幸闖關東這步走對了路，看來這大布蘇還真是個養人的好去處。

　　日子寬裕就過得快。一晃兒，到關東十來年了，岳家老大家仁也長成五大三粗的小夥子，提媒的就三天兩頭地上門。二叔二嬸挑來挑去，最後相中了當地李姓人家的二閨女鹼花。下過聘禮交年關時新媳婦進了門。轉年秋天，鹼花生下個白胖的女娃，家裡添人進口甚是喜歡。半年後，二嬸子也生了個男孩，不料二嬸子月子裡得產後風撒手而去。二叔哪裡受得了，就一病不起了。家裡的擔子便落到老大家仁和媳婦的身上。田裡的農活、家裡的大事小情都由家仁經管，公公和小叔小姑們的吃穿、院子裡的雞鴨豬鵝都是鹼花的事。加上屋裡那兩張爭奶吃的小嘴，整天鬧得人不消停。二叔就狠下心叫家仁給老疙瘩尋個好人家送出去。鹼花一聽急了：「把老疙瘩送人，日後見了婆婆俺可咋說？」二叔見兒媳不同意，眼圈一紅便不再言語。為了讓小叔子吃飽奶，鹼花乾脆給自己女娃餵麵糊糊。小叔子不滿週歲就滿地跑了，可女娃才剛能站穩。吃鹼花奶活下來的小叔子，會說話後總和侄女一樣管嫂子叫娘。

　　自從二嬸突然病故，二叔一直壓住一股火。原本壯實的身子骨冷不丁就瘦塌下來。大布蘇的冬天冷得 人，白毛風颳得像天下刀子。天一冷，二叔的腰腿就疼得受不了，夜裡他咳嗽起來不停，聽得鹼花心急如焚。家仁經常出圍打獵，走時囑咐她照顧好爹。鹼花是個實在人，再忙也把公公的起居放在心上，公公屋裡的火盆從早上一直熱到傍晚。一吃過晚飯，她忙把公公的被子鋪好，怕被縟涼，她先用自己的體溫焐熱後才讓公公睡下。漸漸的，二叔身子硬朗了不少，人也精神了許多，可鹼花的閒話也出來了。就連親戚友鄰也都給她臉子看，真是唾沫星子都能淹死人吶！可鹼花卻不爭辯，只把閒話當成耳旁風。

　　嚴冬終於過去了，春的腳步已悄悄走近。儘管寒風吹面，陽坡上的草芽還

是早早地鑽出了葉尖。每年這時節人們都有踏青的習慣。聽說要去狼牙壩賞春，鹹花也興致勃勃地要跟著。大家心裡不情願，嘴上卻不好明說。便商定起大早，鹹花家裡活多，被落下也就怪不得別人。

誰知出發那天鹹花早早去了，她梳洗打扮穿戴一新。村裡人自然也無話可說。

當太陽升到一竿子高的時候，一群男女終於爬到了連綿高峻的狼牙壩上。站在高高的壩頂，四野盡收眼中，遠處的鹹湖已冰消雪融，幢幢村舍靜立在早春裡。腳下溝壑縱橫，座座土峰形態各異，觀望著令人心曠神怡。鹹花情不自禁張開嘴一吐心中的憋悶。忽然，一陣狂風大作，被捲起的鹹沙鋪天蓋地。鹹花只覺得腳下一動，人就騰雲駕霧似地離開了地面。待風停沙住時，鹹花早沒了人影。有人想起好像聽到鹹花喊了一聲，她同宗四叔說，可別是給刮到了溝下。經他一說大家都感到事情不妙。鹹花兄弟就慌忙到溝下去找，大家也隨著他小心翼翼地下到溝底，果真看見了鹹花。只見她兩眼緊閉，人已經沒了鼻息。鹹花兄弟就大哭起來。四叔勸道：「人死哭不活，還是麻溜回去叫人吧！」鹹花兄弟這才抹把淚，撒腿往村子裡跑去。

岳二叔接到凶信，忙叫家仁帶人到狼牙壩去接人。天快黑時，家仁和幾個兄弟把鹹花抬了回來。按習俗死人是不能進村的。鹹花的靈柩便停放在村口。早就等候在那裡的岳家老少和鹹花爹娘圍了上去。哭聲驚動了村頭的人家，工夫不大，看熱鬧的村人就圍得裡三層外三層。鹹花四叔一臉愧意地說：「老哥老嫂子，俺們不願帶她，可鹹花非要跟著去。哪承想就出了事，要知道俺說啥也把她攛回去。」說著腦袋耷拉下來。鹹花爹長嘆一聲：「四兄弟，怕這就是她活該，怪不得別人。」

就在這時，鹹花從人群後面擠了進來，她瞪著兩眼問爹咋回事。正哭著的娘聽到自己閨女的話語聲，猛抬臉便甩落一地的淚珠子。她一把拽住鹹花，不錯眼珠盯著她看，滿臉驚異地說：「你不是掉溝裡死了嗎？」聽了娘這話，鹹花一臉狐疑：「俺好好的，娘咋咒自個兒的閨女呢？」聽著娘倆的對話，岳二

叔張大那雙濕潤的老眼，死死盯著兒媳婦臉。見公公也臉上帶淚，鹹花喊道：「爹，您老咋了？」「鹹花！你沒死啊？！」

鹹花點點頭。見剛剛被收殮的媳婦真切地站在面前，家仁也愣愣地問：「你……真活著？」鹹花說：「俺活著。」鹹花娘忙搶著說：「這扯不扯，俺姑爺都動用他爹的壽材盛殮你了。這下可好，我的閨女沒死呀，你可真嚇死娘啦！」

兩行渾濁的淚水順著二叔蒼老的臉龐滾落下來，他比誰都願意相信站在眾人面前的就是鹹花。都說人死不能轉活，可俺的好兒媳竟能死而復生，這才真叫老天開眼！少頃，他指著那朱漆的大紅棺木，叫兒子快打開棺材天。愣怔的家仁忙點頭，眾人聽了爭先往前擠，都想親眼看看裡面還有啥。當厚厚的棺材天挪開一條縫時，突然家仁一動不動地站在那裡，眼睛大睜著，好像棺材裡有什麼異常可怕的東西嚇到了他。鹹花兄弟眼尖，忙喊大家快看。原來裡面是一塊石匾，上面還刻有「孝女」兩個大字。當石匾被人抬出來時，圍觀的人無不嘖嘖稱奇，而那些說鹹花閒話的人，都羞愧地垂下了頭。

自古以來就有好人好報的說法。鹹花服侍公公百年後，又把自個的男人送走了。直到八十八歲那年無疾而終。鹹花死後村人把那塊刻有「孝女」字樣的石匾立在她的墳前。從此，孝女的故事就在大布蘇一帶流傳開來。直到現在誰家媳婦孝敬公婆，人們還以孝女愛稱相送。足見此地民風古樸，世風醇正。

龍眼泡的傳說

在乾安縣所字鎮靈字村的村南邊，有兩個不大兒的水泡子，無論天氣多麼旱，從來沒乾過。這兩個泡子的中間一條溜光溜光的大道。傳說那兩個泡子原來是南海龍王敖廣三太子的兩個眼睛，那條溜光溜光的大道就是它的身子，提起這，還有一段傳說呢。

在很早很早以前，有那麼一年，東海的老龍王過生日，四海的龍子龍孫們都趕來為龍王拜壽。南海龍王敖廣也帶著他的幾個太子來到東海，參加老龍王

的壽禮，酒席筵上，山珍海味、瓊漿玉液是應有盡有，龍子龍孫們便開懷暢飲。老龍王見自己的龍子龍孫們都來為他賀壽，感到非常高興。正在這時候，玉皇大帝派太白金星給老龍王送來了禮品，祝賀老龍王的壽辰。王母娘娘也在九個仙女的攙扶下，來給老龍王祝壽，還給老龍王送來了仙桃。

　　遨廣的三太子正和幾個龍太子們喝酒，見仙女給老龍王送來了仙桃，就急忙起身要去接桃，沒承想忙中出錯，將八仙桌子給碰倒了，瓊漿玉液灑了龍宮一地，還灑了九仙女的裙子上。當時王母娘娘很不高興。因為九仙女是王母娘娘的老閨女，所以平時王母娘娘非常偏愛她，今見老閨女的裙子被弄髒了，很是不樂意，但因為是在龍宮，所以就不好說啥。這一切都被太白金星看見了，回到天庭後，就向玉皇大帝奏了本，說遨廣教子無方，他的三太子在酒席宴上調戲了九仙女。玉皇大帝一聽就來了氣，當下宣旨就把遨廣及全家召到了南天門下，將三太子從天上貶下凡間，貶到了這八百里瀚海。當時遨廣主管南海，管著南方的江河海湖，並不知道這八百里瀚海儘是沙子。當他領著三太子來到凡間受命，下來一看，見到處是風沙塵土，沒有一條江河時，就後悔了。三太子便上前對南海龍王遨廣說道：「父王，既然我犯了天條，我就得在此服命了，若不然我們全家人都要跟著受罪，這一方的百姓也夠苦的，幾百里也找不到一滴水，我臥在這裡，也好為他們造些福，用以感動玉皇大帝，早日脫離苦海。」遨廣一想也只好這樣了，囑咐了三太子一番，便轉身回了南海。三太子便北依靈丙山，面向他的家鄉海，趴在靈子村南。時間久了，他的兩隻眼睛便變成了兩個水泡，永不乾涸。它的眉毛變成了兩條茂密的榆樹林子，背因高出地面而成為一條溜光溜光的大路，從他的腦門直伸到靈字村的村口。

乾西湖傻柱子的傳說

　　乾西湖是現在的人給它命名的，此湖周邊分布著鳴字井、周字井等屯，它既不叫周字湖，也不叫鳴字湖。其實，在歷史上，它應該叫傻柱子湖。關於傻柱子湖，還有一段故事，至今流傳在民間。

相傳，傻柱子湖畔古時候有這麼一戶人家，一家四口人，婆婆、大哥、大嫂和一個傻柱子。傻柱子和母親住在一間破倉房裡。大嫂經常讓傻柱子幹髒活累活，而且對婆婆也不孝順，自己吃的是大魚大肉，給婆婆和傻柱子吃的卻是殘湯剩飯。傻柱子不忍母親吃殘湯剩飯，一次次和大嫂吵架，吵完架，就能從大嫂那裡要來點好吃的東西給母親吃。大黃狗總是在一旁默默地看著，有時候還發出低低的哼吟。而大嫂拿傻柱子沒辦法，做什麼可口的飯菜就在背地裡吃。沒過多久，婆婆去世了。按照大嫂的吩咐，大哥外出幹活去了，需要很長一段日子才能回來。大嫂起了壞心眼，心想，老太太終於走了，我還得養活個傻子，那得浪費多少糧食呀。大嫂選準時機，毫不掩飾地說：「傻柱子，你媽不在了，你也出去另過吧！咱們分家！」傻柱子說：「求求你別攆我走，給我一口飯吃就行，我幫你幹啥活都行。」「到時候我雇兩個夥計，分家以後你就別再踏進這個家門了。」大嫂說。「你攆我走讓我住哪啊？」傻柱子問。

　　「這我就管不著了。」

　　「要分家，你不能一樣東西也不給我呀！」

　　「你就把你娘養的這條大黃狗牽走吧！」

　　「我要大黃狗有什麼用啊？」

　　「殺了吃肉，省得把你餓死！」

　　傻柱子想了想，慢吞吞地說：「大嫂……你把大黃狗留下吧，家裡有很多值錢的東西，它能給你看家護院。」大嫂立刻眉開眼笑：「那我就留下了，殘湯剩飯扔了怪可惜的，就讓狗吃吧。」說完，只見大黃狗一個勁地衝傻柱子嗷嗷直叫。傻柱子拍了拍大黃狗的腦袋，轉身走出了大嫂的屋子。可是無論傻柱子走到哪裡，大黃狗就跟到哪裡。大嫂心裡明白，大黃狗是不會跟著她的，索性喊回了小叔子：「傻柱子，你還是把狗牽走吧，看著它我心煩。」就這樣，傻柱子牽著大黃狗走了，不時回頭望瞭望他和母親曾經居住了多少年的破倉房，眼裡含滿了淚水。

　　傻柱子在村頭搭個窩棚住了下來。他天天領著大黃狗出去要飯，要來一個

大餅子就給大黃狗半塊，要來兩個大餅子就給大黃狗一個。到了晚上，他就摟著大黃狗一起睡。過了好些日子，傻柱子突然病倒，一連昏迷好幾天。而他的大黃狗，在一旁不停地轉悠。一天，傻柱子從昏迷中醒來，有氣無力地喊著他的大黃狗，可是怎麼喊，也見不到大黃狗的蹤影。接下來，奄奄一息的傻柱子知道自己快不行了，做好了離開人間的準備。他想見大黃狗最後一眼，然而再也沒能喊出一句話來，慢慢閉上了雙眼。不知過了多少時間，傻柱子突然聽見狗叫，他的兩隻眼睛又睜開了，看見大黃狗蹲在身邊，嘴裡叼著一個筐，筐裡還裝著幾顆野菜。傻柱子伸出了顫抖的手，用盡全身的力氣把野菜送進嘴裡。真是奇怪，沒過幾袋煙的工夫，傻柱子的病好了，覺得渾身有使不完的力氣。可是，他的大黃狗已經癱倒在地上了。傻柱子抱住大黃狗的頭失聲痛哭，一直哭到大黃狗從他懷中站了起來。

有一天，傻柱子看見一群大雁在頭頂盤旋，嘰嘰喳喳叫個不停。他靈機一動，就把筐掛在了窩棚上，口裡不停地念叨：

東來鵪，西來鵪，

到我筐撲一撲。

南來雁，北來雁，

到我筐下窩蛋。

不多時，好多大雁向這個筐落下來，下了滿滿的一筐蛋，傻柱子別提多高興了。一天天過去，蛋很快吃沒了。傻柱子又把筐掛在了窩棚上，口裡又念叨了一遍，接著，一群大雁飛來又下了滿滿一筐蛋。久而久之，傻柱子逐漸胖了起來，而且黝黑的皮膚變白了。傻柱子更加覺得這個筐對他來說是個寶貝。

這件事情終於被大嫂知道了，好奇心的驅使，她想看個究竟，便偷偷地躲在了窩棚後面。傻柱子像往常一樣又把筐掛在窩棚上，口裡念叨完那套詞，緊接著一群大雁飛來又下了滿滿一筐蛋。大嫂心裡默默地記住了傻柱子口裡念叨的那套詞。「這套詞可真靈！」大嫂心想。她等啊等，看見傻柱子牽著大黃狗出去玩了，就把筐偷回家去。大嫂的心裡可樂開了花，一邊唱著小曲一邊把筐

掛起來，像傻柱子那樣念道：

　　　東來鵲，西來鵲，

　　　到我筐撲一撲。

　　　南來雁，北來雁，

　　　到我筐下窩蛋。

　　話音剛落，嘰嘰喳喳一群大雁飛來，大嫂仰著頭這個樂呀：「快點下蛋！快點下蛋！」這群大雁紛紛向這個筐撲來，不一會兒的工夫，大雁飛走了。大嫂喜出望外去摘筐時，一不留神沒拿住，滿滿的一筐糞全都扣在了大嫂的臉上。大嫂又氣又惱把筐蹦碎扔在了道邊。傻柱子回來見自己的筐碎了，一連哭了幾天幾夜。他兩眼哭腫的時候，迎面來了兩頂轎子，頭一頂轎子裡坐著一白鬍子老頭，後面一頂轎子裡坐著一位如花似玉的小姐。聽到哭聲，老頭打發轎伕前去問個究竟。轎伕問：「你因為什麼哭啊？」「我的筐碎了。」傻柱子回答。轎伕仔細一看，什麼話也不說就一把抓住傻柱子的衣領，把他拎了起來。這時，白鬍子老頭從轎裡出來喊住了轎伕。轎伕說，「師傅，你的筐找到了，是這小子偷的並且還把它給弄碎了！」在白鬍子老頭追問下，傻柱子把事情的經過敘述了一遍。傻柱子剛說完，大嫂又悄悄向窩棚旁走來，想窺探傻柱子還有什麼辦法能讓大雁繼續下蛋。她遠遠看見了兩頂轎子，心想，這傻小子是不是又得到了什麼寶貝，要幫助他做大官了吧？想到這裡，大嫂便一下子湊了上去，喊道：「這是哪方來的接官上任的大轎啊？我可是傻柱子的親大嫂，這些年他多虧我照顧了！哎，那頂轎子是不是來接我的呀？」不料，白鬍子老頭捋捋鬍須說：「原來你就是傻柱子的大嫂啊，我正要找你呢！」「我就知道傻柱子有出息能遇到貴人，我可是熬出頭了，要享福了！」大嫂迫不及待地說。白鬍子老頭只是輕輕嘆了口氣，然後讓轎伕把她帶走去做苦役，理由是大嫂將他的寶筐弄碎了。可是，傻柱子不同意了，他搖著白鬍子老頭的手臂說：「不要帶走我大嫂，求求你放了她吧！你們把我帶走吧！」無論傻柱子怎樣苦苦哀求，白鬍子老頭和轎伕還是把大嫂帶走了。傻柱子並不氣餒，跟在後面追。那

位小姐落下轎子，出來橫住了傻柱子的去路，對他說：「你看看前面，還有人了嗎？」傻柱子這才發現，大嫂和白鬍子老頭一夥人突然不見了，他坐在地上痛哭起來。小姐拉起了傻柱子，要和他一起坐進轎子裡去。傻柱子莫名其妙地問：「你是什麼人啊，我為什麼要跟你走？」小姐只是微微一笑，把他拉進轎子然後放下了轎簾子。

後來，傻柱子變得聰明了，和這位如花似玉的小姐過上了幸福甜蜜的生活。那隻大黃狗，一直陪伴著他們。

靈丙山的傳說

在松原市乾安縣境內，有一個美麗的大布蘇湖，湖的西南岸，有一條蜿蜒曲折的土丘陵，當地人都叫它靈丙山。

那麼這靈丙山是怎麼來的呢？說起來還有一段美麗的傳說！

在很久很久以前，天上的王母娘娘聽說人間有個美麗的大布蘇湖，就駕寶輦來到人間遊湖，不小心把寶輦墜入湖中，因此，引來了南來北往的尋寶人，你爭我奪，互相殘殺。這事驚動了王母娘娘，她大怒，就叫來了眾八仙，說：「我的寶物豈能落入凡人之手，你們速將大布蘇湖用天上的神沙給我填死！」眾八仙面面相覷，心想人間就要遭受劫難了，可誰也不敢抗旨。回去後他們互相推諉誰也不愛去，怎麼辦呢？後來呂洞賓和何仙姑商量決定讓張果老去，但又不敢直說，就用了一計，他倆說請眾八仙喝酒。

席間他們把張果老喝得暈暈乎乎的，說只有他才能擔當此任。於是，張果老藉著酒勁，自告奮勇去填大布蘇湖。何仙姑和呂洞賓把天上的神沙裝滿了帶子，摻上了中草藥的種子和各種樹木的種子，還有花草籽。張果老酒醉飯飽騎上了毛驢，馱上了神沙袋子，忽忽悠悠的從南天門朝科爾沁大草原奔去了。沒走出多遠就呼呼睡著了。何仙姑偷偷地跟在了後面，來到了大布蘇湖附近，她用尖尖的手指把沙袋子捅漏，就得意地返回了天庭。

張果老來到了科爾沁大草原，還坐在驢上打著呼嚕，神驢看見了鮮嫩的綠

草，就貪婪地吃上了。神沙也就慢慢地淌下來一堆一堆、一溜一溜的。驢停頓時間長時，沙土淌的多，山包就大，驢停頓時間短時，形成的山包就小，驢走的不是直線，於是就形成了如今的蜿蜒曲折的靈丙山。幾聲鶴鳴，把沉睡的張果老驚醒，他揉了揉眼睛，往下一看，湖中船來船往，周圍長滿了蒿草、蘆葦，湖的上空雁鶴展翅，天鵝飛舞。張果老心想，一定是大布蘇湖到了，連看都沒看一眼沙袋子剩了多少神沙，解開袋嘴的繩子，把沙袋剩下的沙子倒進了大布蘇湖裡，連驢都沒有下，調轉驢頭閉上眼睛，就忽忽悠悠地回天庭找王母覆命去了。

大布蘇湖不但沒被填死，而且南岸又多了一條此起彼伏的山來。那裡生長著桔梗、玉竹、麻黃、白芍、赤芍、知母、甘草、艾蒿等幾十種中草藥材；有茂密的蒙古山榆樹、山杏樹、桑樹；五顏六色的野花叢中，蜂來蝶往；山裡還棲息著狼、狐、獾、兔、狍、貉、野豬等動物，還有雉雞、百靈、鴿子、各種鳥類，真可謂「狐伏兔越，狼穿獾行，蜂飛蝶舞，百鳥爭鳴」。當你進入靈丙山時，就好像步入了仙境一般，令人心曠神怡。

耨耨馬的傳說

耨（nòu）耨（nòu）是一種植物，長得不高，像蒿，成片生長，葉子窄而長。結青色的果實，澀而酸，熟之後，果紅色，汁紅如血漿，酸甜而爽口，健脾開胃，特別好吃。在松原市乾安縣西南部的狼牙壩泥林南，黑帝廟的北面，有個小村子叫左字井。很早很早以前，人們都叫它苗圍子，後來改叫了耨耨馬。那麼這耨耨馬是怎麼來的呢？說起來，還有一段和康熙爺有關的美麗傳說！

據說，康熙爺曾經私訪來到了黑帝廟。當時只有幾十戶蒙古族人家的黑帝廟，有一個小阿桂（小廟），主持叫道仁巴喇嘛。道仁巴徒步去西藏拉薩求學後，回到家鄉修了這個小阿桂。帶領幾個小喇嘛整天唸佛誦經，是郭爾羅斯一個很有學問的喇嘛。康熙私訪來到黑帝廟，道仁巴喇嘛正在主持一個婚禮。而

那天正是三百六十天最不好的一天，黑煞日，康熙不解，就問道仁巴喇嘛：「你不知道今天是黑煞日嗎？」

▲ 耨耨（學名：歐李）

道仁巴喇嘛道：「我知道啊！」

康熙又問：「那怎麼能選今天拜堂成親啊？」

道仁巴喇嘛說：「您只知其一，不知其二。今天雖然是『黑煞日』，但是龍星光照婚場，新婚夫婦今日拜堂成親會逢凶化吉，榮華富貴，長命百歲呀！」

康熙聽罷一驚，道：「那麼龍星現在何處呢？」

道仁巴笑道：「他正鎮壓在掃帚星上邊哪！」康熙聽後暗摸了一下褲子底下，他正坐在一個小炕掃帚上！」康熙的額頭沁出了細汗。

康熙知道道仁巴識破了他的身分，也不好再隱瞞。他打聽了本旗人們的生產生活和各方面的情況。因為道仁巴的學識很淵博，兩人談得很投機。康熙皇帝在這個小阿桂舒舒服服地住了一宿。臨走時他問道仁巴喇嘛有什麼要求，道仁巴說：「蒙古人非常信佛，要拜佛誦經。我的小阿桂怎麼也容納不下拜佛燒香的人們，所以急切需要建個大些的寺廟。」

康熙聽後點頭說：「我回朝立即撥款派人來給你建就是了。」過了不久，康熙皇帝從京城派工匠，拉來了建築材料，修成了這座黑帝廟。

康熙聽說自己御派的能工巧匠，按照道仁巴喇嘛設計的黑帝廟，已經竣工了，便帶著侍從出宮來到了黑帝廟。果然這寺廟修的氣勢宏偉、壯觀，香火旺盛，康熙看罷，不禁點頭讚賞。布衣打扮的康熙，隨著善男信女走進了大殿，順手求得一簽，但見上面寫著「征衣血染，馬蹄紅」幾個字，康熙大驚失色，為了便於私訪，不暴露身分，康熙爺沒有找到仁巴喇嘛解答此簽，就隨便問一個喇嘛簽中所言何意。

喇嘛說：「據籤中之意，施主不日要有血光之災。」

皇上問：「可有破法？」

喇嘛道：「可用畜血潑身方解災厄！」

康熙暗想，吾乃一國之君，以血潑身，豈不叫人笑話嗎？於是，心中不悅，就帶領侍從策馬前行，不一會兒，就來到了一個去處。泡水波光粼粼，映照藍天白雲；水邊野鶴相親，天鵝飛翔；時有狐貉跳躍，野兔飛奔；蒙古黃榆古樹如傘蓋，蔽日遮天；此時正是綠草如茵，耤耤正紅時節。此地就是苗圍子。康熙爺在好大一片的耤耤叢中下了馬，摘下酸甜可口耤耤果塞進口中，一股從來沒有過的味道沁入肺腑，果自口中入，味從鼻中出，不禁嘆道：「宮中佳果無數，難敵此果啊！」隨即問侍從是什麼果，一個很有學問的侍從告訴這果叫耤耤果，世上少有的果子。

皇上吃的高興，就與侍從們嬉戲於耤耤叢中，渾身上下的衣服被耤耤染紅了，就連白馬的四蹄都變成了紅色了。康熙玩了一陣子，突然想起了籤中之語，便坐在了耤耤叢中，他看著渾身上下被耤耤果染成了血一樣的衣服，又看了看白馬的四蹄好像還在淌著血，心裡一驚，脫口高聲叫道：「此地如沙場，酣戰此間，征衣血染，馬蹄紅，白馬也成了耤耤馬了，此地就叫耤耤馬了！」

隨後，康熙一躍而起，策馬奔回了黑帝廟。道仁巴喇嘛見康熙爺如此狼狽相，慌忙跪倒，驚呼：「我主萬歲，萬歲，萬萬歲！」連頭都沒敢抬，以為發生了什麼大事了，在場的人們見道仁巴喇嘛喊萬歲，趕忙都匍匐跪倒，山呼萬歲！康熙哈哈大笑，說：「平身，拿筆墨來！」道仁巴喇嘛慌忙示意小喇嘛去取。擺上桌案，康熙接過筆墨，龍飛鳳舞，親手為黑帝廟提了「德壽寺」三個大字。從此之後，黑帝廟的香火就更加旺盛了，就連內蒙古、西藏、外蒙的喇嘛都磕著百步頭來燒香。

就這樣，康熙把苗圍子改叫耤耤馬了。耤耤馬的故事也就一直流傳在黑帝廟、狼牙壩和靈丙山的一帶，而且越傳越遠，越傳越神。

蕎麥的傳說

相傳在很久以前，在科爾沁腹地有一座美麗的古鎮，鎮的名字叫西查干淖爾鎮，鎮統治者就是當年的驢頭太子。驢頭太子令手下在靈丙山一帶開墾了許多肥沃的土地，由兩個財主管理經營。一個叫張布良，另一個叫于皮斗。周圍的貧民常年靠給他們倆打短工過活。兩個財主每到年關都要向驢頭太子進貢，不但要送上大批的糧食，還要送上豬、牛、馬、羊等物。儘管如此，兩個財主還是賊拉有錢。張布良為人厚道，心地善良，誰家缺柴了他就

▲ 蕎麥

給點，誰家少米了他就救濟點。窮的亦交，富的也為。而於皮斗則大不相同，他是專揀富的交，專挑有能耐的為，貧的欺負，同時，還橫行鄉里，搶男霸女，無惡不作。

話說西查干淖爾鎮連續三年都沒有下一場透雨，由於乾旱，農民種的莊稼都顆粒沒收。張布良看到農民吃不上一頓飽飯，甚至有的整天靠挖野菜餬口，眼看就要餓死人了，心裡很難過。他為了拯救窮人，開倉放糧，大舍粥飯，百姓才有了活路。而於皮斗卻靠大鬥收、小斗賣，掙黑心錢，發不義之財，還仗著有錢有勢，欺壓百姓，魚肉鄉里，壞事幹絕。

這兩個財主的一舉一動全被灶王爺看在眼裡，記在心上，心想待我回到天庭一定向玉皇大帝好好湊上一本。到了每年的臘月二十三，人間都祈禱灶王爺上天言好事，下界保平安。這正是：灶王爺本姓張，騎著馬上上方，好話多多說，賴話多瞞藏，來年多帶好餘糧。灶王爺回天庭之日，果然向玉皇大帝湊上一本，把張布良的善良和於皮斗的惡行向玉皇大帝說了一遍。玉皇大帝聽後大

怒，並令雷公、電母和行雨龍王帶著冰雹，去把於皮斗的莊稼全部打死。剎那間，整個天空烏雲密布，電閃雷鳴，瓢潑的大雨夾著雞蛋大的冰雹，向大地襲來，頓時，西查干淖爾鎮狂風大作，大雨傾盆。大雨過後，張布良去自家地裡查看，一看不緊嚇一跳，只見他家的莊稼全都被冰雹撕成了碎片，而挨著他家於皮斗家的莊稼卻安然無恙。張布良對著天大聲哭喊：「天老爺呀，我張布良從來沒做過一件對不起良心、對不起上天的事兒，好事都讓我做盡了，為啥老天這樣對我呀？！」不多時，頓覺頭腦嗡嗡的直響，隨後倒地昏了過去。

張布良回到家裡，水不喝，飯不吃，還大病了一場。這些都被灶王爺看在眼裡，於是，灶王爺立即返回天庭，向玉帝稟報說：「玉帝，上一次冰雹打錯了地塊，打的不是於皮斗的地，而是張布良的地。」眼下已到了立秋時節，種什麼莊稼都晚了，即使種上了也上不來了，這可怎麼辦？玉帝想了想說：「不要緊，我還有一絕招，今天就此用上吧！你把天上的『三靈草』的種子拿給張布良，讓他種上。這種草在下界六十天可還家。『三靈草』的種子，三棱型，黑褐色皮，米為綠白色，可食用，亦可磨麵粉，易消化。」於是，灶王爺帶著「三靈草」的種子返回了下界，並將「三靈草」的種法給張布良託了一個夢，將種子放在他的灶台上。張布良早上醒來，馬上拿著「三靈草」種子，令家人和窮鄉親種到自家的地裡。話說灶王爺下界後，雷公、電母和行雨龍王隨即又帶冰雹把於皮斗的莊稼全部打光。

時過七日，張布良拖著病體到自家地查看，地裡果然長出綠油油的秧苗，他從沒看見過這種莊稼。張布良心裡想，不管是草還是苗，只有到了秋後再說吧。

時間過得真快，一晃到了秋收季節。張布良又來到地裡看個究竟，只見滿地裡都長滿了紅紅的莖，綠綠的葉，白白的花，黑褐色的籽，還有許多小蜜蜂在花叢上嗡嗡直叫，莊稼長勢非常喜人。張布良高興得簡直就要跳起來。於是帶領家小和窮鄉親們一起把「三靈草」割回家，把種子打下來，用碾子碾去皮，再將裡面的米用磨磨成麵粉。這麵粉既可做成麵條，也可削成麵片，還可

以揉成麵糰，上餄餎床上壓成餄餎，既筋道又滑爽。還可擀成卷子，放上油、蔥花和鹽，蒸出後鹹香可口……望著這三棱形的種子，張布良說：「我給它起個名字，就叫蕎麥吧！」從此以後，人們大凡遇上春少雨，夏無雨的時候，種其他莊稼晚了，就改種蕎麥。

後來，蕎麥的故事就在西查干淖爾鎮傳說開來。

五色錦緞的傳說

大布蘇湖東岸，住著一個年青後生——王海。他自幼父母雙亡，靠吃百家飯長大。

一日，王海趕著驢車到大布蘇湖上打鹼。走著走著，突然，他看到好多好多鳥朝著大布蘇湖東岸的狼牙壩方向飛去。他非常好奇，想看個究竟，趕著車往狼牙壩方向奔去。離狼牙壩越近，鳥兒越多，遮天蔽日。鳥兒們不時發出淒婉悲涼的叫聲。

狼牙壩溝壑縱橫，疊巒起伏，泥柱如林，如顆顆狼牙豎起，土壁陡峭，形狀各異。驢車無法行走，王海把驢拴在附近一棵老榆樹上，抬腿往裡走。他一會兒下到溝底，一會兒又在土壁上攀爬，一會兒又登上土台……

平日寂靜的狼牙壩，此時鳥聲一片。土柱、土台、樹上落滿鳥，天上還有好多鳥在來回盤旋。走了大約兩三袋煙的工夫，王海爬上一個土台，向下望去，下面是一條深深峽谷，一隻美麗的大鳥正站在谷底，幾次搧動翅膀欲飛，都沒飛起來。他連爬帶滾下到谷底，只見大鳥頭上頂著一撮火紅的纓毛，一對明亮的眼睛，頸上長著五彩羽毛，背上和腿上長著金色的羽毛，長長尾羽上長著心形的如花一樣豔麗的斑點。漂亮極了！鳥的一隻翅膀在流血。大鳥看到王海，哀鳴一聲，美麗的眸子竟滾出淚珠來。

附近十里八村的鄉親，聽說王海撿到一隻漂亮的大鳥，都來看稀罕。老人們說這就是百鳥之王——鳳凰鳥。有人要出高價買這隻鳳凰鳥，無論人家給多少錢，王海就是不肯賣。經過一個月的精心照料和醫治，鳳凰鳥的傷漸漸好

▲ 五色錦緞

了。

　　一日，王海把玉米放到手心，邊看鳳凰鳥啄吃玉米粒邊說：「明天，送你回家。」鳳凰鳥抬起頭，看了看王海，突然開口說：「恩人，謝謝你的救命之恩，我想在你家再待三天。」

　　鳳凰鳥突然說話把王海嚇了一跳，當他聽鳳凰鳥說還要在他家住三天，高興地說：「別說待三天，就是待三年，三十年都行啊！」鳳凰鳥又說：「請你給我準備三天的食物和水，放到屋子裡，我要做一件事。我還有個要求，你千萬不要偷看。切記，切記。」

　　兩天過去了。第三天的中午，王海實在控制不住自己的好奇心，心想我只看一眼。他趴在門縫往屋裡偷偷看，這一看，被眼前的景象驚呆了，只見屋子裡金光閃爍。那金光是來自一匹五色錦緞。鳳凰鳥正把自己身上的羽毛一根根拔下來，再把拔下的羽毛編織在五彩錦緞上。鳳凰鳥身上已光禿禿的，有的地

方還流著鮮血。王海驚訝地叫道：「你這是……」鳳凰鳥聽見王海的喊聲，猛地回過頭，說：「你怎麼不聽我的話，我命休矣。」說完一聲哀鳴，啼血而死。

王海見鳳凰鳥死去，抱著鳳凰鳥的屍體號啕大哭。鄰居們聽見王海的哭聲，來到王海家。一位老人說：「牠不讓你看，你就不該看。鳳凰鳥織完錦緞，羽毛會很快長出來的。你洩露了天機，它只有一死。可惜呀，可惜！」

王海聽了老人的話，更是悲痛欲絕。有人勸道：「王海，你不該哭，應該高興才對。這錦緞恐怕連皇宮裡都不會有。你把錦緞帶到京城，賣給那些達官顯貴，換回錢夠你活幾輩子的。」

王海哽咽著說：「我不賣錦緞。我要用錦緞包裹鳳凰鳥，安葬它。我還要把驢和車賣了，給鳳凰鳥買棺材。」他的話剛出口，有個人說：「我買，給你一百兩銀子。」大家一看是當地有名的惡棍高老六。他的話很讓大家吃驚。吃驚他怎麼會出如此高價買王海的老驢、破車。鄉親們面面相覷，可誰也不願意惹事。

高老六讓弟弟高老七回家取來一百兩銀子，交給王海。王海想也沒想就接過銀子。高老六把銀子交給王海後，就去拿錦緞。王海一看他去拿錦緞，忙說：「我不賣錦緞，只賣驢和車。」高老六大笑說：「就你那老驢、破車二兩銀子都不值。你既然收了我的錢，錦緞就是我的了。」高老六說著拿起錦緞。王海上去就搶，高老六把錦緞扔給弟弟。高老七接過錦緞轉身就往外跑，到了門外解下拴在樹上的馬，翻身上馬揚長而去。

王海見高老七拿走錦緞，瘋了似地要去撐高老七。高老六堵住門笑嘻嘻地道：「是你自己說賣的，現在後悔晚了。」王海跺著腳大喊著說：「我說是賣驢和車，我啥時說賣錦緞了？」

一位鄰居氣不過，說：「王海是沒說賣錦緞。」「就你他媽的耳朵好使呀！」高老六說著就朝那人衝去了。那人見高老六來撐，撒腿就跑。高老六跑到樹下，解下馬的韁繩，騎馬走了。

王海見高家哥倆都跑了，氣得七竅生煙，牽過自己的老驢，要去撐。鄉親

們都勸王海不要去攆了，王海說什麼都要去攆。

正在大家七嘴八舌地勸王海時，五色錦緞突然從天上飄下來。錦緞怎麼會自己飛回來呢？大家驚嘆之餘，見天空有兩隻金雕飛過。

原來，高老六攆上弟弟，哥倆騎在馬上邊走邊算計，到了京城，五色錦緞能賣多少多少錢。哥倆正洋洋得意，突然，天上飛來兩隻金雕。金雕飛到他倆的頭上，伸出利爪抓住他們的頭，向上高高飛起後，扔下來，高家哥倆摔到地上當場斃命。

鳳凰鳥出殯那天，王海把鳳凰鳥用五色錦緞包裹好，放在棺槨裡。還按當地風俗雇了一夥吹鼓手，吹吹打打把鳳凰鳥葬到狼牙壩。十里八村的鄉鄰都來為鳳凰鳥送行。鳥兒們成群結隊地飛來了，有的銜鮮花，有的口銜寶石……

當人們把棺槨放到墓穴裡，鳥兒們把口中的鮮花、寶石一齊投進墓穴。就在這時，天地間突然響起一片祥和之音，墓穴放出萬道奇光，五色錦緞從墓穴裡慢慢飄出來。

錦緞隨著風飄呀飄，飄到王海家西的一座山上，那荒山瞬間長出片片的杏樹、桃樹、李樹、海棠、櫻桃。人們給這座山起名為鳳凰山。

春天，鳳凰山花紅片片，香風習習。秋天，碩果掛滿枝頭，果香四溢，鳥兒在此棲息繁衍。

吉林文庫 A0703A14

文化吉林：乾安卷

主　　編	莊　嚴
版權策畫	李　鋒
責任編輯	林以邠

發 行 人	陳滿銘
總 經 理	梁錦興
總 編 輯	陳滿銘
副總編輯	張晏瑞
編 輯 所	萬卷樓圖書股份有限公司
排　　版	菩薩蠻數位文化有限公司
印　　刷	維中科技有限公司
封面設計	菩薩蠻數位文化有限公司

出　　版　昌明文化有限公司

桃園市龜山區中原街 32 號

電話 (02)23216565

發　　行　萬卷樓圖書股份有限公司

臺北市羅斯福路二段 41 號 6 樓之 3

電話 (02)23216565

傳真 (02)23218698

電郵 SERVICE@WANJUAN.COM.TW

大陸經銷　廈門外圖臺灣書店有限公司

電郵 JKB188@188.COM

ISBN 978-986-496-263-1

2018 年 1 月初版

定價：新臺幣 480 元

如何購買本書：

1. 轉帳購書，請透過以下帳戶

　合作金庫銀行 古亭分行

　戶名：萬卷樓圖書股份有限公司

　帳號：0877717092596

2. 網路購書，請透過萬卷樓網站

　網址 WWW.WANJUAN.COM.TW

大量購書，請直接聯繫我們，將有專人為您

服務。客服：(02)23216565 分機 610

如有缺頁、破損或裝訂錯誤，請寄回更換

國家圖書館出版品預行編目資料

文化吉林. 乾安卷 / 莊嚴主編.-- 初版.-- 桃

園市：昌明文化出版；臺北市：萬卷樓發

行, 2018.01

　冊；　公分

ISBN 978-986-496-263-1(平裝). --

1.文化史 2.人文地理 3.吉林省

674.2408　　　　　　　　　107002123